企业家
法律风险防范的
100个关键

付亚辉◎主编

法律出版社 | LAW PRESS
北京

图书在版编目(CIP)数据

企业家法律风险防范的100个关键 / 付亚辉主编. --
北京:法律出版社,2022
ISBN 978-7-5197-7027-3

Ⅰ.①企… Ⅱ.①付… Ⅲ.①企业法-基本知识-中国 Ⅳ.①D922.291.91

中国版本图书馆CIP数据核字(2022)第152022号

企业家法律风险防范的100个关键
QIYEJIA FALÜ FENGXIAN FANGFAN DE 100 GE GUANJIAN

付亚辉 主编

策划编辑 周 洁
责任编辑 周 洁
装帧设计 鲍龙卉

出版发行 法律出版社
编辑统筹 司法实务出版分社
责任校对 晁明慧
责任印制 胡晓雅
经 销 新华书店

开本 710毫米×1000毫米 1/16
印张 24 字数 350千
版本 2022年10月第1版
印次 2022年10月第1次印刷
印刷 固安华明印业有限公司

地址:北京市丰台区莲花池西里7号(100073)
网址:www.lawpress.com.cn
投稿邮箱:info@lawpress.com.cn
举报盗版邮箱:jbwq@lawpress.com.cn
销售电话:010-83938349
客服电话:010-83938350
咨询电话:010-63939796

书号:ISBN 978-7-5197-7027-3
定价:78.00元
凡购买本社图书,如有印装错误,我社负责退换。电话:010-83938349

企业家法律风险防范的100个关键

编委会

主　编：付亚辉

副主编：陈尔曼　付国峰　刘文霞　徐静

付亚囡

付亚辉

上海市海华永泰律师事务所高级合伙人，上海海事大学客座教授，北海仲裁委员会仲裁员，心理咨询师，家族财富管理师，同时担任拉脱维亚政府以及若干大中型公司的常年法律顾问。曾主导创办律所，该所被评为上海十大先进律所。付律师热衷于带领团队做公益，曾担任中华遗嘱库上海公益预约中心执行主任、上海市长宁区民法典律师宣讲团成员、上海武警总队结对律师，同时带领团队连续多年在上海市信访办值班，2022年付律师还被上海市司法局评为先进个人。

付律师在长期的律师生涯中积累了相当丰富的从业经验，在公司、建筑与房地产、婚姻家事等领域有深厚的理论和实务功底，擅长处理各类民商事诉讼及非诉业务，尤其是重大疑难复杂的案件。精通公司上市、股权转让、资产重组、家族财富管理等法律事务。付律师崇尚诚恳待人、踏实做事的原则，在业内拥有良好的口碑，深得客户的信赖。

陈尔曼

上海海事大学国际法硕士。曾供职于大型民营公司、外资企业，以及涉外律师事务所。拥有扎实的法学理论功底，擅长处理企业及涉外法律事务，对公司高级管理人员所涉及的经济或刑事纠纷亦有深入研究。

付国峰

华东政法大学法律硕士。现为上海市海华永泰律师事务所执业律师。付国峰律师主办过大量民商事诉讼案件，包括但不限于企业诉讼、婚姻家事、合同纠纷等业务领域。其中，企业诉讼业务主要涵盖股权转让纠纷、损害公司利益责任纠纷、劳动争议纠纷等。此外，付国峰律师在企业法律风险控制、企业内部管理及日常合同审核等非诉业务领域也颇有经验。

刘文霞

复旦大学法律硕士，企业合规师。法律基础扎实，逻辑思维缜密。曾多次参与重大法律案件的办理以及大中型公司的相关法律事宜，协助公司把控风险。精通英语和日语，尤其擅长处理涉外法律业务，获得国内外客户的一致好评。

徐静

上海对外经贸大学法律硕士（法学）。上海市海华永泰律师事务所执业律师、中小企业协会调解中心调解员，拥有证券从业资格。执业以来办理过大量民商事案件，在执行领域颇有经验，帮助客户最大限度地实现债权。同时，在公司法律风险防范、合同审查、项目沟通谈判等方面也有丰富的法律服务经验。

付亚囡

心理咨询师，家族财富管理师，企业合规师。具有丰富的心理咨询及家族财富管理经验，擅长用诉讼与非诉相结合的方式化解纠纷，在高净值人士的财富管理方面有独特心得，其细心、耐心、贴心的服务态度在客户中树立了良好的口碑。

团队联系方式：15001752961（微信同号）。

序　一

亚辉律师在繁重的工作之余，积极钻研、思考，完成了这样一部著作，非常值得敬佩。我接到亚辉律师的邀请，请我对本书作序，作为老朋友，我欣然应允。

著书并非易事，作者既要有丰富的办案经验，也要有扎实的理论基础，还要有相当高的文字功底，为帮助企业家梳理法律风险，亚辉律师作为执业多年的高级合伙人律师、企业法律顾问，对防范企业家法律风险、处理企业家法律纠纷有宝贵的经验。在本著作中，亚辉律师从企业家法律顾问实务及代理的大量诉讼案件中，归纳总结了企业家可能遇到的100个“坑”及如何进行风险防范，将部分企业家曾为之付出巨大代价的教训转化为服务客户的宝贵经验，为企业家提供全面防范风险的方法和技巧。

这本书从企业设立到企业治理、经营，再到企业的解散终止，揭示了企业家在不同阶段可能面临的法律风险。同时，本书还根据企业家群体的特点，介绍了企业家可能触犯的刑事法律风险以及婚姻家庭生活中可能存在的法律风险。本书通过以案说法的方式，结合最近几年发生的具有广泛影响的典型案例，通过个案分析和律师提示，揭示企业家所面对的法律风险和法律问题，并给出风险防范的措施，方便读者从中吸取经验和教训，避免重蹈覆辙。

本书具有以下特色：

1. 实务经验得到全面展现。本书作者执业近十年，处理过的企业家法律纠纷很多，有丰富的实务经验，对于读者所需要避免的法律风险和如何避免的方法，本书中均有涉及，可以很好地帮助读者避“坑”。

2. 逻辑清晰，案例丰富。本书每篇文章都采用了以案说法的方式，使书籍更加通俗易懂，同时也让读者更加直观地了解司法实践中企业家所面临的各种风险，从而提高读者警惕性。

总体来说，这本书内容非常专业、风险防范方法实操性强，适合企业创始人、经营者、管理者、股东等企业家阅读。企业的生存发展是一个复杂且极具专业的过程，企业家只有通过不断学习，才能防范风险，使企业持续发展，基业长青。

最后，我对亚辉律师完成这部著作表示祝贺，相信此书对企业家提高法律风险意识、预防法律风险具有重要的价值和意义，在此向读者郑重推荐。在本书即将出版之际，我也衷心祝愿作者在法律事业中再创佳绩！

是为序。

中伦律师事务所高级合伙人

序　二

《企业家法律风险防范的100个关键》是付亚辉律师团队推出的商事系列丛书的第一本。作为付亚辉律师的好友，我在欣喜之余，应其团队邀请，向各位尊敬的读者就本书作出如下介绍：

兰德定律认为，世界上每100家破产倒闭的大企业中，85%是因为企业管理者的决策不慎造成的。可以说企业的生存发展，不仅离不开企业人才与技术的贡献，更离不开企业家一次次的正确决策。结合现代企业的具体经营情况，我们不难发现，企业经营基本符合“合同越来越厚，条款越来越复杂，风险越来越高”的趋势，这种情形无疑给所有企业家带来巨大的挑战。

作为深耕民商事诉讼领域近十年的高级合伙人律师及多家企业的法律顾问，付亚辉律师不止一次跟我提过她有著书的想法，不为其他，只因她在多年执业生涯中见到过太多企业家因为缺乏相应法律知识，踩到“雷区”而不自知，最终导致企业发展受阻甚至破产倒闭的情形。而目前大部分专业人士编撰的法律书籍，要么因为专业性过强、内容晦涩致使企业家难以品阅，要么过于强调理论、偏离企业经营实际。因此，她认为非常有必要编写一本实操性强又通俗易懂的商事书籍，以助企业家们“防坑避雷”。于是，《企业家法律风险防范的100个关键》应运而生。

纵观本书全文，主要从公司的设立、股权与内部治理、投资与对外经营、企业人力资源管理、企业家的财富管理、刑事风险以及企业解散清算与执行7个板块的内容进行阐述，基本涵盖了企业生产经营的全过程，内容全面且丰富。总体而言，我认为本书具有以下几项鲜明的特色：

1. 本书另辟蹊径，选择以企业家为视角，针对性地向企业家介绍其经营决策可能面临的风险，并提出切实有效的解决方案，有效帮助企业家排除风险。

2. 本书由100篇文章集锦组成，每篇文章焦点突出，观点鲜明，不仅不会因为文章内容冗长复杂造成可读性下降，而且通俗易懂且贴近企业经营的实际情况。

3. 本书采用“以案释法”的模式，几乎每篇文章都由真实案例切入，甚至部分案例还由付亚辉律师及团队亲身经办。这些案例能供企业家将案例与自身进行对照，更为直观清晰地认识到自身的风险。

付亚辉律师邀请我作序时，还跟我提到，为保证文章的准确与完美，她与团队在创作期间，会就一些问题专门跟资深律师甚至专家法官进行多轮深入沟通。因此，我完全能感受到其为完成本书所付出的努力，经过仔细阅读后我也充分相信本书对企业家“防坑避雷”有重要的作用。最后，在本书付梓之际，衷心祝愿付亚辉律师及团队在今后能够帮助到更多企业家隔离风险。

危机管理专家 

2022年8月于清华大学

序三——一年的光阴

从2021年在洛克大环线早出晚归的旅途中，看亚辉以无论如何的决心每日完成一篇法律专业文章输出，到2022年应邀为她的新书写序，正好一年。新书即将出版，甚以为慰。

我常常跟大家分享“没有记录就没有发生”，要有意识地记录身边人、身边事，并不吝分享。故事、检视、反思，当我们持续这样做下去，进步一定看得见。我总是鼓励学员、同事练习写作。写工作，写生活，滴水穿石每日做。我喜欢展示一个困难的项目如何被层层拆解并逐一付诸行动尔后完成的过程，以此邀请大家从简单开始。听进去的人不少，行动的也有，持续行动的也有。严谨勤学的亚辉律师是积极行动并坚持下来的那个人。

一年多前，她因为过于忙碌想找到解决方案来到课堂学习，希望通过学习拥有“高效率慢生活”的良好状态，还可以抽时间做知识沉淀。这是她的梦想，但一直想做又觉得太耗时间故从未开始。我提议她设项目“100天写100篇文章”，如果担心半途而废，就建群、发圈儿请大家来见证。她做得很好，进度条拉满，完全可以更上一层楼。于是，我进一步建议她，总结提炼自己的内容，提高目标，出书。

100天100篇写完了，书也集结而成。

一年可以什么都没做，一年也可以如亚辉这样，工作、学习、家庭齐头并进，还出一本专业书。日拱一卒，功不唐捐。期待每一年都能听到她的好消息。

易效能时间管理机构创始人 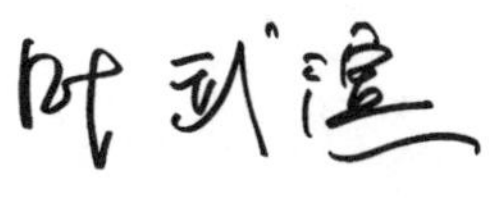

自　序

提起笔，回想过去近十年的律师生涯，不禁感慨万千。的确，律师行业有各种酸甜苦辣，俗话说“十年磨一剑”，经过十年的锤炼，我也欣喜地发现自己的能量愈发强大，也逐渐蜕变成自己所期望成为的样子。记得十多年前的我，青涩单纯，还相信“天下无贼”，所以无论如何也没想到持刀入室抢劫案件居然能发生在我的身上。所幸我用大学期间学到的法律知识以及父母从小帮我培养的破案思维保护了自己的生命，也成为刑警口中“20年来在同类恶性案件中唯一毫发无伤的人”。正如老子在《道德经》中所言：“祸兮福之所倚，福兮祸之所伏。”遭遇如此大的人生变故以后，我毅然决然辞去当初风光无限的外企工作，一头扎进律师行列，希望凭自己的力量去帮助更多需要帮助且善良的人。事实上，过去的近十年我的确帮助了很多亲朋好友及陌生人，如今我的很多好朋友就是当初陌生的客户。我也曾经救过诸多人的生命：当她们走投无路之时我就是她们所能抓住的最后一根救命稻草；我也曾阻止不少企业家开启“冒险之旅”，后来实践也证明了我当初给他们的选择是多么明智；我也曾见识了一些对法律缺少敬畏之心的企业家遭遇重创甚至锒铛入狱之时才悔恨当初不听我的建议。

近十年间，我努力践行自己入行之初的承诺，律师是我的梦想，也是我实现梦想的工具。但我明显感觉到一对一的个案委托无法帮助到更多的人，因为一个人甚至我整个团队的力量实在太有限了。所以，早在2016年我主导创建律所的时候就萌生了写一本关于企业家应当防范的100个“坑”的书籍，因为我们的客户大多是企业家，不少企业家因缺乏法律风险防范意识而“踩雷入坑”，甚至酿成无法弥补的损失，但当他们懂法了之后才发现一切可能都已是“亡羊补牢，为时已晚”。为了让更多的企业家不误入危机四伏的“雷区”，我一直想带领我的团队出一本书，为众多的企业家规避风险，但无奈，律所的管理加上案件量的与日俱增，令我一直力不从心。

2021年9月，我加入上海市海华永泰律师事务所任高级合伙人并走进了易效能时间管理课堂，跟随叶武滨老师系统地学习时间管理课程。他提倡每个学员需要在90天完成自己的一个践行目标，我就制订了梦想启航计划，即每天写千字文。于是，我和我的团队一起创作，每天创作一篇关于企业家风险的文章并发在我建立的“付律千字文打卡群”里。令人欣喜的是，我们真的在100天内完成了100篇文章的创作。为了创作出高质量的文章，我和团队伙伴们夜以继日地查阅材料、分析案例并一遍遍修改编辑。对于这本书，我们格外慎重，还特意邀请优秀的同行专家修改定稿，经过整整一年的共同努力，我们终于创作出这本为企业家量身定作的避坑指南——《企业家法律风险防范的100个关键》。此书由100篇文章构成，每篇文章基本是按照“导语—以案说法—律师提示—法规速递”的结构展开。在企业端，我们对公司的成立、经营到解散清算与注销中蕴藏的法律风险一一进行分析并给出风险提示。在家庭端，也通过对关涉企业家的“忠诚协议”“夫妻股权转让”“家外有家”等话题的释法解说，多维度地帮助企业家规避所面临的法律风险。

企业是社会必不可少的细胞，亦是社会前进之助推器。如果没有法律风险防范知识，企业家随时都可能触碰“法律高压线”。在此，我衷心祈愿，本书能为企业经营和发展避开“法律雷区”贡献绵薄之力，为企业的发展保驾护航。

除特别注明外，本书案例均源于截稿前公开出版物、法律数据库或互联网等。考虑到隐私权，书中当事人姓名、案件部分情节在不影响书籍内容的情况下作了必要的改动。书中的部分内容系我们根据实践经验总结而成，如有不足或错漏之处，请予以见谅。

在此特别感谢法律出版社对本书出版给予的大力支持与帮助。感谢上海市海华永泰律师事务所张诚律师、冯家庆律师、马靖云律师等各位领导的鼎力支持，感谢王蓓律师、徐晓明律师、聂彦萍律师及律界同人梁洪亮律师结合自己多年的办案经验给本书提出的众多宝贵意见。感谢众多的客户，是你们的信任给予我们写作的素材和动力。也感谢我的家人和一起践行易效能的伙伴，是你们的一路支持才让我更有动力和信心完成本书。再次衷心感谢在我们发展道路上帮助过我们的所有人！

付亚辉

目录

Contents

第六章 刑事风险 291

第 一 章

公司的设立

1. 独自当家真的好吗
——一人公司的法律风险与防范

很多企业家都想在公司有足够的话语权，甚至由自己一个人说了算，于是一人公司就成为不少企业家的选择，那么一人公司是不是最佳选择呢？其实不然，相比其他类型的公司，国家对一人有限责任公司的监管要严格得多，股东因此承担的法律风险也比较多。接下来，我们以案说法，看看企业家刘某如果成立只有一个股东的一人公司，将会面临怎样的法律风险。

● 以案说法

青岛凡简木业有限公司（以下简称青岛公司）为一人公司，股东为刘某。2020 年 7 月，青岛公司向上海展海装饰设计工程有限公司（以下简称上海公司）采购装饰材料，双方确认购货金额分别为 323, 219. 88 元、20, 033. 16 元。青岛公司通过其名下银行账户于 2020 年 9 月 21 日向上海公司汇付货款 50, 000 元，于同年 10 月 15 日汇付货款 20, 033. 16 元。2020 年 11 月 13 日，青岛公司向上海公司出具对账单一份，载明双方总销货账款为 250, 583. 52 元，付款方式为自发货日起一个月结款，购货方承诺于 2020 年 12 月 31 日前付清全部货款。2021 年 3 月，上海公司通过微信向青岛公司催讨货款无果，于是上海公司将青岛公司及其一人股东刘某诉至法院，请求法院：（1）判令青岛公司立即支付货款 250, 583. 52 元及利息；（2）判令股东刘某对青岛公司的上述债务承担连带清偿责任。

法院经审理后认为，原告上海公司与被告青岛公司间的买卖合同法律关系明确。原告上海公司依约向被告青岛公司交付了货物，被告青岛公司理应按约支付货款，现久拖欠未付，显属违约，应承担支付拖欠货款 250, 583. 52

元及逾期付款利息的民事责任。被告青岛公司系自然人独资，被告刘某作为该公司唯一股东，在没有提供证据证明其个人财产独立于公司财产时，被告刘某应当对青岛公司的债务承担连带清偿责任。最终法院判决：（1）被告青岛公司应支付原告上海公司货款250,583.52元，并支付逾期付款利息；（2）被告刘某应对被告青岛公司上述付款义务承担连带清偿责任。[①]

律师提示

上述案例中青岛公司的股东刘某之所以需对公司债务承担连带责任，很大的原因在于其没有认识到一人公司的法律风险并采取相应的规避措施。根据《公司法》的规定，一人公司的股东不能证明公司财产独立于自己财产的，应当对公司债务承担连带责任，这就是一人公司财产独立举证责任的倒置制度。由于一人公司只有一个股东，股东的意志往往决定着公司的意志，股东极易利用控制公司的便利恶意混同公司财产和股东个人财产，滥用公司的独立人格和股东的有限责任损害债权人的利益，故而法律对一人有限责任公司股东与公司之间财产是否相互独立设置的是举证责任倒置，即公司股东负有证明股东财产与公司财产相互独立的举证责任，若无法举证，股东应对公司债务承担连带责任。一人公司风险如此之大，是不是应该禁止设立呢？答案当然是否定的，一人公司作为特殊的有限公司形式具备其自身特有的优势，在法律实务中也普遍存在。所以重点不是禁止一人公司的设立，而是明晰风险点所在，尽量规避类似的风险。企业家在设立一人公司时，为了有效避免财产混同，可以从以下几个方面着手：

第一，建立规范的财务报表及账册。公司需要根据《会计法》的要求建立完善的财务管理制度，编制符合要求的财务报表，更重要的是要保留相关财务的原始凭证及账册。如果提供的账簿不规范，且没有相关银行凭证，很容易会被法院认定为没有达到公司法的形式和实质要求，进而被认定为财产混同。

第二，坚持年度审计。根据公司法的规定，一人公司应当在每一会计年

① 参见上海市嘉定区人民法院民事判决书，（2021）沪0114民初10573号。

度终了时编制财务会计报告，并经过会计师事务所审计。虽然年度审计报告并不是证明公司财产独立的唯一证据，但却是强有力的能够间接证明股东个人财产和公司财产独立的证据。

第三，避免夫妻中的另一方在公司中担任董事、监事、高级管理人员等职务。如果夫妻一方在一人公司中担任了要职，法院倾向于将该公司认定为实质上的一人公司，如果不能提供家庭财产和公司财产分离的有效证明，夫妻双方都要承担连带清偿责任。

综上所述，设立一人公司固然有诸多利好之处，但是其极高的法律风险同样不容忽视。企业家如果已经设立了一人公司，那么一定要做好以上的防范工作，如此才能最大限度地避免被认定为财产混同。

● 法规速递

《中华人民共和国公司法》

第六十二条 一人有限责任公司应当在每一会计年度终了时编制财务会计报告，并经会计师事务所审计。

第六十三条 一人有限责任公司的股东不能证明公司财产独立于股东自己的财产的，应当对公司债务承担连带责任。

2. 亲兄弟，也要明算“账”

——关联公司人格混同的认定及风险防范

“有限责任原则”是公司制度运行的基础与前提，即公司仅以自己的独立财产承担清偿债务的责任，公司的股东仅以投资的财产对公司的债务承担有限责任。但这项原则并非恒定不变的，若公司与公司之间，尤其是关联公司之间因为财产、人员、业务等情形相互重合并难以区分，则可能会构成关联公司的人格混同，关联公司之间应当对债务承担连带清偿责任。接下来，我们以案说法，看看关联公司之间的人格混同的内涵、法律后果以及风险防范措施。

● 以案说法

徐工机械公司于2009年向法院起诉称川交工贸公司拖欠其货款未付，要求其支付所欠货款及利息。因川交机械公司、瑞路公司与川交工贸公司存在人格混同，故川交机械公司、瑞路公司均应承担连带清偿责任。法院经审理后查明：首先，王某、倪某均为川交机械公司、瑞路公司的股东，王某妻子为川交工贸公司的股东，且三个公司的经理均为王某，财务负责人、出纳会计与工商手续经办人均相同，其他重要管理人员也存在交叉任职的情形。其次，在公司业务方面，三个公司在工商行政管理部门登记的经营范围均涉及工程机械且部分重合，实际从事相关业务也一致，且相互之间存在共用统一格式的《销售部业务手册》、《二级经销协议》、结算账户的情形。再次，三个公司在对外宣传中区分不明，共同招聘员工，所留电话号码、传真号码联系方式相同。最后，在公司财务方面，三个公司共用结算账户，在给客户开具的收据中，三个公司财务专用章存在混用情形。

法院据此认定川交工贸公司与川交机械公司、瑞路公司存在人员混同、公司业务混同、公司财务混同，可以视为三个公司已经丧失独立人格，构成人格混同。现川交工贸公司承担所有关联公司的债务却无力清偿，又使其他关联公司逃避巨额债务，严重损害了债权人的利益。上述行为违背了法人制度设立的宗旨，违背了诚实信用原则，川交机械公司、瑞路公司应当与川交工贸公司承担连带责任。①

● 律师提示

公司的人格混同，指的是股东与公司之间或者关联公司之间资产不分、人事交叉、业务相同，与其交易的第三人无法分清是与公司进行交易还是与股东、关联公司交易的情形。公司的人格混同分为股东与公司混同、关联公司混同两种情形。根据目前司法实践，认定关联公司之间是否存在人格混同可以从以下现象进行推定：

1. 人员混同：指关联公司之间的组织架构存在大范围重合以及两个公司内部工作人员存在大量交叉任职、重复任职的情形，其中最具有代表性的情形就是同一团队或组织同时运营多家公司。

2. 业务混同：指关联公司之间经营相同或非常相似的业务活动，同一项目有时以此公司名义开展，有时又以彼公司的名义开展，致使交易相对方难以区分合作的具体对象。

3. 财务混同：指公司财务核算不具有独立性，往往表现为多个关联公司之间共同使用一个财务部门，甚至同一账本，账务进出随意且无正当理由。

看到这里，企业家们可能会有疑问，是否关联公司只要构成人格混同，就必然承担连带责任呢？其实不然，存在人格混同情形，并不意味着关联公司必然要承担连带责任，关联公司人格混同的程度必须造成严重损害债权人利益的后果时，法院才否认关联公司的法人人格，让关联公司之间承

---

① 参见徐工集团工程机械股份有限公司诉成都川交工贸有限责任公司等买卖合同纠纷案，最高人民法院指导案例15号（2013年）。

担连带责任。关联公司之间承担连带责任实际包含了两个条件：其一，债权人的利益因为关联公司人格混同而受到了严重的侵害。其二，如果不适用法人人格否认，将无从保障债权人的利益。也就是说，即使具有关联公司人格混同的情形，但实际上未给他人造成损失，也就不能否认公司的法人人格。

值得注意的是，以上三项混同情形仅仅是关联公司人格混同的典型特征，属于常见的表现形式。现实生活中，人格混同并不局限于上述三种情况：如办公场所相同、共用共同的网站和邮箱、宣传内容相同等都可以作为认定人格混同的参考因素。此外，我们还需要认识到，很多集团公司、母子公司之间，母公司往往会向下属公司派遣管理人员，制定统一的业务规范，甚至财务上制定统一的财务制度，进行统一管理。这些情形只要是在合法范围内，母公司未滥用权力，侵犯下属公司的独立法人的人格，就不应列入人格混同的情形。

掌握了如何认定关联公司的人格混同后，企业在日常经营过程中如何避免人格混同的出现呢？企业家可以参考以下方法：

1. 使用不同办公场所经营，物理区域上分割清楚。

2. 档案室、财务室、仓库等能明显判断出企业人格混同的重点区域应当分别划分区域，单独管理，切忌混淆。

3. 使用不同的网址、邮箱、商标、合同文本、宣传资料、统一以各自企业的名义对外推广等。

4. 对外使用各种单据的抬头及盖章要有效区分。

5. 不同企业建立不同的组织架构，使用不同的管理人员和业务人员，即便是相同人员，在签署合同等文件时，也不宜指派同一人员处理，若只能由同一人签署文件，不建议直接签字，可以采用盖章替代。

6. 关联公司之间的业务范围尽量做到有所区分，避免全部雷同。全程以同一企业的名义与客户交易，避免客户难以分清与其交易的是哪家公司。

综上所述，企业家要对关联公司人格混同情况有所了解，并应积极采取措施避免出现关联公司人格混同的情形。

● 法规速递

《中华人民共和国公司法》

第二十条 公司股东应当遵守法律、行政法规和公司章程，依法行使股东权利，不得滥用股东权利损害公司或者其他股东的利益；不得滥用公司法人独立地位和股东有限责任损害公司债权人的利益。

公司股东滥用股东权利给公司或者其他股东造成损失的，应当依法承担赔偿责任。

公司股东滥用公司法人独立地位和股东有限责任，逃避债务，严重损害公司债权人利益的，应当对公司债务承担连带责任。

《全国法院民商事审判工作会议纪要》

10. 认定公司人格与股东人格是否存在混同，最根本的判断标准是公司是否具有独立意思和独立财产，最主要的表现是公司的财产与股东的财产是否混同且无法区分。在认定是否构成人格混同时，应当综合考虑以下因素：

（1）股东无偿使用公司资金或者财产，不作财务记载的；

（2）股东用公司的资金偿还股东的债务，或者将公司的资金供关联公司无偿使用，不作财务记载的；

（3）公司账簿与股东账簿不分，致使公司财产与股东财产无法区分的；

（4）股东自身收益与公司盈利不加区分，致使双方利益不清的；

（5）公司的财产记载于股东名下，由股东占有、使用的；

（6）人格混同的其他情形。

在出现人格混同的情况下，往往同时出现以下混同：公司业务和股东业务混同；公司员工与股东员工混同，特别是财务人员混同；公司住所与股东住所混同。人民法院在审理案件时，关键要审查是否构成人格混同，而不要求同时具备其他方面的混同，其他方面的混同往往只是人格混同的补强。

3. 分公司和子公司，别傻傻分不清

——设立分公司与子公司的法律风险与防范

随着经营的扩大和业务的扩展，企业可能会面临各式各样的问题，为了分散风险抑或给企业减负，很多企业家都会选择设立分公司或者子公司。那么，分公司和子公司有什么区别呢？二者的设立是否伴有法律风险的产生呢？接下来，我们以案说法，看看案例中分公司会给总公司带来怎样的法律风险。

● 以案说法

1998年3月1日以及9月15日，《好运来》词、曲家车某、戚某某作为甲方分别与原告中国音乐著作权协会签订音乐著作权合同：同意将《好运来》词、曲，及车某、戚某某现有的和今后所有的音乐作品的公开表演权、广播权和录制发行权，授权原告以信托的方式进行管理。被告长宁二店（长宁二店系被告禾熏公司的分公司）在其经营的场所内，未经原告和著作权人的许可，将涉案音乐作品《好运来》作为店内的背景音乐，在经营时对外公开播放。为保护著作权人的合法权益，原告依法诉至法院，要求判令：（1）被告禾熏公司赔偿原告经济损失人民币2400元；（2）被告禾熏公司赔偿原告为本案支出的合理费用5037元。

法院审理后认为：被告长宁二店在其经营场所内，未经原告和著作权人的许可，将涉案音乐作品《好运来》作为店内的背景音乐，在经营时对外公开播放，侵犯了原告依法享有的涉案音乐作品的表演权，应承担相应的民事赔偿责任。被告长宁二店系被告禾熏公司的分公司，根据《公司法》第14条的规定，分公司不具有法人资格，其民事责任由公司承担。因此，被告禾薰公司应当对被告长宁二店的上述侵权行为承担相应的民事赔偿责任。最后法院判决：被告上海禾熏餐饮管理有限公司于本判决生效之日起 10 日内赔偿原告中国音乐著作权协会经济损失及合理费用共计人民币 7400 元。①

● 律师提示

从上述案例来看，作为总公司的禾薰公司对长宁二店分公司的侵权行为需承担法律责任，那如果是禾薰公司的子公司（非分公司）发生侵权，禾薰公司是否应承担责任呢？根据《公司法》第 14 条的规定，子公司具有法人资格，依法独立承担民事责任，显然子公司需要责任自负。分公司和子公司仅有一字之差，责任承担的差别却如此之大。除了表述方式上的差别外，还有什么其他方式能对二者进行有效区分呢？

1. 从名字的不同区分

子公司的名称一般为“ × 股份有限公司”或“ × 有限责任公司”。而分公司的名称一般为“ × 有限公司 × 分公司”，其名称应冠以隶属公司的名称。因此，在日常的企业经营活动中，只要看对方执照上的名字就能轻松区分二者，明确各自的法律地位。

2. 从法律地位的不同区分

子公司具有独立的法人资格，对外以自己的名义进行活动，其能够独立地承担民事责任。而分公司不具备独立的法人资格，没有独立的名称，只是总公司的一个分支机构，在经营过程中发生的债权债务由总公司承担。

3. 从设立方式的不同区分

由于子公司具有独立的法人资格，其独立承担民事法律责任，因此子公司一般由股东发起即可设立。但是分公司的设立需要在其住所地之外向当地工商部门申请。

4. 从法律责任的承担方式和法律后果不同区分

因为子公司具有独立的法人资格，且法人以其自身的财产为限承担法律责任，所以，除出资人（子公司的各股东）对子公司出资不实或出资后抽逃

① 参见上海市黄浦区人民法院民事判决书，（2016）沪 0101 民初 13714 号。

资金等情况之外，不能清偿的部分也不能向出资人追偿。而分公司虽然符合一定条件也能以自己的名义从事民事活动（前提是依法领取了营业执照），但并不能等同于其可以独立对外承担民事责任，故不能免除总公司的民事责任。

5. 从纳税的不同区分

子公司由于是独立的法人，所以其必须独立核算，独立申报纳税。而分公司不具有独立的法人资格，实践中根据分公司能否相对独立地从事完整经营活动，判断是否进行独立核算。不从事完整经营活动的分公司（比如只承担某一项经营职能仓储、营销的分公司），通常采用非独立核算，由总公司统一建账、统一核算；能相对独立从事完整经营活动、有收入、有对应的成本费用的分公司，从内部管理的角度也应当独立核算，这样需要单独建账，单独开设分公司账户。

那企业家想要设立分公司和子公司等下属机构时，需要考量哪些情况呢？

1. 盈亏情况

当总公司盈利，新设置的分支机构可能出现亏损时，如果需设置的分支机构不从事完整经营活动，应当选择总分公司模式。因为，如上所述，不从事完整经营活动的分公司，通常由总公司统一建账，其亏损可以由总公司的利润弥补。而如果设立的是独立从事完整经营活动，独立核算的分公司或子公司，由于其是独立的纳税人，其亏损通常要用以后年度实现的利润来弥补。

2. 利润分配形式及风险责任问题

分公司由于不是独立的法人，所以不利于进行独立的利润分配，而且由于其不能独立承担民事责任，往往会牵连到总公司。而子公司由于其独自承担法律责任，往往不会有这种情况的发生。

企业家在设立下属分支机构时，可以参考上述分公司或子公司的区分方法并结合公司的具体情况来设立，如此方可使公司在做大做强的同时，避免承担不必要的法律风险以及损失。

● 法规速递

《中华人民共和国公司法》

第十四条 公司可以设立分公司。设立分公司，应当向公司登记机关申请登记，领取营业执照。分公司不具有法人资格，其民事责任由公司承担。

公司可以设立子公司，子公司具有法人资格，依法独立承担民事责任。

4. 定个小目标，先认缴一个亿？

——认缴出资的法律风险与防范

公司注册资本认缴制实施后，大大降低了公司设立的难度，公司设立程序简化、出资限制取消。但是现实中有不少企业家对认缴制的理解不全面、不透彻，这样不仅会导致设立公司时为股东自身留下潜在的法律风险，还有可能影响到公司的稳健发展。接下来，我们以案说法，看看企业家夏某和王某在认缴出资中所面临的风险。

● 以案说法

2017 年 4 月，夏某、王某共同设立凯旋公司，注册资本 1 亿元，其中夏某和王某分别以货币方式认缴出资 5000 万元，占注册资本的 50%，将于 2035 年 2 月 1 日前实缴到位。后由于经营不善，凯旋公司拖欠多家供应商的货款达到了 6000 万元，且公司陷入了资不抵债的境地。2018 年 10 月，供应商无畏公司作为债权人之一，以凯旋公司不能清偿到期债务且无财产可供执行为由向法院申请对凯旋公司进行破产清算，法院于 2018 年 11 月裁定受理无畏公司对凯旋公司的破产清算申请，并指定浙江某律师事务所担任凯旋公司管理人。凯旋公司管理人接受指定，各债权人纷纷申报债权，债权申报金额约 6000 万元，管理人代表凯旋公司向法院提起诉讼，请求法院判令夏某和王某分别向凯旋公司缴纳出资款 5000 万元。

法院审理后认定，根据《企业破产法》第 35 条的规定，人民法院受理破产申请后，债务人的出资人尚未完全履行出资义务的，管理人应当要求该出资人缴纳所认缴的出资，而不受出资期限的限制。夏某、王某作为凯旋公司的股东，未向凯旋公司履行过出资义务，虽然在章程中约定可在 2035 年 2

月 1 日前足额缴纳出资，但因凯旋公司已进入破产清算程序，故夏某、王某的出资义务已经加速到期，应向凯旋公司缴纳其所认缴而未缴纳的出资。

● 律师提示

从上述案例来看，夏某和王某因未正确认知认缴出资的风险，盲目认缴 1 亿元，最后公司破产，实缴出资加速到期，风险可谓巨大。那么认缴制下的法律风险到底该如何规避和防范呢?

1. 树立对认缴制度正确的认识

认缴注册资本某种意义上可以视为股东对公司的负债，你认缴多少数额的注册资本，就代表你对公司负有多少债务，你想设立 1 亿元的公司，那么你就对公司负债 1 亿元。

2. 谨慎评估自身的投资能力

既然认缴资本越大，风险越高，责任越大，那么注册资本到底认缴多少合适呢? 企业家作为股东时要谨慎评估自身的实力，要结合所在行业的具体要求，比如互联网公司申请互联网信息服务增值电信业务经营许可证时，就要求公司注册资本在 100 万元以上。

3. 公司如果注销，是否必须补齐全部认缴出资

此时需分情况讨论：若公司没有外债，不涉及对别人损失的补偿，可以直接通过正常程序将公司注销，不需将认缴出资补齐即可注销；如果公司对外有债务，并且公司现有资本不足以偿还，公司在清算时，全体股东可以按各自认缴比例偿还剩余债务，待债务清偿完毕后，再办理注销登记。

道路千万条，谨慎第一条，认缴资本前务必要谨慎评估自身实力。冲动认缴轻则血本无归，重则倾家荡产，甚至会招来牢狱之灾，因此，企业家一定要三思而后行。

● 法规速递

《中华人民共和国企业破产法》

第三十五条 人民法院受理破产申请后，债务人的出资人尚未完全履行出资义务的，管理人应当要求该出资人缴纳所认缴的出资，而不受出资期限的限制。

5. 分红没有你，担责冲在前

——挂名法定代表人的法律风险及防范

挂名法定代表人，是指某些企业为了隐藏法定代表人的真实身份、隐瞒关联交易情况、规避相关法律责任等，将本不参与企业经营的人登记为公司法定代表人的情形。现实生活中，应他人之邀或因各种原因，到其他公司挂名担任法定代表人的情况时有发生。但是，挂名者往往不知道其中隐藏很大的法律风险，一旦公司面临法律纠纷或被采取执行措施等，将会影响挂名者权益。接下来，我们以案说法，看看作为挂名法定代表人的陈某将会面临怎样的法律风险。

● 以案说法

刘某准备新开一家公司，于是找到陈某，让其担任公司的法定代表人，并表示陈某只是挂名而已，公司的经营和管理还是由自己实际控制。为了让陈某放心，刘某还跟陈某签订了一份承诺书，承诺书的内容是刘某保证公司出问题时不会牵连陈某，且刘某每月给陈某2000元的挂名费。陈某最终同意并被登记为该公司的法定代表人。

但是，天有不测风云。刘某的新公司开业不久就涉及多起诉讼纠纷，陈某作为公司的法定代表人也被众多法院列为限制高消费人员。陈某觉得事情不对，想找刘某问清楚，但刘某早已不见踪影。

● 律师提示

现实生活中，类似陈某这样的情况屡屡发生：有的人是碍于情面，不好意思拒绝别人的请求，而答应挂名担任法定代表人；有的人则是为了赚取少量的挂名费，而落入了挂名法定代表人的“陷阱”。不管出于什么样的原因，我们都需要提前了解挂名法定代表人的相关法律风险。

一、民事责任风险

（一）被限制高消费和限制出行

根据《最高人民法院关于限制被执行人高消费及有关消费的若干规定》第3条的规定，如果法院将法定代表人列为限制高消费人员（如本案中的陈某），法定代表人在限制高消费期间将无法乘坐飞机、高铁二等以上舱位；不能在星级以上宾馆、酒店、夜总会、高尔夫球场等场所进行高消费；不得购买不动产或者新建、扩建、高档装修房屋；不得购买非经营必需车辆；不得旅游、度假；等等。可以说，被采取限制消费措施对当事人的生活影响极大。

（二）承担赔偿责任

根据《企业破产法》及其司法解释的相关规定，债务人如果实施了为逃避债务而隐匿、转移财产，虚构债务或者承认不真实的债务等行为，损害债权人利益的，债务人的法定代表人和其他直接责任人员将依法承担赔偿责任。

二、刑事责任风险

我国《刑法》中规定的很多罪名，特别是可以构成单位犯罪的罪名，除了对单位进行处罚外，还要追究“直接负责的主管人员和其他直接责任人员”的刑事责任。此时，法定代表人作为公司的核心人员，往往难辞其咎。

法定代表人的风险如此之大，如果企业家不慎挂名担任法定代表人，并且乱签字，后果将不堪设想。因此，为了避免陷入如此危险的境地，企业家需要注意以下几点：

1. 审慎行使自己的权利，不乱签字。在2015年的天津爆炸案中，由于挂名法定代表人李某曾在多份公司文件上签字，所以其要承担重大责任。签字挂名就要担责，这绝不是儿戏！因此，挂名法定代表人要尽量避免参与公司的实际经营或者在公司决策文件上签字。

2. 在公司经营状况恶化的时候，要尽快变更法定代表人。挂名法定代表人要随时关注公司的发展经营动态，当公司经营状况开始恶化的时候，要尽快变更法定代表人；如果公司或者实控人不配合，挂名法定代表人可以提起变更公司登记之诉。

3. 做好相关证据、文件的留存工作。挂名法定代表人若想免于承担责任，则需尽可能地举证证明自己仅是“挂名”的“台前人”，真正的法定代表人另有其人。因此，保存证明自己是挂名法定代表人的相关证据、文件就显得尤为重要。

综上所述，由于法定代表人是公司的“门面”人物，一旦公司出现不良状况，首当其冲的就是法定代表人。因此，担任挂名法定代表人之前要三思而后行，不然极易落得“分红没有你，担责冲在前”的悲惨下场。

法规速递

《最高人民法院关于限制被执行人高消费及有关消费的若干规定》

第三条 被执行人为自然人的，被采取限制消费措施后，不得有以下高消费及非生活和工作必需的消费行为：

（一）乘坐交通工具时，选择飞机、列车软卧、轮船二等以上舱位；

（二）在星级以上宾馆、酒店、夜总会、高尔夫球场等场所进行高消费；

（三）购买不动产或者新建、扩建、高档装修房屋；

（四）租赁高档写字楼、宾馆、公寓等场所办公；

（五）购买非经营必需车辆；

（六）旅游、度假；

（七）子女就读高收费私立学校；

（八）支付高额保费购买保险理财产品；

（九）乘坐G字头动车组列车全部座位、其他动车组列车一等以上座位等其他非生活和工作必需的消费行为。

被执行人为单位的，被采取限制消费措施后，被执行人及其法定代表人、主要负责人、影响债务履行的直接责任人员、实际控制人不得实施前款规定的行为。因私消费以个人财产实施前款规定行为的，可以向执行法院提出申请。执行法院审查属实的，应予准许。

《企业破产法》

第三十一条 人民法院受理破产申请前一年内，涉及债务人财产的下列行为，管理人有权请求人民法院予以撤销：

（一）无偿转让财产的；

（二）以明显不合理的价格进行交易的；

（三）对没有财产担保的债务提供财产担保的；

（四）对未到期的债务提前清偿的；

（五）放弃债权的。

第三十二条 人民法院受理破产申请前六个月内，债务人有本法第二条第一款规定的情形，仍对个别债权人进行清偿的，管理人有权请求人民法院予以撤销。但是，个别清偿使债务人财产受益的除外。

第三十三条 涉及债务人财产的下列行为无效：

（一）为逃避债务而隐匿、转移财产的；

（二）虚构债务或者承认不真实的债务的。

第一百二十八条 债务人有本法第三十一条、第三十二条、第三十三条规定的行为，损害债权人利益的，债务人的法定代表人和其他直接责任人员依法承担赔偿责任。

《中华人民共和国刑法》

第三十一条 单位犯罪的，对单位判处罚金，并对其直接负责的主管人员和其他直接责任人员判处刑罚。本法分则和其他法律另有规定的，依照规定。

6. 股东足额出资还要被追责？

——发起人的资本充实责任制度

公司股东需要对各自的出资义务承担责任，这已经为企业家所熟知。但是，公司设立时的股东（公司发起人）需对公司其他发起人的出资义务承担连带责任，是多数企业家未曾意识到的风险。接下来，我们以案说法，看看作为公司的发起人股东将会面临怎样的法律风险。

● 以案说法

徐某于2011年10月18日申请设立安徽星亚车业有限责任公司（以下简称星亚车业公司），注册资本为6000万元，法定代表人为徐某，股东为吴某、徐某、叶某，持股比例分别为10%、80%、10%，出资方式是货币，其中叶某认缴出资额为600万元，实际出资额为200万元，出资时间是2011年10月18日，余额缴付日期为2013年10月18日。2013年10月15日，星亚车业公司及法定代表人徐某申请办理了注册资本余额缴付日期变更手续，余额缴付日期由2013年10月18日改为2014年4月17日之前。2014年5月21日，上述三名股东重新制定了《安徽星亚车业有限责任公司章程》，将出资日期修改为2016年10月18日。2014年11月6日，徐某将其持有的星亚车业公司80%的股权转让给周某，周某与叶某、吴某重新制定了《安徽星亚车业有限责任公司章程》，修改出资日期为2017年11月。星亚车业公司的法定代表人也先后由徐某变更为叶某再变更为洪某。

2018年9月13日，宣城市中级人民法院作出（2018）皖18破申20号民事裁定书，裁定受理星亚车业公司破产清算一案，并于同日作出（2018）皖18破20号决定书，指定两家律师事务所担任星亚车业公司管理人。管理人接受指定后，经过查询、调查，发现叶某没有依法履行缴纳出资义务。故依法提起诉讼。

法院认为，《公司法》第28条第1款规定，股东应当按期足额缴纳公司章程中规定的各自所认缴的出资额。星亚车业公司设立时，注册资本为6000万元，叶某作为股东之一，认缴出资额为600万元，实际出资仅200万元，该事实有公司章程、验资报告及出资信息等证据证明，且叶某亦予以认可。星亚车业公司设立后，各股东数次重新制定公司章程，将注册资本缴付日期最终延后至2017年11月。现叶某未举证证明其在该期限内对应出资的金额进行了缴付，故对星亚车业公司要求叶某作为股东补缴其出资的诉请予以支持。同时，根据法律规定，徐某、吴某作为公司的发起人股东，在叶某未全面履行出资义务的范围内，应对该出资承担连带责任。徐某、吴某承担责任后，可依法向叶某追偿。

最终法院判决：（1）被告叶某于本判决生效后10日内向星亚车业公司支付补缴出资款400万元；（2）被告徐某、吴某对叶某补缴400万元的出资义务承担连带给付责任。被告徐某、吴某承担责任后，可以向叶某追偿。[①]

● 律师提示

根据《最高人民法院关于适用〈中华人民共和国公司法〉若干问题的规定（三）》第13条的规定，股东在公司设立时未全面履行出资义务，公司、其他股东、公司债权人请求其他发起人与该股东承担连带出资义务的，人民法院应予支持；其他发起人承担责任后，可向该股东追偿。因此，公司的发起人应重视出资义务的履行。为了规避承担连带出资责任的风险，作为发起人的企业家应当如何对此类风险进行防范呢？

1. 提高对其他发起人履行督促义务的认识。发起人要深刻认识到：不是自己全面履行了出资义务就可高枕无忧。因为每个发起人都是其他发起人股东的保证人，如果其他发起人出资不到位，则需要承担连带责任，即使把自身的股权转让，发起人责任也不一定能免除。因此，发起人应对公司章程规

① 参见安徽省宣城市中级人民法院民事判决书，（2019）皖18民初84号。

定的出资期限有清楚的了解，除了自身应按时缴足出资外，还应敦促其他发起人按期足额缴纳出资。在督促其他股东履行义务时最好使用可被证明的书面形式，方便后期取证。若其他发起人拒不按期缴纳出资，可依法采取相应的措施进行处理。

2. 可以在公司章程或者发起人协议中提前就出资缴纳义务进行约定。公司发起人可以在公司章程或发起人协议中约定，如果任一发起人出资有瑕疵，则需要向公司或者其他发起人承担违约责任；当未缴纳出资期限和金额达到一定程度的时候，其他发起人有权解除其股东资格，并应及时通过公司内部程序予以确认。

3. 以诉讼的方式督促未全面履行出资义务的发起人履行法定出资义务。如果发起人不履行或者怠于履行出资义务，则已经履行出资义务的发起人可以以诉讼的方式督促其履行法定义务。

厘清公司发起人的出资连带责任，有利于企业家尤其是公司设立时的小股东谨慎作出投资决策。因此，企业家在作为发起人设立公司时，要注意以上几点，避免加重自身的出资义务。

法规速递

《最高人民法院关于适用〈中华人民共和国公司法〉若干问题的规定(三)》

第一条 为设立公司而签署公司章程、向公司认购出资或者股份并履行公司设立职责的人，应当认定为公司的发起人，包括有限责任公司设立时的股东。

第十三条 股东未履行或者未全面履行出资义务，公司或者其他股东请求其向公司依法全面履行出资义务的，人民法院应予支持。

公司债权人请求未履行或者未全面履行出资义务的股东在未出资本息范围内对公司债务不能清偿的部分承担补充赔偿责任的，人民法院应予支持；未履行或者未全面履行出资义务的股东已经承担上述责任，其他债权人提出相同请求的，人民法院不予支持。

股东在公司设立时未履行或者未全面履行出资义务，依照本条第一款或者第二款提起诉讼的原告，请求公司的发起人与被告股东承担连带责任的，人民法院应予支持；公司的发起人承担责任后，可以向被告股东追偿。

股东在公司增资时未履行或者未全面履行出资义务，依照本条第一款或者第二款提起诉讼的原告，请求未尽公司法第一百四十七条第一款规定的义务而使出资未缴足的董事、高级管理人员承担相应责任的，人民法院应予支持；董事、高级管理人员承担责任后，可以向被告股东追偿。

《中华人民共和国公司法》

第二十八条 股东应当按期足额缴纳公司章程中规定的各自所认缴的出资额。股东以货币出资的，应当将货币出资足额存入有限责任公司在银行开设的账户；以非货币财产出资的，应当依法办理其财产权的转移手续。

股东不按照前款规定缴纳出资的，除应当向公司足额缴纳外，还应当向已按期足额缴纳出资的股东承担违约责任。

7. 夫妻同心，其利一定断金？

——“夫妻店”的法律风险与防范

有限责任公司是我国企业的重要组织形式之一，基于责任承担的有限性、内部机构设置的灵活性以及程序设立的简洁性等特点，有限责任公司式的企业组织形式备受企业家们的青睐。但是，万物无不负阴而抱阳，有优点必有缺点，有限责任公司也不例外，比如并不是所有的有限责任公司都可以实现“责任有限”。接下来，我们以案说法，看看“夫妻店”[①] 这种特殊的有限责任公司形式，会给企业家带来哪些法律风险。

• 以案说法

被告金电公司于2009年2月5日由股东朱某、陈某设立，朱某与陈某系夫妻关系，朱某担任公司执行董事，陈某担任公司监事并从事会计工作。2019年6月18日，公司注册资本由51万元变更登记为500万元，其中朱某认缴450万元，持股比例90%，陈某认缴50万元，持股比例10%。公司设立及增资时，朱某、陈某并未在登记机关明确夫妻财产归属。

2020年4月23日，金电公司与原告凯泰公司发生纠纷，凯泰公司向一审法院提出诉讼请求：（1）判令解除凯泰公司与朱某、金电公司之间的买卖合同关系；（2）判令朱某、金电公司共同向凯泰公司返还货款56.3万元并赔偿损失33万元；（3）本案的全部诉讼费用（含诉讼财产保全责任保险费2000元）由朱某、金电公司承担。

---

① 我们这里所说的“夫妻店”特指公司只有夫妻两个股东，二人占有公司100%股权的有限责任公司。

法院经审理后认为，金电公司的注册资本实际来源于夫妻共同财产，公司的全部股权属于夫妻双方共同共有，即金电公司的全部股权实质上来源于同一财产权，并为一个所有权共同享有和支配，股权主体具有利益的一致性和实质的单一性。在此情况下，金电公司与一人有限公司在主体构成和规范适用上具有高度相似性，系实质意义上的一人有限公司。本案可以参照适用《公司法》第63条的规定，即一人有限责任公司的股东不能证明公司财产独立于股东自己的财产的，应当对公司债务承担连带责任。故在朱某未提供证据证明其财产与公司财产独立的情况下，朱某应当对金电公司的债务承担连带责任……凯泰公司在本案中不要求陈某承担责任，系其对自身权利的放弃，又因为人格混同仅在个案中进行评判，故陈某的责任承担问题，法院不予理涉。

法院最终判决：（1）金电公司应于判决生效之日起七日内返还凯泰公司货款56.3万元；（2）朱某对判决第一项中金电公司的债务承担连带责任。[①]

• 律师提示

上述案件中，法院对陈某责任的承担问题不予理涉，主要原因是原告诉请方面存在瑕疵，如原告在诉请中要求陈某共担责任，陈某将很难逃避责任。从法院的说理部分我们也可以看出，夫妻共同持有100%股权有巨大的法律风险，因为在司法实践中，法院有可能将“夫妻店”的全部股权认定为实质上来源于同一财产权，即夫妻共同财产，为夫妻共同享有和支配，认为股权主体具有利益的一致性和实质的单一性，从而将“夫妻店”归类为实质意义上的一人有限公司。根据法律规定，一人有限公司实行人格混同的举证责任倒置制度，一旦“夫妻店”被认定为“股东不能证明公司财产独立于股东自己的财产”的一人有限公司，则夫妻双方都要对公司债务承担连带责任。

为避免此类法律风险的发生，我们建议从以下三个层面来预防：

第一，在公司注册阶段，应当尽量避免出现仅有夫妻两人共同持有100%股权的情形，可以加入其他非关联股东，从根本上杜绝风险的发生。如

① 参见江苏省无锡市中级人民法院民事判决书，（2021）苏02民终877号。

果必须注册“夫妻店”，则需要注意在设立公司时应对夫妻财产分割的书面证明或协议进行公证，并向工商部门提交相关材料，避免“夫妻店”被认定为是以家庭财产出资，最终被认定为一人有限责任公司。

第二，在公司治理阶段，夫妻应尽量避免分别任职所设公司的法定代表人、总经理、董事、监事或公司其他职务。基于公司意思表示的一致性，该种任职模式容易被否认法人独立人格。另外，建议股东对公司章程进行完善，制定完备且独立的决策机制并在实际操作中落实。

第三，在公司运行阶段，避免股东财产与公司财产混同。每年应编制财务会计报告并审计，以证明公司财产独立于股东个人或家庭的财产。股东不能私自收取公司账款，股东账户和公司账户不能存在资金来往，股东分红应依法决议并缴纳税款。

从创业的角度上说，“夫妻店”方便管理，决策效率高，而且肥水不流外人田，这也是“夫妻店”普遍存在的重要原因。但是“夫妻店”也蕴藏着巨大的法律风险，因为夫妻作为“法定财产共同体”，双方在婚姻有效存续期间的财产推定为夫妻共有，所以，“夫妻店”的法律风险不容忽视。

法规速递

《中华人民共和国公司法》

第六十三条 一人有限责任公司的股东不能证明公司财产独立于股东自己的财产的，应当对公司债务承担连带责任。

第 二 章

公司的股权与内部治理

8. 抽走的出资，抽不走的责任

——股东抽逃出资的法律风险

股东抽逃出资，是指股东在缴纳出资后又通过非法途径或违反法定程序的方式抽回其已经实缴的出资，损害公司利益的行为。首先，股东与公司属于各自独立的主体，股东认缴的出资实缴到位以后，该资金则属于公司的财产。其次，抽逃出资的行为虽然被法律明令禁止，但是实务中不乏股东为实现个人私利，滥用公司法人独立地位或股东有限责任，频频上演抽逃出资的戏码。最后，此举不仅严重削弱公司的偿债能力，股东最终也会承担法律责任。接下来，我们以案说法，看看股东抽逃出资会带来怎样的法律风险。

● 以案说法

张三和李四是好友，两人决定通过互联网直播带货，并出资 100 万元创立明华带货公司。为了使镜头下的公司环境看起来更好，二人决定对公司进行改造，并雇用王五承揽明华公司的装修工程。王五按照约定装修结束后，明华公司尚有 30 万元装修款未支付。王五有心催讨装修款，但不料明华公司已经闭店了，张三和李四将公司账户的资金取光后也不知去向，公司也因未参加年检而被工商部门吊销了营业执照。于是，王五便将明华公司诉至法院，要求偿还欠款 30 万元，股东张三和李四承担连带责任。那么，在本案中，张三和李四会因为抽逃出资的行为被法院判处承担责任吗?

● 律师提示

上述案例中，张三和李四应当承担补充赔偿责任。因为，根据《最高人民法院关于适用〈中华人民共和国公司法〉若干问题的规定（三）》的相关规定，股东抽逃出资的，应当在抽逃出资本息范围内对公司债务不能清偿的部分承担补充赔偿责任。因此，上述案例中，法院认定张三和李四将验资账户里的钱款陆续取出的行为属于抽逃出资，严重损害了公司债权人的利益，二人应当对公司债务承担补充赔偿责任。

其实，抽逃出资的代价远不止上述案例所提到的内容，还可能承担下述责任：

一、民事责任

该民事责任不仅包括上文提到的承担补充赔偿的责任，还包括需要向公司返还出资，承担被限制股东权利的风险。根据《最高人民法院关于适用〈中华人民共和国公司法〉若干问题的规定（三）》的规定，公司对抽逃出资的股东根据公司章程或者股东会决议对该股东的利润分配请求权、新股优先认购权、剩余财产分配请求权等股东权利都可作出相应的合理限制。同时根据《最高人民法院关于民事执行中变更、追加当事人若干问题的规定》第18条的规定，作为被执行人的营利法人，财产不足以清偿生效法律文书确定的债务，抽逃出资的，股东还可能会被追加为被执行人。

二、行政责任

公司的发起人、股东在公司成立后，抽逃其出资被查实的，可由公司登记机关责令改正，并处以罚款。所以，抽逃出资不仅要承担民事责任，还要承担行政责任。

三、刑事责任

公司发起人、股东违反《公司法》的规定未交付货币、实物或者未转移财产权，虚假出资，或者在公司成立后又抽逃其出资，数额巨大、后果严重或者有其他严重情节的，可能会被处以刑事处罚。

为了降低被认定为抽逃出资的风险，企业家作为股东时应当采取怎样的防范措施呢？

1. 股东应注意减少或者避免无偿使用公司的借款，且从公司借的款项要尽快偿还，不然有被认定为抽逃出资的风险。

2. 在股东和公司之间频繁调度资金危险大，特别是要减少或者避免使用

“往来款”的名义在公司和股东之间频繁地调度资金。

3. 尽可能地遵守公司合规性要求，减少或者避免在未经决策程序、未完善减资手续或未完善相关借款合同的前提下随意动用公司的资金。

无论是出于提高资金的利用率，抑或其他商业目的，从公司任意支取资金的行为都极有可能被认定为抽逃出资。抽逃出资法律风险大，企业家应当三思而后行。

● 法规速递

《最高人民法院关于适用〈中华人民共和国公司法〉若干问题的规定(三)》

第十四条 股东抽逃出资，公司或者其他股东请求其向公司返还出资本息、协助抽逃出资的其他股东、董事、高级管理人员或者实际控制人对此承担连带责任的，人民法院应予支持。

公司债权人请求抽逃出资的股东在抽逃出资本息范围内对公司债务不能清偿的部分承担补充赔偿责任、协助抽逃出资的其他股东、董事、高级管理人员或者实际控制人对此承担连带责任的，人民法院应予支持；抽逃出资的股东已经承担上述责任，其他债权人提出相同请求的，人民法院不予支持。

第十六条 股东未履行或者未全面履行出资义务或者抽逃出资，公司根据公司章程或者股东会决议对其利润分配请求权、新股优先认购权、剩余财产分配请求权等股东权利作出相应的合理限制，该股东请求认定该限制无效的，人民法院不予支持。

《中华人民共和国公司法》

第二百条 公司的发起人、股东在公司成立后，抽逃其出资的，由公司登记机关责令改正，处以所抽逃出资金额百分之五以上百分之十五以下的罚款。

《中华人民共和国刑法》

第一百五十九条 公司发起人、股东违反公司法的规定未交付货币、实物或者未转移财产权，虚假出资，或者在公司成立后又抽逃其出资，数额巨大、后果严重或者有其他严重情节的，处五年以下有期徒刑或者拘役，并处或者单处虚假出资金额或者抽逃出资金额百分之二以上百分之十以下罚金。

单位犯前款罪的，对单位判处罚金，并对其直接负责的主管人员和其他直接责任人员，处五年以下有期徒刑或者拘役。

9. 我的出资你做主？

——股权代持的法律风险与防范

随着商事活动的日益频繁，股权代持的现象亦日益增多。但股权代持因实际出资人与名义出资人不一致，常导致股东权利在分配和行使上存在模糊和不确定性，常引发争议。企业家如果不了解股权代持所产生的法律风险，很可能会跳入火坑。接下来，我们以案说法，看看案例中法官对股权代持的解读，从而为企业家规避风险。

● 以案说法

2016 年 11 月，原告王某与被告何某，案外人刘某、陆某、林某、闫某签订《股东合同》，约定拟设立“帝皇婚礼主题酒店”，由被告出资 305. 8 万元，占股 69. 5%，原告出资 15. 4 万元，占股 3. 5%。合同签订后，为了公司注册方便，原、被告与案外人一致同意由被告成立一人公司并担任法定代表人，股东只登记为其一人，口头约定其他人作为公司的隐名股东，实际参与公司管理。原告亦按照约定将出资款 15. 4 万元转至被告个人银行卡账户，履行完毕出资义务。但是被告未经其他人同意，将公司名称更改为民权帝皇餐饮服务有限公司（以下简称民权公司），原告认为被告收到出资款后不按约定名称设立公司，故将被告起诉至法院，请求法院：（1）判令解除原、被告签订的《股东合同》；（2）判令被告返还原告出资款 15. 4 万元及利息。

本案中，法院认定：（1）当事人签订的《股东合同》系真实意思表示，合同内容未违反法律、行政法规的强制性规定，该合同合法有效。（2）《最高人民法院关于适用〈中华人民共和国公司法〉若干问题的规定（三）》第 24 条对代持协议效力确立了统一的裁判标准，认可股权代持协议效力及股权代持的合法性。本案中，首先，《股东合同》、各方当事人出资事实和付款凭证、公司成立的地址与《股东合同》约定的地址一致，其他隐名股东的证人证言、微信聊天记录等，能证明民权公司的成立是经各股东一致同意；其次，原、被告双方虽未签订书面代持股协议，但《股东合同》中除原告外的其他股东均认可被告的显名股东身份，认可设立民权公司，并且原告在民权公司成立后亦多次参与公司的实际经营，证明其已认可自己的隐名股东资格。综上所述，原告主张解除原、被告签订的《股东合同》、返还出资款及利息的诉请，于法无据，不予支持。法院最终判决：驳回原告王某的诉讼请求。①

律师提示

正如上述案例，企业家如果对股权代持的法律后果和隐名股东的概念不了解，可能会面临诉请被驳回的结果。除此之外，股权代持对显名股东和隐名股东来说还有其他方面的风险，如股权代持协议的法律效力被否定、显名股东恶意侵害隐名股东权益、隐名股东因难以确立股东身份从而无法向公司主张权益、显名股东的债权人针对显名股东股权强制执行、显名股东被公司股东或债权人要求履行出资义务、显名股东会面临难以退出公司等风险。下面我们将从不同的角度来分析股权代持的风险防范措施。

一、隐名股东风险防范

第一，慎重选择显名股东。显名股东的可靠与否很大程度决定股权代持期间隐名股东的风险。因此，企业家确因各种主客观原因不宜显名设立公司时，其作为隐名股东在选择显名股东的人选时要非常慎重，尽量选取自己信得过的人，以防止显名股东消极履行股东权利、私自处分股权或因自身其他债务危机导致被牵连。

第二，显名股东的配偶、有法定继承权的家属签署书面承诺函。很多时候，股权代持关系并不为代持双方的亲属所知悉，一旦显名股东死亡或者离婚，其继承人、配偶对代持情况不清楚或虽明知但不承认代持的情况，显名股东所代持的股权就有可能作为显名股东的遗产或股权价值作为夫妻共同财

① 参见河南省民权县人民法院民事判决书，（2019）豫1421民初4383号。

产予以分割。企业家若作为隐名股东此时为获取股权，就不得不开启漫长的诉讼维权之旅。因此，签订股权代持协议时，隐名股东可以要求显名股东的配偶或者法定继承人在代持协议上进行确认或专门出具确认函、承诺函，表示对代持关系的认可，并且承诺今后不会对被代持的股权主张权利。

第三，签署权利义务清晰完备的股权代持协议。为防止股权代持协议无效及显名股东消极履行代持协议损害隐名股东权益，双方在代持协议中应当将代持双方各自的身份信息全面展示，以防止合同存在无效情形，并将显名股东的义务设置清楚。比如：（1）约定显名股东应当完全按照隐名股东的要求行使股东权利，否则承担相应的违约责任；（2）约定显名股东行使表决权前应当征得隐名股东的书面授权；（3）明确显名股东返还投资收益的时间及条件，否则显名股东应当承担相应的违约责任。

第四，隐名股东实际参与公司管理，保留相应证据。很多时候，若显名股东否认股权代持关系，光有一份股权代持协议并不能认定股权代持关系确实存在，即便有银行转账记录，也可能被法院认定双方属于借贷关系。因此，企业家在作为隐名股东时，在出资之余还需要定期参与公司的管理及相关会议，让公司人员认识到股权代持的存在。此外，还要注意保留相关代持关系的证据，如微信聊天记录、通话录音、出资证明、验资证明、股东会决议等。

第五，提前向公司其他股东披露股权代持事宜。隐名股东若要显名需要经过公司其他股东半数以上同意，并签发出资证明书、记载于股东名册、章程并办理登记。因此，企业家作为隐名股东时，要及时将代持协议告知公司的其他股东，以获取公司及公司其他股东的认可。

二、显名股东风险防范

第一，代持前做好尽职调查。企业家作为显名股东时，在正式接受代持委托前应当审慎确认标的公司的经营情况、发展情况与债权债务情况，了解自己成为股东后可能会承担的责任，避免在代持期间面临出资加速到期及其他债务承担的情况。此外，显名股东应当对隐名股东的出资履行能力、是否存在诉讼等进行背景调查，确保其能全面履行出资义务。

第二，合理约定代持协议。首先，企业家作为显名股东，在签订股权代持协议时，应当注意协议条款，明确约定协议不违反法律规定。代持过程中，如隐名股东的要求违反法律法规规定，应当予以拒绝，并追究隐名股东违约责任。其次，代持双方应当在代持协议中明确约定隐名股东应当在公司章程、股东协议所约定的出资期限到期前的合理期限内完成出资义务，若隐名股东未按时完成出资义务或存在抽逃出资等情形，显名股东可随时解除股权代持协议，并追究隐名股东的违约责任。最后，明确约定由隐名股东承担投资风险，显名股东承担责任后，可以向隐名股东追偿。

第三，约定显名股东退出条件。企业家作为显名股东时，在股权代持协议中要约定显名股东退出的机制及隐名股东应当履行的配合义务，双方可提前向公司其他股东披露股权代持事宜，获得其他股东或者股东会决议认可。

目前股权代持的情况在我国企业中并不少见，无论是显名股东还是隐名股东，都或多或少存在风险。因此，企业在设立和经营过程中，应尽量避免股权代持，如不可避免需要股权代持，可以借鉴以上措施避免相应的法律风险。

法规速递

《最高人民法院关于适用〈中华人民共和国公司法〉若干问题的规定(三)》

第二十四条 有限责任公司的实际出资人与名义出资人订立合同，约定由实际出资人出资并享有投资权益，以名义出资人为名义股东，实际出资人与名义股东对该合同效力发生争议的，如无法律规定的无效情形，人民法院应当认定该合同有效。

前款规定的实际出资人与名义股东因投资权益的归属发生争议，实际出资人以其实际履行了出资义务为由向名义股东主张权利的，人民法院应予支持。名义股东以公司股东名册记载、公司登记机关登记为由否认实际出资人权利的，人民法院不予支持。

实际出资人未经公司其他股东半数以上同意，请求公司变更股东、签发出资证明书、记载于股东名册、记载于公司章程并办理公司登记机关登记的，人民法院不予支持。

第二十五条 名义股东将登记于其名下的股权转让、质押或者以其他方式处分，实际出资人以其对于股权享有实际权利为由，请求认定处分股权行为无效的，人民法院可以参照民法典第三百一十一条的规定处理。

名义股东处分股权造成实际出资人损失，实际出资人请求名义股东承担赔偿责任的，人民法院应予支持。

10. 我的股权想给谁就给谁吗

——股权转让中股东优先权的适用

看到题目，很多企业家可能会想，股权是我的私有财产，难道我还不能做主，想给谁就给谁吗？众所周知，在现今的市场体制机制下，为了实现资源的最大价值与有效配置，法律层面通常会允许资源在市场中自由流动而不过多干预。但是本文要讲的“股东优先购买权”却反其道而行之，它是对股东转让股权的限制。具体来讲，优先购买权是指有限责任公司的股东在对外（公司股东以外的第三方）转让公司股权时，其他股东享有在同等条件下优先购买的权利。优先购买权是股东享有的法定权利，同其他权利一样神圣不可侵犯，如果股东不尊重其他股东的优先购买权恣意对外转让股权，很有可能会承担法律上的不利后果。实务中关于此类纠纷层出不穷，不胜枚举。接下来，我们以案说法，看看企业家不尊重其他股东的优先购买权，“瞒天过海”式的对外转让股权会面临怎样的法律后果。

• 以案说法

企业家甲某和A公司成立了一家餐饮有限责任公司（以下简称B公司）。甲某持有40%的股权，A公司持有60%的股权。不久，甲某与A公司出现意见分歧，不愿再与A公司共同经营B公司，恰有甲某的朋友王某想开餐饮店，于是，甲某在未经A公司同意的情况下，把自己的股权转让给王某。得知此事后，A公司觉得自己的优先购买权受到侵犯，于是起诉到法院，要求撤销甲某和王某之间的股权转让协议，并表示自己愿意以同样的价格购买甲某的股权。

法院经审理认为，有限责任公司的股东向股东以外的人转让股权，但其股权转让事项未征求其他股东意见，损害了其他股东的优先购买权，其他股东主张按照同等条件购买该转让股权，应予以支持。因此，企业家甲某败诉。

● 律师提示

上述案件中，根据《公司法》第 71 条的规定，甲某对外转让股权前，理应书面通知作为股东的 A 公司，并取得 A 公司对于股权转让行为的答复，但甲某并没有采取如上措施。因此，当 A 公司同意在同等条件下购买甲某的股权时，根据《公司法》的规定，法院自然会支持 A 公司的诉讼请求。

但是，股东在对外转让股权时，虽然可以依照《公司法》第 71 条规定的条件进行转让，但该规定依然存在诸多模糊之处，为了避免因为损害股东优先购买权而导致纠纷的尴尬境地，企业家作为股东时，对于股权转让行为需要着重关注以下几点：

1. 关于反悔权的问题。假如甲本来想转让股权，但是股东 A 公司主张优先购买权以后甲又不同意转让了，也就是反悔了，这个时候反悔有效吗？答案是有效。因为根据《最高人民法院关于适用〈中华人民共和国公司法〉若干问题的规定（四）》第 20 条的规定，有限责任公司转让股权的股东，在其他股东主张优先购买后又不同意转让股权的，对其他股东优先购买的主张，人民法院不予支持，但是其他股东可以向转让股东主张合理损失。

2. 关于书面通知的问题。根据《公司法》的规定，转让股权的股东应就其股权转让事项书面通知其他股东并征求其同意。书面通知一定是纸质化形式的通知吗？其实并不必然，根据大量司法案例，同时结合《民法典》对"书面形式"的规定，可以看出股东通知义务是否履行应从内容获取的实质性角度进行评价，不能死板地认定必须要纸质化的书面通知。

3. 关于同等条件的问题。根据法律的规定，同等条件一般是指转让股权的数量、价格、支付方式及期限等相同，但是同等条件的认定在司法实践中不断得到丰富，因此，不能僵硬地理解同等条件。

4. 关于时效问题。法律不保护躺在权利上睡觉的人，股东在主张优先购买权时如果错过两个时间点将难获法院支持：一是股东自知道或者应当知道可行使优先购买权之日起，30 日内没有主张优先购买权；二是自股权变更登记之日起一年内，股东未主张优先购买权的。

现今侵犯股东优先购买权的案例数不胜数，但是在法律实践中，很多企业家并不是“明知山有虎，偏向虎山行”，而是不懂法才背负了法律责任，因此，企业家要明晰以上风险点，才能最大限度地避免踩“坑”、入“坑”。

• 法规速递

《中华人民共和国公司法》

第七十一条 有限责任公司的股东之间可以相互转让其全部或者部分股权。

股东向股东以外的人转让股权，应当经其他股东过半数同意。股东应就其股权转让事项书面通知其他股东征求同意，其他股东自接到书面通知之日起满三十日未答复的，视为同意转让。其他股东半数以上不同意转让的，不同意的股东应当购买该转让的股权；不购买的，视为同意转让。

经股东同意转让的股权，在同等条件下，其他股东有优先购买权。两个以上股东主张行使优先购买权的，协商确定各自的购买比例；协商不成的，按照转让时各自的出资比例行使优先购买权。

公司章程对股权转让另有规定的，从其规定。

《最高人民法院关于适用〈中华人民共和国公司法〉若干问题的规定(四)》

第二十条 有限责任公司的转让股东，在其他股东主张优先购买后又不同意转让股权的，对其他股东优先购买的主张，人民法院不予支持，但公司章程另有规定或者全体股东另有约定的除外。其他股东主张转让股东赔偿其损失合理的，人民法院应当予以支持。

第二十一条 有限责任公司的股东向股东以外的人转让股权，未就其股权转让事项征求其他股东意见，或者以欺诈、恶意串通等手段，损害其他股东优先购买权，其他股东主张按照同等条件购买该转让股权的，人民法院应当予以支持，但其他股东自知道或者应当知道行使优先购买权的同等条件之日起三十日内没有主张，或者自股权变更登记之日起超过一年的除外。

前款规定的其他股东仅提出确认股权转让合同及股权变动效力等请求，未同时主张按照同等条件购买转让股权的，人民法院不予支持，但其他股东非因自身原因导致无法行使优先购买权，请求损害赔偿的除外。

股东以外的股权受让人，因股东行使优先购买权而不能实现合同目的的，可以依法请求转让股东承担相应民事责任。

11. 煮熟的鸭子也能飞走吗

——股权转让未办理变更登记的是与非

近年来，随着我国市场的深入发展，越来越多的企业参与到股权转让中来。在一定程度上，股权转让可以在保证老股东顺利退出的同时，确保新股东的平稳加入；在增强国有股、法人股流动性的同时，可以有效维护投资者的合法权益，有诸多利好之处。但是站在岸边往往只看到表面的波澜壮阔，看不见深处的暗潮汹涌，围绕股权转让也有很多剪不断理还乱的是与非。接下来，我们以案说法，看看股权转让未办理变更登记的是与非。

● 以案说法

陈某于2013年成立了一家电商公司，注册资本1500万元。考虑到一人公司有诸多法律风险，陈某于2015年与刘某签订《股权转让协议》，将40%的股权作价700万元转让给刘某。协议约定陈某与刘某在款项支付完毕后即签署新的公司章程并办理工商变更登记。协议签订后，刘某如约支付股权转让款项，二人也签署了新的公司章程，但是关于股权转让的工商变更登记却迟迟没有办理，刘某也并未参与公司的实际经营。2017年，电商公司因未办理工商年检被吊销营业执照。随后刘某将陈某诉至法院，请求解除《股权转让协议》，并要求返还700万元的股转款及利息。

钱都付了，章程也修改了，刘某似乎已经是股东了，他还能拿回700万元的股转款和利息吗？刘某的主张经过三级法院的审理，均被支持。北京高院经过审理认为，股东资格的取得需要有股权给付行为，目标公司需要有承认新股东的认可行为，陈某既未办理工商变更登记，也没有举证证明履行了转让股权的义务使刘某取得股东资格，或刘某已经实际行使股权权利而表明其享有股东资格。目标公司直至本案一审诉讼时尚不认可刘某拥有股权转让合同的权利，更不用说认可刘某的股东资格。因此，法院认定刘某未取得股东资格，故支持其诉请。①

● 律师提示

折腾了这么几年，陈某什么也没捞着，竹篮打水一场空，煮熟的鸭子都飞走了，原因就在于吃了不懂法的亏，如果当时及时办理股权变更登记，让刘某参与公司经营，也不会变成如今的境地。“前事不忘后事之师”，当代企业家如何拒绝被“套路”，避免风险呢？以下几点可供企业家参考：

1. 认识到股权变更必须进行工商变更登记。《公司法》第 32 条规定，公司应当将股东的姓名或者名称向公司登记机关登记；登记事项发生变更的，应当办理变更登记。上述案件中的陈某在转让股权后，虽然修改了公司章程，但是并没有履行必经程序，即股权转让变更登记，这成为案件败诉的重要原因。因此，企业家在股权交易中一定要注意及时要求公司将受让方载入股东名册，并办理工商登记，尽早地实现股权的实际变更。

2. 认识到“股权变更”和“股权变更登记”是两码事，二者有很大的区别。很多人想当然地认为“股权变更”和“股权变更登记”是一样的，但其实二者存在很大的差别。北京市高级人民法院在（2009）高民终字第 1824 号案件中认为：“股权变更”不同于“股权变更登记”。受让人通过有效的《股权转让合同》取得股权后，公司会按照相关规定进行审查，审查合格，将受让人登记股东名册后，受让人成为公司认可的股东，这就是“股权变更”。但股东名册是公司的内部资料，不能产生对抗第三人的法律效果，只有在公司将其确认的股东依照法律的规定办理完成“股东变更登记”后，才取得对抗第三人的法律效果，这就是“股权变更登记”。二者是两个根本不同的法定程序。② 由此可见，公司股东名册是确认股权归属的根据，公司股东的工商变更登记是宣示性的登记，只有将受让方载入股东名册并办理工商登记，“股权变更”才能产生内外双重效力。

---

① 参见北京市高级人民法院民事判决书，（2019）京民再 121 号。

② 参见（2009）高民终字第 1824 号。

3. 未办理工商变更登记并不必然导致股权变动计划的失败，实务中要综合考量各种因素。上述案例中，北京市高级人民法院在判决中除了指出没有办理工商变更登记以外，还指出刘某未参与公司经营或实际行使过股东权利。也就是说，对于股东而言，尽管公司未办理工商变更登记，但若有实际参与公司经营或者行使股东权利的情形，仍然可能认定其取得股东资格。北京市高级人民法院在（2019）京民终89号案件中就认为未办理变更登记，并不一定导致合同目的无法实现，若受让方已取得公司的实际经营权，则不能仅以出让方未配合办理股权变更登记为由主张解除股权转让协议。所以，在股权交易的实务中要充分注意考量其他因素。

4. 注意股权转让未办理工商变更登记并不影响《股权转让合同》的效力。司法实践中有诸多生效判决认为股权转让协议签订后未办理股东变更工商登记并不影响股权转让协议的效力［具体可参见（2017）皖民终572号］。因为，对于股权转让协议，法律并未规定必须登记才生效，故协议应自成立时生效（有特殊规定的除外）。因此，当事人嗣后未办理股东变更登记，并不影响股权转让协议的效力。因股权转让未办理股东变更登记，该股权转让行为原则上对公司以外不产生法律效力，但并不影响对股权转让各方的法律效力。在上述案件中，陈某和刘某签订的《股权转让协议》有效，不能因为未办理股权变更登记而否认协议的效力，之所以判决解除合同，是因为刘某与陈某签订《股权转让协议》的合同目的已经无法实现。

企业家作为股东时要理清股权转让的是与非，谨防掉坑，避免落入套路。

法规速递

《中华人民共和国公司法》

第三十二条 有限责任公司应当置备股东名册，记载下列事项：

（一）股东的姓名或者名称及住所；

（二）股东的出资额；

（三）出资证明书编号。

记载于股东名册的股东，可以依股东名册主张行使股东权利。

公司应当将股东的姓名或者名称向公司登记机关登记；登记事项发生变更的，应当办理变更登记。未经登记或者变更登记的，不得对抗第三人。

12. 股东知情权不是尚方宝剑

——股东知情权行使的正确打开模式

在不少有限责任公司的运行过程中，频繁上演控股股东与中小股东之间压迫与反压迫的斗争，最常见的情形莫过于控股股东利用自身对公司拥有的较大决策权，长期损害中小股东的知情权、分红权等股东利益。对小股东查阅公司会计账簿、公司章程等文件以了解公司真实的经营状况与财务状况的诉求，设置各种障碍，致使小股东在行使知情权时屡屡碰壁。面对这种情况，小股东们往往会想到提起诉讼以维护自身权利，但却往往忽略了如何正确地行使这项权利。接下来，我们以案说法，看看股东们该如何正确行使知情权。

● 以案说法

李某是B公司股东，持股比例为40%，担任公司监事。2020年5月，李某在结束和B公司关联公司的诉讼后，向B公司住所地及公司法定代表人住址分别邮寄了《查阅公司会计账簿申请书》，请求查阅、复制B公司自2001年以来的章程、股东会会议记录和财务会计报告，请求查阅B公司自2001年以来的会计账簿和会计凭证，但两份快递均未被签收，而且李某在能通过其他方式联系到B公司的情况下，未再进行通知。后李某诉至法院，要求查阅B公司章程、股东会会议记录、财务会计报告、会计账簿与会计凭证。

法院认为：首先，B公司未签收《查阅公司会计账簿申请书》并非其主观原因，且根据相关证据，李某确有B公司的其他联系方式，但在其邮寄材料被拒收后李某未再通过其他方式联系B公司。因此，李某未依《公司法》之强制性规定，履行查阅会计账簿的前置程序，对其主张不予支持。其次，李某在与B公司关联公司的诉讼中就可以通过正当途径了解B公司的经营状况及财务状况，但却增加诉累，再次提出本案诉讼，存在不正当目的，所以，B公司有权拒绝。最后，李某在没有初步证据证明会计账簿存在不真实、不完整等合理怀疑成立，从而影响其查阅目的的实现的情况下，难以对李某要求查阅原始会计凭证的诉讼请求予以准许。①

律师提示

上述案例是典型的股东知情权纠纷，该案件很好地体现了股东知情权纠纷中以下几个典型问题：

一、股东要求查阅公司会计账簿应当履行前置程序

《公司法》第33条规定，股东有权查阅、复制公司章程、股东会会议记录、董事会会议决议、监事会会议决议和财务会计报告、会计账簿。股东要求查阅公司会计账簿的，应当向公司提出书面请求，说明目的。根据该条规定，股东起诉要求查阅公司章程、股东会会议记录、财务会计报告等不需要书面申请并证明目的，但查阅会计账簿前应当先向公司进行申请，而且是书面申请，这是股东行使知情权的前置程序。上述案件中，法院正是以李某未履行查阅会计账簿的强制性前置程序为由，判决李某履行完毕前置程序后再向法院提起诉讼。

二、股东要求查阅公司会计账簿应当具有合理目的

知情权是股东固有的权利，法律予以保护和尊重，但为了平衡股东权利与公司利益，法律也要求股东查阅公司会计账簿时应具有合理目的，这是对股东知情权行使的限制。因此，不能以为股东享有知情权就可以随意牺牲公司的利益。若股东查阅公司会计账簿的目的是获得非法利益或损害到公司利益，法律应当对这项权利进行限制。上述案例中，法院正是结合案件事实及李某在另案中故意不申请公开B公司经营信息及财务信息的情形，认定李某要求查阅公司会计账簿存在不正当目的。因此，B公司有权拒绝出示。

① 参见上海市青浦区人民法院民事判决书，（2020）沪0118民初20744号。

三、股东主张的知情权应当符合法律规定的范围

根据《公司法》第33条的规定，有限责任公司的股东知情权包括：（1）公司章程查阅权与复制权；（2）股东会会议记录查阅权与复制权；（3）董事会会议决议查阅权与复制权；（4）监事会会议决议查阅权与复制权；（5）财务会计报告查阅权与复制权；（6）公司会计账簿查阅权（不包括复制权）。由此可见，股东的知情权存在特定的范围，股东不能对该权利范围无限扩充或延伸。

四、股东知情权行使的前提是具有股东资格

股东知情权是公司股东基于其股东资格而享有的，因此，股东知情权的行使不能与公司股东身份相分离。如果公司股东丧失股东资格，也就失去了行使知情权的主体资格。但根据《最高人民法院关于适用〈中华人民共和国公司法〉若干问题的规定（四）》第7条第2款的规定，前股东在有初步证据证明在持股期间其合法权益受到损害的情况下，对其持股期间的特定文件材料可以行使知情权。

总而言之，股东的知情权虽是股东的固有权利，但股东在行使权利时也应当符合相应的要求，否则可能面临不被法院支持的窘境。

● 法规速递

《中华人民共和国公司法》

第三十三条 股东有权查阅、复制公司章程、股东会会议记录、董事会会议决议、监事会会议决议和财务会计报告。

股东可以要求查阅公司会计账簿。股东要求查阅公司会计账簿的，应当向公司提出书面请求，说明目的。公司有合理根据认为股东查阅会计账簿有不正当目的，可能损害公司合法利益的，可以拒绝提供查阅，并应当自股东提出书面请求之日起十五日内书面答复股东并说明理由。公司拒绝提供查阅的，股东可以请求人民法院要求公司提供查阅。

《最高人民法院关于适用〈中华人民共和国公司法〉若干问题的规定(四)》

第七条 股东依据公司法第三十三条、第九十七条或者公司章程的规定，起诉请求查阅或者复制公司特定文件材料的，人民法院应当依法予以受理。

公司有证据证明前款规定的原告在起诉时不具有公司股东资格的，人民法院应当驳回起诉，但原告有初步证据证明在持股期间其合法权益受到损害，请求依法查阅或者复制其持股期间的公司特定文件材料的除外。

13. 股权激励，“补药”还是“毒药”

——股权激励的风险与防范

《财富》杂志曾报道过，世界500强企业中有85%的企业使用过股权激励，股权激励是企业的一种重要激励方式。经济学家张维迎也提出过：“公司治理就是一个激励机制，公司治理结构就是要通过权力和责任的分配，使得你干了坏事承担责任，干了好事得到收益，这样你才有积极性。”股权激励就是企业为了激励和留住核心人才而推行的一种长期激励机制，通过有条件地给予特定对象部分股东权益，使其与企业结成利益共同体，从而实现企业的长期发展目标。也就是我国著名企业家任正非提出的：“力出一孔，利出一孔。”为了筑巢引凤，吸引优秀人才，同时为了留住骨干精英，越来越多的企业开始极力推崇股权激励计划，好的股权激励确实能够成为撬动团队创造奇迹的杠杆，但是选错激励工具，也会使股权激励计划沦为错误的“金手镯”，桎梏企业发展。接下来，我们以案说法，看看错误的股权激励机制的弊端。

● 以案说法

刘某经营一家旅游公司，开始的时候做得风生水起，但是随着新冠疫情席卷全球，旅游行业备受打击，刘某公司业绩遭到重创，于是越来越多的员工开始辞职，人员流失率只增不减。为了挽救濒临解散的公司，王某接受了朋友的建议，准备引入咨询公司做股权激励以挽留人才。王某对股权激励十分重视，他请来了专业机构操盘设计，机构向刘某承诺要做出比肩华为、阿里的股权激励方案。刘某感觉公司有救了，激动地向员工夸下海口，“这次股权激励，我们雨露均沾，把公司所有人都包含在内，让所有人都享受利益”。专业咨询机构果然不负所望，没过多久就向刘某出具了一份极为酷炫的股权激励方案PPT。刘某觉得这份股权激励方案一定能够挽救摇摇欲坠的公司，于是开始在公司推行起来。

但是，股权激励方案在从上至下的实施过程中，遇到了重重阻力。刘某首先让管理层集中学习并打算在管理层开始试点实施，但管理层学习了好几个星期依然没有领会这份酷炫股权激励计划的要领，在推行过程中根本无法下手。既然在上层无法实施，刘某便迅速改变策略准备从底层开始推行股权激励计划。但是底层员工早已怨声载道，认为公司业绩逐渐下滑，不加紧转型也就算了，现在又弄股权这种东西来糊弄他们，肯定是公司已经几近破产，连工资都发不出来了，于是原本没打算辞职的员工在股权激励方案的刺激下也纷纷辞职，原本能够发挥强大凝聚作用的股权激励计划却加速了团队的瓦解。企业家刘某百思不得其解，问题究竟出在了哪里？

• 律师提示

当局者迷，旁观者清，企业家刘某或许不知道哪里出了岔子，但是律师却能清楚地看出来刘某的这份酷炫型股权激励方案其实漏洞百出，他完美地踩上了很多理应避开的陷阱。

第一，激励对象不能一视同仁。从理论上讲，每一个员工都值得被激励，但是并不是每一个员工的价值观都与公司文化相契合，也不是每一个员工的能力和业绩都值得通过股权激励以求其留下来。在股权激励实践中，激励对象一般包括公司的董事、高级管理人员、核心技术人员、核心业务人员，以及对公司经营业绩和未来发展有直接影响的部分员工。分层分类做股权激励才能激发人的斗志，提高人的工作热情。股权激励能够发挥作用的前提就是稀缺性和激励性。但是在上述的案例中，企业家刘某却让全公司的人雨露均沾，这样一来，股权激励就完全失灵了，这是其股权激励失败的重要原因。

第二，股权激励要结合公司的实际情况和特点进行设计，不可盲目跟风。股权激励方案设计得当，对公司发展确实极为利好，但不是每个公司都适合做股权激励。如果一个公司业绩不稳定，业务成长空间小，行业没有增量，公司无核心竞争力，而该公司为了锁住人才而强行进行股权激励的话，非但不能起到激励的效果，反而会适得其反。毕竟，股权激励会影响到公司的经营成果。例如，上述案例中的旅游公司，公司经营每况愈下，每天都有人打算离职，公司上下人心惶惶，在这种情况下，股权激励几乎没有价值，不仅不能留住人才，反而会加速团队的解散。

第三，股权激励计划要能落地执行，不能华而不实。上文的企业家刘某虽然在股权激励方案上下了不少功夫，可是做出来的方案根本无法落地施行，这种激励方案不接地气，只是一个花架子。真正好的股权激励方案一定是令老板、高管以及员工都满意的方案，这种方案便于理解，管理高效，利于实施，而不是一个华而不实的花瓶。

知识经济时代，人力资本愈加重要，股权激励甚至成为互联网行业的标配，但是企业家在实施股权激励之前也要综合考量各种因素，不可贸然而动，不然股权激励不仅会失败，还有可能会适得其反。

● 法规速递

《上市公司股权激励管理办法》

第三条 上市公司实行股权激励，应当符合法律、行政法规、本办法和公司章程的规定，有利于上市公司的持续发展，不得损害上市公司利益。

上市公司的董事、监事和高级管理人员在实行股权激励中应当诚实守信，勤勉尽责，维护公司和全体股东的利益。

第八条 激励对象可以包括上市公司的董事、高级管理人员、核心技术人员或者核心业务人员，以及公司认为应当激励的对公司经营业绩和未来发展有直接影响的其他员工，但不应当包括独立董事和监事。外籍员工任职上市公司董事、高级管理人员、核心技术人员或者核心业务人员的，可以成为激励对象。

单独或合计持有上市公司5%以上股份的股东或实际控制人及其配偶、父母、子女，不得成为激励对象。下列人员也不得成为激励对象：

（一）最近12个月内被证券交易所认定为不适当人选；

（二）最近12个月内被中国证监会及其派出机构认定为不适当人选；

（三）最近12个月内因重大违法违规行为被中国证监会及其派出机构行政处罚或者采取市场禁入措施；

（四）具有《公司法》规定的不得担任公司董事、高级管理人员情形的；

（五）法律法规规定不得参与上市公司股权激励的；

（六）中国证监会认定的其他情形。

14. 小印章也能掀起大风浪?

——印章管理的法律风险与防范

如果把公司比作一个国家，印章就是国家的“玉玺”，地位显赫且重要。所以，即使是小小的印章，背后却可以掀起大大的风浪。近年来关于印章引发的争议和纠纷越来越多，接下来，我们以案说法，看看小小的印章究竟能给企业带来多大的法律风险。

● 以案说法

2014 年 3 月 18 日，毛某与恩地公司签订《商品房现房买卖合同》，约定：毛某购买位于东营区的商业用房一套，总金额 85 万元整，毛某应在签合同当日一次性付清全部房款，恩地公司应在 2014 年 3 月 19 日进行房屋交付，并应当在房屋交付使用后的 180 日内协助买受人完成产权变更登记。毛某按约完成购房款交付义务，恩地公司也向毛某交付房屋，但恩地公司迟迟未协助毛某办理产权变更登记，故毛某将恩地公司诉至法院，要求恩地公司协助其办理产权变更登记手续。

恩地公司辩称，其从未收取毛某购房款，毛某支付的购房款转入了个人的账户，但恩地公司未授权任何人收取毛某的购房款。且涉案《商品房现房买卖合同》加盖的印章系伪造，恩地公司称已向公安机关报案，因此其不应协助办理过户手续。

法院经审理认为，毛某与恩地公司签订的《商品房现房买卖合同》系双方当事人的真实意思表示，不违反法律、行政法规的强制性规定，系有效合同，双方当事人应依约履行各自的合同义务。毛某已经履行了合同约定的付款义务，涉案房屋已于 2014 年交付，恩地公司应依约履行协助毛某办理涉案房产的产权变更登记。恩地公司辩称其公司印章涉嫌被伪造，公安机关已经立案侦查，但恩地公司未提交证据证实案涉《商品房现房买卖合同》中的印章系伪造。故对于毛某要求恩地公司协助办理产权登记的诉讼请求，予以支持。①

• 律师提示

正如上述案例，即使恩地公司基于对公章的异议，不认可与毛某签订的《商品房现房买卖合同》，但因无充足证据证明印章系伪造，所以仍然要承担相应的法律责任。恩地公司吃了败仗的很大原因是对印章的作用理解不够透彻、未对印章进行严格管理。印章处理不当，除了需承担败诉的风险以外，还包括以下几点风险：

1. 伪造公司印章可能会构成刑事犯罪。《刑法》第280条规定了“伪造公司印章罪”，认定构成“伪造公司印章”的核心在于，行为人是否明知自己没有刻制印章的权限。所以，企业家在企业经营过程中应合法有效地使用公章，不可伪造，不然可能招致牢狱之灾。

2. 印章保管的风险。公司在经营过程中，由于印章管理不规范，经常会出现印章丢失、被盗，或者有的企业为了显示面子抑或基于其他原因，会刻制多个印章，有的公司印章多达几十个，而且公章在保管和交接过程中都会产生风险。

为了避免以上风险的发生，企业家该如何有效防范呢？

1. 精简印章的数量。印章越多越难管理，风险越大。常用的印章包括公章、法人章、财务专用章、合同专用章和部门专用章等几种类型，除了必备的印章之外，不要画蛇添足再去多刻其他印章，不然极易被滥用、私用和盗用，会给公司带来不可估量的损失。

2. 专人化管理印章。首先，印章的管理需要具体到部门，最好是落实到个人，因此，对印章管理员的选择要谨慎；其次，要建立对印章管理员的监督制度，以督促其认真履职；最后，对保管员离职或者变动时的公章

---

① 参见山东省东营市中级人民法院民事判决书，（2021）鲁05民终2010号。

交接也有专门规定，明确公章的交接流程和责任追究等，避免公章丢失或者被滥用。

3. 对在空白文件上加盖公章说不。公章是公司的“身份证”，对外代表着公司的意志，具有严肃的法律效力。如果持有盖有公章的空白合同、介绍信的人员擅自对外做出法律行为，对于不知情的善意相对方而言，就视同于企业本身的行为，企业是要担责的，所以，建议企业应拒绝在空白文件上盖公章。

4. 对作废的印章要及时销毁。如果不及时销毁作废的印章，被知情人士利用，而善意的第三人有理由相信其就是公司有效的印章时，就会产生“表见代理”，公司就要对外承担责任。

小印章，大乾坤。印章在整个公司的运转过程中，发挥定海神针的作用。因此，企业要建立一套完善的印章保护制度，规避因印章管理不善带来的各种风险。

● 法规速递

《中华人民共和国刑法》

第二百八十条 伪造、变造、买卖或者盗窃、抢夺、毁灭国家机关的公文、证件、印章的，处三年以下有期徒刑、拘役、管制或者剥夺政治权利，并处罚金；情节严重的，处三年以上十年以下有期徒刑，并处罚金。

伪造公司、企业、事业单位、人民团体的印章的，处三年以下有期徒刑、拘役、管制或者剥夺政治权利，并处罚金。

伪造、变造、买卖居民身份证、护照、社会保障卡、驾驶证等依法可以用于证明身份的证件的，处三年以下有期徒刑、拘役、管制或者剥夺政治权利，并处罚金；情节严重的，处三年以上七年以下有期徒刑，并处罚金。

《中华人民共和国民法典》

第三百八十八条 设立担保物权，应当依照本法和其他法律的规定订立担保合同。担保合同包括抵押合同、质押合同和其他具有担保功能的合同。担保合同是主债权债务合同的从合同。主债权债务合同无效的，担保合同无效，但是法律另有规定的除外。

担保合同被确认无效后，债务人、担保人、债权人有过错的，应当根据其过错各自承担相应的民事责任。

第五百零三条 无权代理人以被代理人的名义订立合同，被代理人已经开始履行合同义务或者接受相对人履行的，视为对合同的追认。

第五百零四条 法人的法定代表人或者非法人组织的负责人超越权限订立的合同，除相对人知道或者应当知道其超越权限外，该代表行为有效，订立的合同对法人或者非法人组织发生效力。

15. 小股东被大股东“欺负”，如何突出重围

——小股东维权之道

随着社会的发展，企业的数量不断增加，越来越多的企业家开始投资入股。但在公司运营过程中，小股东处于弱势地位，可能时常受到大股东的不公正待遇，从而严重打击了小股东投资创业的积极性。那么，当企业家作为小股东在惨遭欺凌时该如何有效维权呢？接下来，我们以案说法，看看小股东的维权之道。

● 以案说法

2017 年 7 月 17 日，原告姚某在章某开展特斯拉代理项目的邀请下，通过受让章某的股权成为被告鸿大（上海）投资管理有限公司的股东。2017 年 7 月 17 日，被告修改公司章程为：被告注册资本增加至 1000 万元，章某认缴出资 700 万元，持被告 70% 股权，原告认缴出资 150 万元，持被告 15% 股权。2018 年 7 月 10 日，特斯拉公司工厂落户上海的新闻刊出，被告拟发展的唯一项目中止。2018 年 11 月 18 日，被告在未通知原告的前提下召开了 2018 年第一次临时股东会，私自修改公司章程，将原章程约定的认缴时间从 2037 年 7 月 1 日提前至 2018 年 12 月 1 日，并免除原告监事职务、限制原告股东权利。股东会召开后被告亦未在合理期间内告知原告结果。原告于 2019 年 2 月 25 日才得知上述事实。原告认为该提前出资的要求不合理：恶意提前股东出资期限，是滥用股东权利，损害原告作为股东利益的行为，故原告诉至法院请求：（1）确认被告于 2018 年 11 月 18 日作出的临时股东会决议无效；（2）被告恢复 2017 年 7 月 17 日所签订的公司章程及认缴出资时间。

本案中，法院认定被告作出的临时股东会决议第二项决议要求各个股东

完成注册资本的缴纳期限从20年左右缩减于半个月不到的时间内，却未对要求提前缴纳出资的紧迫性等行为作出说明，不具有合理性，要求自然人于短期内完成一百余万元的筹措，亦不符合常理。综上，出资期限提前涉及股东基本利益，不能通过多数决的方式予以提前，故涉案临时股东会决议中第二项决议无效。最后法院判决：确认被告鸿大（上海）投资管理有限公司于2018年11月18日作出的2018年第一次临时股东会决议中的第二项决议“通过章程修正案”无效。①

• 律师提示

这个案件中，被告在未通知原告的情况下，擅自作出修改出资期限的决议，明显损害了原告出资期限权益。实践中，小股东除案例中涉及的出资期限权益外，其他权益也可能会受到损害，那小股东的权益受损时应如何有效维权呢？具体的维权渠道包括以下几种：

1. 行使股东知情权

根据《公司法》的规定，股东有权查阅、复制公司章程、股东会会议记录等文件。该权利是股东的法定权利。因此，企业家在作为股东时可以向公司提出查阅文件的权利，必要情况下，可以由会计师、律师等专业人员进行辅助。

2. 提起股东分红权之诉

根据《公司法》的规定，股东享有资产收益的权利，股东可以请求公司分派股利。如公司盈余分配方案已经被股东会通过，但是公司不执行，小股东可以起诉公司要求执行。

3. 行使股东权，提议召开临时股东会

根据《公司法》的规定，代表1/10以上表决权的股东，有权提起召开临时股东会。因此，企业家如持股1/10以上，可以依照法律及公司章程规定的程序，提议召开临时股东会，以维护自身的合法权益。

---

① 参见上海市虹口区人民法院民事判决书，（2019）沪0109民初11538号。

4. 提起股东代表诉讼

根据《公司法》的规定，他人侵犯公司合法权益，给公司造成损失的，持股达到一定比例的股东，在履行相应程序未果后，可以以自己的名义向人民法院提起诉讼，维护公司合法权益。

5. 股东个人提起诉讼

根据《公司法》的规定，董事、高级管理人员如有损害股东利益行为的，股东可以向人民法院提起诉讼，维护股东权益。

6. 股权转让

这种方式也是比较常见的，当矛盾不可调和时，如果公司章程没有明确规定不得退股的情形，小股东可以选择股权对外或者对内转让，但也要注意其他股东的优先购买权。

7. 如果已经陷入“公司僵局”，可以提公司解散之诉，对于解散之诉，法律规定的方式及程序均比较严格

根据《公司法》的规定，公司经营管理发生严重困难，继续存续会使股东利益受到重大损失，通过其他途径不能解决的，持有公司全部股东表决权10%以上的股东，可以请求人民法院解散公司。当公司陷入僵局时，小股东可请求解散公司。

小股东常常处于弱势地位，被大股东压榨的现象时常发生。以上就是小股东的维权方式，如企业家作为小股东时，利益遭受损失，可以积极通过上述方式维护自身权益。

● 法规速递

《中华人民共和国公司法》

第四条 公司股东依法享有资产收益、参与重大决策和选择管理者等权利。

第二十条 公司股东应当遵守法律、行政法规和公司章程，依法行使股东权利，不得滥用股东权利损害公司或者其他股东的利益；不得滥用公司法人独立地位和股东有限责任损害公司债权人的利益。

公司股东滥用股东权利给公司或者其他股东造成损失的，应当依法承担赔偿责任。

公司滥用公司法人独立地位和股东有限责任，逃避债务，严重损害公司债权人利益的，应当对公司债务承担连带责任。

第二十二条 公司股东会或者股东大会、董事会的决议内容违反法律、行政法规的无效。

股东会或者股东大会、董事会的会议召集程序、表决方式违反法律、行政法规或者公司章程，或者决议内容违反公司章程的，股东可以自决议作出之日起六十日内，请求人民法院撤销。

股东依照前款规定提起诉讼的，人民法院可以应公司的请求，要求股东提供相应担保。

公司根据股东会或者股东大会、董事会决议已办理变更登记的，人民法院宣告该决议无效或者撤销该决议后，公司应当向公司登记机关申请撤销变更登记。

第三十三条 股东有权查阅、复制公司章程、股东会会议记录、董事会会议决议、监事会会议决议和财务会计报告。

股东可以要求查阅公司公计账簿。股东要求查阅公司会计账簿的，应当向公司提出书面请求，说明目的。公司有合理根据认为股东查阅会计账簿有不正当目的，可能损害公司合法权益的，可以拒绝提供查阅，并应当自股东提出书面请求之日起十五日内书面答复股东并说明理由。公司拒绝提供查阅的，股东可以请求人民法院要求公司提供查阅。

第四十条 有限责任公司设立董事会的，股东会会议由董事会召集，董事长主持；董事长不能履行职务或者不履行职务的，由副董事长主持；副董事长不能履行职务或者不履行职务的，由半数以上董事共同推举一名董事主持。

有限责任公司不设董事会的，股东会会议由执行董事召集和主持。

董事会或者执行董事不能履行或者不履行召集股东会会议职责的，由监事会或者不设监事会的公司的监事召集和主持；监事会或者监事不召集和主持的，代表十分之一以上表决权的股东可以自行召集和主持。

第一百五十一条 董事、高级管理人员有本法第一百四十九条规定的情形的，有限责任公司的股东、股份有限公司连续一百八十日以上单独或者合计持有公司百分之一以上股份的股东，可以书面请求监事会或者不设监事会的有限责任公司的监事向人民法院提起诉讼；监事有本法第一百四十九条规定的情形的，前述股东可以书面请求董事会或者不设董事会的有限责任公司的执行董事向人民法院提起诉讼。

监事会、不设监事会的有限责任公司的监事，或者董事会、执行董事收到前款规定的股东书面请求后拒绝提起诉讼，或者自收到请求之日起三十日内未提起诉讼，或者情况紧急、不立即提起诉讼将会使公司利益受到难以弥补的损害的，前款规定的股东有权为了公司的利益以自己的名义直接向人民法院提起诉讼。

他人侵犯公司合法权益，给公司造成损失的，本条第一款规定的股东可以依照前两款的规定向人民法院提起诉讼。

第一百五十二条 董事、高级管理人员违反法律、行政法规或者公司章程的规定，损害股东利益的，股东可以向人民法院提起诉讼。

第一百八十二条 公司经营管理发生严重困难，继续存续会使股东利益受到重大损失，通过其他途径不能解决的，持有公司全部股东表决权百分之十以上的股东，可以请求人民法院解散公司。

《最高人民法院关于适用〈中华人民共和国公司法〉若干问题的规定（二）》

第一条 单独或者合计持有公司全部股东表决权百分之十以上的股东，以下列事由之一提起解散公司诉讼，并符合公司法第一百八十二条规定的，人民法院应予受理：

（一）公司持续两年以上无法召开股东会或者股东大会，公司经营管理发生严重困难的；

（二）股东表决时无法达到法定或者公司章程规定的比例，持续两年以上不能做出有效的股东会或者股东大会决议，公司经营管理发生严重困难的；

（三）公司董事长期冲突，且无法通过股东会或者股东大会解决，公司经营管理发生严重困难的；

（四）经营管理发生其他严重困难，公司继续存续会使股东利益受到重大损失的情形。

股东以知情权，利润分配请求权等权益受到损害，或者公司亏损、财产不足以偿还公司债务，以及公司被吊销企业法人营业执照未进行清算等为由，提起解散公司诉讼的，人民法院不予受理。

《最高人民法院关于适用〈中华人民共和国公司法〉若干问题的规定（四）》

第十条 人民法院审理股东请求查阅或复制公司特定文件材料的案件，对原告诉讼请求予以支持的，应当在判决中明确查阅或者复制公司特定文件材料的时间、地点和特定文件材料的名录。

股东依据人民法院生效判决查阅公司文件材料的，在该股东在场的情况下，可以由会计师、律师等依法或者依据执业行为规范负有保密义务的中介机构执业人员辅助进行。

16. 被困股东如何逆风翻盘

——股东如何在“僵尸公司”中自保

通常来说，“僵尸公司”是指已停产、半停产、连年亏损、资不抵债、经营严重困难、股东之间分歧较大、难以维持生存和经营的企业。“僵尸公司”不同于因资产问题陷入困境的企业，“僵尸公司”不仅不产生效益，还长期占有土地、资本、劳动力等资源，造成严重的社会负担，阻碍当地经济的发展，同时也会严重侵害债权人及股东利益。那么，如果企业家作为“僵尸公司”的股东，该如何维护自己的股东权益呢？接下来，我们以案说法，看看企业家作为“僵尸公司”的股东会面临怎样的法律风险。

● 以案说法

张某与陈某于2002年共同设立某科技公司，公司注册资本为人民币100万元，张某占股56%，陈某占股44%。公司设立后，陈某作为公司的实际控制人，主持公司经营管理事项。但股东间分歧严重并且陈某下落不明期间长期利用其掌握公司所有重要印章及证照的便利，违法为他人及其个人借款提供巨额担保等，导致公司巨额损失。等到张某发现时，公司已涉大量诉讼，涉案金额已逾人民币2000万元，公司现有资产被大量查封冻结，处于停产停业状态，公司陷入“僵局”状态。

鉴于公司经营发生严重困难、且现已处于完全停滞状态，公司运营机制及治理结构完全失灵，继续存续会使股东权益受到重大损失。张某曾根据公司章程约定召开股东会试图解决公司“僵局”，但因所持表决权未达有效份额，无法形成决议，且无其他有效途径可解决公司“僵局”。因此，张某只能依据法律规定向法院申请解散某科技公司。

律师提示

在上述案例中，由于该科技公司实控人下落不明且公司已陷入“僵局”状态，张某的股东权益严重受损。该科技公司股东会机制失灵，公司管理方面存在严重障碍，无法就公司管理经营进行决策，如继续维系，张某56%的股东权益将会在僵持中逐渐耗竭。在这种情况下，类似张某这样的股东，只有及时退出“僵尸公司”，清算公司资产、债权、债务等，才可最大程度维护自身权益。那么，股东如何尽快退出“僵尸公司”呢？

1. 根据公司章程约定，通过股东会决议的方式解散公司。

上述案例中，某科技公司章程规定：股东会会议作出修改公司章程、增加或者减少注册资本的决议，以及公司合并、分立、解散或者变更公司形式的决议，必须经代表2/3以上表决权的股东通过。张某曾根据公司章程约定召开股东会试图解决公司僵局，但因所持表决权未达有效份额，无法形成决议。但如果企业家作为股东时，所持表决权达到有效份额，可迅速通过形成股东会决议的方式解散公司，解决公司“僵局”。

2. 如类似张某这样的无法形成股东会决议的“僵尸公司”股东，可依据法律法规规定提起公司解散之诉。

根据公司章程约定，持有一定股权比例的股东可依法向公司所在地的人民法院提起公司解散之诉。提起诉讼时，需举证证明：公司“僵局”状态（如股东之间无法就公司经营管理共同召集参加股东会，无法就公司事项形成一致决议等“股东会完全失灵”的状态），股东之间丧失继续合作的基础，公司处于瘫痪状态，经营管理出现严重困难继续存续将使股东权益受到重大损失等公司“僵局”状态，且需证明已经穷尽其他救济途径均无法化解。公司被司法解散后依法进入司法清算程序，对公司资产等清点核算，公司的债权人利益、股东利益等才可能实现。

“僵尸公司”会严重侵害公司股东及债权人的合法权益，且企业一旦沦为“僵尸公司”，则很难再“绝处逢生，逆风翻盘”。因此，企业家如果不幸投资入股了“僵尸公司”，要学会运用法律手段及时退出，以免引火上身。

● 法规速递

《中华人民共和国公司法》

第四十三条 股东会的议事方式和表决程序，除本法有规定的外，由公司章程规定。股东会会议作出修改公司章程、增加或者减少注册资本的决议，以及公司合并、分立、解散或者变更公司形式的决议，必须经代表三分之二以上表决权的股东通过。

第一百八十二条 公司经营管理发生严重困难，继续存续会使股东利益受到重大损失，通过其他途径不能解决的，持有公司全部股东表决权百分之十以上的股东，可以请求人民法院解散公司。

17. 签订保密协议，就可高枕无忧？

——企业商业秘密的保护

商业秘密，是指不为公众所知悉、具有商业价值并经权利人采取相应保密措施的技术信息、经营信息等商业信息，它是企业的无形资产，能帮助企业获取经济利益甚至争取潜在的竞争优势。因此，很多企业尤其是大型企业都非常重视商业秘密的保护，但也有部分企业不清楚商业秘密的内涵，也缺乏对商业秘密作用的重视，认为跟员工或者合同相对方签署保密协议或保密条款就可以了，但殊不知这样远远不够。接下来，我们以案说法，谈谈企业应该如何对商业秘密进行保护。

以案说法

希思公司成立于2013年8月2日，经营开发网络系统软件及计算机系统集成等业务。2016年4月6日，唐某入职希思公司，任职新渠道拓展总监，双方签订《劳动合同》和《保密协议》。《保密协议》约定了保密信息的内容（包括高层政策动向）、表现形式以及违约责任，并要求唐某在职期间和离职后均应严格遵守保密义务。2016年6月，唐某代表希思公司向极冰公司推广业务，将其与希思公司负责人就高层政策动向的微信聊天记录截屏转发给极冰公司负责人。唐某离职后，希思公司向法院提起诉讼，认为唐某泄露公司高层的政策动向，要求唐某就其泄露商业秘密行为赔偿经济损失。

法院经审理后认为：首先，唐某与希思公司负责人的聊天内容，属于上级与下级之间就工作上某一具体事件的交流与沟通，并不能反映出公司高层的政策动向；其次，希思公司没有证据证明这一信息能够为权利人带来经济利益，具有实用性；最后，希思公司也没有采取有效的保密措施防止信息泄露。因此，对希思公司在本案中主张唐某侵犯其商业秘密的诉求不予支持，希思公司败诉。

● 律师提示

上述案例中的希思公司为保护自身的商业信息不外泄，与员工签订了《保密协议》，但由于其没有仔细梳理商业秘密的内涵，以至于连公司自身都不清楚哪些信息可以被认定为商业秘密。实务中，类似希思公司这样的企业不少，部分企业甚至以为只要签订了《保密协议》，公司就无须担心商业秘密泄露。但殊不知，签订《保密协议》仅仅是保护商业秘密的一个环节，公司在理清商业秘密的内涵后，不仅应当设立保护商业秘密的制度，还应当严格规范商业秘密的管理流程，实施保密措施，才能有效对商业秘密进行保护。关于如何保护企业的商业秘密，可以从以下几方面入手：

第一，建立专门保护商业秘密的规章制度以及职能部门。谈及商业秘密的保护，制度设立是前提，也是关键。没有明确且具体的规章制度，企业的员工就不会产生保护商业秘密的意识，会加大信息泄露的风险。故企业可以在规章制度中设立专门保护商业秘密的章节或条款。制度建成后，商业秘密的认定和日常保护措施、员工或合同相对方是否存在非法窃取和泄露商业秘密的行为、商业秘密泄露后如何追责都需要专业的职能部门或专业小组进行管理。企业家应当高度重视商业秘密泄露对企业的后果，建立健全保护商业秘密的职能部门。

第二，加强对涉密人员的管理。商业秘密的泄露多为企业员工所为。首先，企业可以与员工签订保密协议，对保密的内容、范围、双方权利义务、保密期限以及违约责任等进行约定。其次，可以加强员工的保密教育，让员工知晓商业秘密的性质以及认识到泄露商业秘密的后果，防止员工在对外合作中有意无意泄露商业秘密。最后，加强对离职员工的管理，对即将离职的员工进行离职检查，并向其重申要继续保护公司商业秘密，最好再重新拟订一份详细、具体的保密协议。

第三，完善企业商业秘密保护的具体措施。商业秘密的保护除需要制度、专业团队外，还要有可实施的具体保护措施。如企业可以根据商业秘密的重要程度，分级设置各类档次，按照员工的层级，限制接触商业秘密的范围；对作废的涉密信息，准备好相应作废工具并及时销毁；涉及商业秘密的文件统一存放并安排专人看管，不得携带外出进入公共场所；对涉及商业秘密的链接或文件采取密码保护、限制访问、禁止复制粘贴、禁止插入U盘甚至限制浏览的措施等。

第四，做好对外商业秘密保护。除本企业员工可能泄露商业秘密外，项目的合作方不可避免会接触到企业的商业秘密，也存在泄露的可能。企业一方面要与合作方签署保密协议或保密条款，另一方面要合理限制合作方的工作人员进出商业秘密的存放场所。

综上，商业秘密的保护依赖于制度、职能部门以及具体保护措施的共同作用，并非签署保密协议就高枕无忧了，企业家应当予以重视。

法规速递

《中华人民共和国反不正当竞争法》

第九条 经营者不得实施下列侵犯商业秘密的行为：

（一）以盗窃、贿赂、欺诈、胁迫、电子侵入或者其他不正当手段获取权利人的商业秘密；

（二）披露、使用或者允许他人使用以前项手段获取的权利人的商业秘密；

（三）违反保密义务或者违反权利人有关保守商业秘密的要求，披露、使用或者允许他人使用其所掌握的商业秘密；

（四）教唆、引诱、帮助他人违反保密义务或者违反权利人有关保守商业秘密的要求，获取、披露、使用或者允许他人使用权利人的商业秘密。

经营者以外的其他自然人、法人和非法人组织实施前款所列违法行为的，视为侵犯商业秘密。

第三人明知或者应知商业秘密权利人的员工、前员工或者其他单位、个人实施本条第一款所列违法行为，仍获取、披露、使用或者允许他人使用该商业秘密的，视为侵犯商业秘密。

本法所称的商业秘密，是指不为公众所知悉、具有商业价值并经权利人采取相应保密措施的技术信息、经营信息等商业信息。

18. 当“爱”已成往事，如何和平分手

——股东如何安全退股

合伙开公司就像与其他股东谈一场恋爱，恋爱的开始往往你侬我侬，股东们怀着把公司做大做强的共同目标而奋斗。但遗憾的是，很多共同创业的人都逃不过“四同”的结局：“同舟共济—同床异梦—同室操戈—同归于尽”。当公司经营不善、股东之间就公司的经营理念等不能达成一致意见时，昔日共同进退的“战友”很有可能变成“势不两立”的敌人。面对这种情况，部分股东就会考虑退出。那么，当企业家作为有限责任公司的股东时，如何实现安全退股，为这场“恋爱”画上一个圆满的句号呢？接下来，我们以案说法，看看这种情况下企业家作为股东时该如何做。

● 以案说法

2020年6月，企业家李某投资了一家咨询公司，由于李某与企业老板相熟，在未实际了解公司经营的情况下，李某从企业老板处购买了20%的股权，并办理了股权登记。此后，李某未曾参与过公司的任何运行管理。2021年8月，李某发现公司近些年一直处于亏损状态，李某担心投资的钱打水漂，想要撤回投资，退出公司。但根据《公司法》的相关规定，出资人成为股东后，不能随意退股，那么李某该如何实现退出公司的目的呢？

● 律师提示

1. 股权转让

股权转让是目前股东退出公司最常见也是相对简单有效的方式之一。根据《公司法》第71条的规定，在满足一定条件下，有限责任公司的股东之

间可以相互转让其全部或者部分股权，同时股东也可以向股东以外的人转让股权。《公司法》将股权转让分为“股权内部转让”以及“股权外部转让”，股权的内部转让不会破坏公司的“人合性”，只需要股权转让方与受让方之间达成转让协议即可，无须经过其他股东的同意。在上述案例中，李某可以跟公司其他股东进行协商，若其他股东愿意购买其股份，就可以实现安全退出。因为“股权对外转让”牵涉现有股东之外的人进入，法律便赋予了其他股东优先购买权，以平衡股权转让人的退出利益和公司其他股东的利益，在上述案例中，李某若希望把股权卖给股东以外的人，则应当先经内部股东确认是否要以同样条件购买。

2. 异议股东股权回购请求权

看到这里，有人会疑惑，如果该咨询公司本身缺乏投资价值，李某想转让股权，但是找不到受让方怎么办？面对这种情况，李某可以请求公司根据股权所代表的价值收购自己的股权。根据《公司法》第74条的规定，若股东对股东会决议投反对票，并且符合公司五年连续盈利且五年不分红、公司合并分立或者转移主要财产等法定情形之一的，股东可以请求公司回购股权。所以，在上述案例中，李某可以在公司符合《公司法》第74条规定的法定情况下要求公司回购其股权，若在法定期限内，公司拒不履行回购义务或者双方无法达成一致，李某可以向法院提起诉讼。

3. 通过公司减资或者解散退出

若公司也希望李某退出，但股权转让又找不到下家或者不满足法定或约定的公司回购股权的要求时，如何处理？此时，公司可以通过“定向减少注册资本”来实现李某的退出。需指出的是，通过减资退出需遵循一定的程序和规定。首先，公司注册资本减少，会影响到其偿债能力变化，债权人的债权可能面临缩水的风险，故公司减资时应当编制资产负债表和财产清单，并在减资决议作出后于规定期限内在报纸上进行公告，通知债权人。其次，减少注册资本需经代表2/3以上表决权的股东同意才可行（定向减资除公司章程或全体股东另有约定外，需经全体股东同意）。

股东退出是公司经营运行过程中不可避免的现象。由于《公司法》的框架体系对股东的退出机制限制较多，且很多公司或者股东在公司创建之初又不会去研究如何退出的问题，很多股东只有在想要退股时才发现困难重重。因此，企业家股东在创业之初，就应当挑选好靠谱的合作伙伴，并且在公司成立后通过投资协议、股东协议或公司章程明确约定股东退出的条件、程序以及退回股权的价格等内容，为后续的安全退出打好基础。

● 法规速递

《中华人民共和国公司法》

第七十一条 有限责任公司的股东之间可以相互转让其全部或者部分股权。

股东向股东以外的人转让股权，应当经其他股东过半数同意。股东应就其股权转让事项书面通知其他股东征求同意，其他股东自接到书面通知之日起满三十日未答复的，视为同意转让。其他股东半数以上不同意转让的，不同意的股东应当购买该转让的股权；不购买的，视为同意转让。

经股东同意转让的股权，在同等条件下，其他股东有优先购买权。两个以上股东主张行使优先购买权的，协商确定各自的购买比例；协商不成的，按照转让时各自的出资比例行使优先购买权。

公司章程对股权转让另有规定的，从其规定。

第七十四条 有下列情形之一的，对股东会该项决议投反对票的股东可以请求公司按照合理的价格收购其股权：

（一）公司连续五年不向股东分配利润，而公司该五年连续盈利，并且符合本法规定的分配利润条件的；

（二）公司合并、分立、转让主要财产的；

（三）公司章程规定的营业期限届满或者章程规定的其他解散事由出现，股东会会议通过决议修改章程使公司存续的。

自股东会会议决议通过之日起六十日内，股东与公司不能达成股权收购协议的，股东可以自股东会会议决议通过之日起九十日内向人民法院提起诉讼。

第一百八十二条 公司经营管理发生严重困难，继续存续会使股东利益受到重大损失，通过其他途径不能解决的，持有公司全部股东表决权百分之十以上的股东，可以请求人民法院解散公司。

19. 静悄悄地减资，少不了的瑕疵

——公司减资未通知债权人的法律风险与防范

公司的注册资本是一个公司存续发展的资本信用基础，代表公司的实力和对外偿债的能力，公司注册资本的减少极易影响债权人的利益。因此，法律对公司减资规定了严格的程序，违法减资的公司可能会被债权人起诉追究减资瑕疵责任，甚至连股东都不能幸免于难，易被定性为抽逃出资，需要承担补充赔偿责任。接下来，我们以案说法，看看违法减资会给企业家股东带来怎样的法律风险。

● 以案说法

2010年2月1日，万丰光伏公司与广力投资公司签订《硅料销售合同》一份，约定万丰光伏公司向广力投资公司供应原生多晶硅10吨，计人民币395万元，广力投资公司于合同签订后三个工作日内支付100万元，剩余货款应于2010年2月28日前支付。合同订立后，万丰光伏公司依约履行供货义务，但广力投资公司只付款124万元，即使广力投资公司于2012年10月26日出具了《还款计划书》，承诺会按计划还款，但是最终广力公司仍欠货款236万元未支付给万丰光伏公司。2010年11月19日，广力投资公司作出股东减资决定，注册资本由2500万元减少至500万元，股东丁某、丁某焜持股比例不变。广力投资公司作出减资决议后未通知万丰光伏公司，万丰光伏公司认为丁某焜、丁某作为抽减出资的股东，应对债务承担担保责任。因此，诉至法院要求其承担未支付货款及迟延付款利息。

法院经审理后认为，我国《公司法》在明确公司股东的有限责任制的同时，也明确应依法保护公司债权人的合法权益。公司注册资本既是公司股东承担有限责任的基础，也是公司的交易相对方判断公司财产责任能力的重要依据，公司股东负有诚信出资以保障公司债权人交易安全的责任，公司减资时对其债权人负有根据债权人的要求进行清偿或提供担保的义务。本案中，在广力投资公司与万丰光伏公司发生硅料买卖关系时，广力投资公司的注册资本为2500万元，后广力投资公司注册资本减资为500万元，减少的2000万元是丁某焜、丁某认缴的出资额，但广力投资公司、丁某焜、丁某在明知广力投资公司对万丰光伏公司负有债务的情形下，在减资时既未依法通知万丰光伏公司，亦未向万丰光伏公司清偿债务，不仅违反了《公司法》第177条的规定，也违反了《公司法》第3条“有限责任公司的股东以其认缴的出资额为限对公司承担责任”的规定，损害了万丰光伏公司的合法权益。因此，法院判决：丁某焜、丁某对万丰光伏公司的还款责任在其减资范围内承担补充赔偿责任。[①]

● 律师提示

公司具有独立的法人人格，其具有责任承担的独立性，广力投资公司欠了万丰光伏公司的钱，为什么股东还要承担补充赔偿责任呢?

问题就出在减资上面，由于减资会影响债权人的利益，因此，《公司法》对减资程序规定得很严格。减资必须履行特定的程序，包括：召开股东会(股东大会)；编制资产负债表及财务清单；通知已知债权人并公告，并根据债权人要求提前清偿债务或提供担保；办理验资手续；最后办理工商变更登记手续等。其中最容易被人忽略或者利用的就是通知债权人这一步，因为很多公司减资的目的并非公司经营，而是躲避债务，故很多公司在执行减资程序时，故意不通知债权人，仅仅在报纸上进行公告，以为这样就可以把债权人蒙在鼓里，股东就可以溜之大吉，但殊不知这种告知方式（只是在报纸上公告而没有单独通知债权人）根本不符合法律规定。且由于公司减资是股东（大）会决议的结果，代表着股东的意志，公司减资后的受益人也是股东，

---

① 参见江苏省高级人民法院民事判决书，(2015) 苏商终字第00140号。

所以公司没有对债权人做减资通知时，该情形与股东违法抽逃出资的情形在本质上并无不同，应视为股东抽逃出资。这就是为什么股东丁某焜、丁某会承担补充赔偿责任的原因。

此外，除了承担民事责任外，根据《公司法》的规定，公司还要承担行政责任，不按照法定程序通知或者公告债权人的，由公司登记机关责令改正，对公司处以1万元以上10万元以下的罚款。

由此可见，违规减资风险不可谓不大，那公司或者企业家股东应该如何防范呢？

其一，设定合理的注册资本额。公司在设立之初就要准确评估公司的经营范围，公司规模以及资本价值等各种因素，以便合理认缴出资，避免因认缴资本过高，股东实缴能力不足而引起不必要的减资。

其二，严格履行法定的减资程序。首先，股东在通知债权人时要履行注意义务，不然极有可能被认定为抽逃出资而承担补充责任。其次，股东切不可在减资时不通知债权人，如此可能会承担不利后果。再次，在通知到具体债权人的基础上要尽可能选择影响大的省或国家级报纸发布减资公告，防止被法院认定为通知不当。最后，针对非同比例减资的情形，需注意应取得全体股东一致同意（除非全体股东或公司章程另有约定）。

公司减资风险大，要想在这场资本保卫战中保全自己，请务必注意减资风险的防范。

法规速递

《中华人民共和国公司法》

第三条 公司是企业法人，有独立的法人财产，享有法人财产权。公司以其全部财产对公司的债务承担责任。

有限责任公司的股东以其认缴的出资额为限对公司承担责任；股份有限公司的股东以其认购的股份为限对公司承担责任。

第一百七十七条 公司需要减少注册资本时，必须编制资产负债表及财产清单。

公司应当自作出减少注册资本决议之日起十日内通知债权人，并于三十日内在报纸上公告。债权人自接到通知书之日起三十日内，未接到通知书的自公告之日起四十五日内，有权要求公司清偿债务或者提供相应的担保。

第二百零四条第一款 公司在合并、分立、减少注册资本或者进行清算时，不依照本法规定通知或者公告债权人的，由公司登记机关责令改正，对公司处以一万元以上十万元以下的罚款。

20. 股东也能被“开除”?

——股东除名的风险和注意事项

股东除名，是指当股东存在法定或约定事由的情形下，公司及其他股东依法定程序将该股东从股东名册中去除，强制其退出公司，终止其与公司和其他股东的关系，并使其丧失公司股东资格的法律制度。股东除名的目的在于以剥夺股东资格的方式，惩罚不诚信股东，维护公司和其他股东的权利。该制度是对股东最严厉的惩罚，对股东影响重大，因此，公司及其他股东在对股东除名时需符合一定的条件，并严格履行法定程序，否则可能会被认定股东除名无效。接下来，我们以案说法，看看案例中其他股东通过股东会决议除名某股东，未严格履行法定程序所面临的风险。

• 以案说法

2015年2月16日，山东成武富达糠醛有限公司（以下简称富达公司）成立，法定代表人、执行董事为张某。该公司股东持股情况为：田某10%、辛某45%、杨某45%。公司成立后，田某、辛某与杨某订立公司章程，章程规定田某认缴出资额为180万元、辛某及杨某各认缴出资额810万元，出资时间同为2017年11月1日。另外，公司章程第18条规定，股东会会议由执行董事召集和主持，执行董事不能履行或者不履行召集股东会会议职责的，由公司监事召集和主持，监事不召集和主持的，代表1/10以上表决权的股东可以自行召集和主持。后田某、辛某按时完成出资，杨某未完全履行出资义务。

2021年4月16日，田某通过邮寄方式向杨某和辛某发送召开临时股东会会议的通知，通知载明：定于2021年5月17日召开临时股东会议，会议将表决通过："在本次会议以前未出资、出资不实、不能有效证明本股东按约出资的，免去股东资格。"辛某签收上述邮件，杨某拒收上述邮寄。

2021年5月17日，由田某召集主持召开了临时股东会会议，田某、辛某到会，会议议案内容载明：免去公司股东杨某占45%的股份，由屈某重新入股。在杨某未到会的情况下形成了股东会决议："《免去公司股东资格议案》获得与会股东所持表决权55%的同意，获得通过。"但公司法定代表人张某不配合股东会办理股权工商变更登记。故田某、辛某诉至法院请求：(1)依法确认股东会决议有效，并免除杨某的股东资格；(2)责令富达公司法定代表人张某协助股东会变更工商登记。

法院经审理后认为，根据《最高人民法院关于适用〈中华人民共和国公司法〉若干问题的规定（三）》第17条第1款的规定，第一，除名股东适用于"未出资或抽逃出资"的情形，杨某已经履行了部分出资义务，不应当认定其完全未履行出资义务；第二，公司除名股东前，应给该股东补正的机会，田某向杨某发送的催告履行出资款的通知存在催告主体、催告内容、权利义务告知不规范之处；第三，除名股东应依法召开股东会，作出股东会决议。涉案股东会会议在召集程序上存在违反《公司法》第40条和章程第18条规定内容问题。故对田某、辛某要求确认富达公司股东会决议有效及责令富达公司的法定代表人张某协助股东会变更工商登记的诉讼请求，不予支持。①

• 律师提示

上述案例中，杨某未完全履行出资义务，虽田某和辛某通过股东会决议将杨某除名，但因未履行法定程序，最终被法院驳回诉讼请求。为避免类似败诉风险的发生，企业家需要注意以下几点：

1. 股东除名的前提是被除名股东未履行出资义务或者抽逃全部出资。

股东除名对被除名股东来说是非常严厉的惩罚措施，只有当其认缴的出资分文未出或全部抽逃时，才可按照法律规定解除其股东资格，仅履行部分出资或抽逃部分出资则不能对其除名。

---

① 参见山东省菏泽市中级人民法院民事判决书，(2021)鲁17民终4758号。

2. 公司需给予该股东补正的机会，即公司有义务催告其出资或返还抽逃的出资，并给予其合理的补正期限。

对未履行出资义务的股东要进行书面催告，公司可以通过短信、邮件、快递、媒体刊登等书面方式对被除名股东进行催告，并对催告主体、催告内容、权利义务、逾期未出资的后果进行告知，未经催告作出的股东会除名决议为无效决议，无法产生剥夺股东资格的法律效力。

3. 应当依法召开股东会，就解除股东资格作出有效的股东会决议。

目前法律并未规定可以直接向法院起诉解除股东资格，只能通过公司召开股东会决议进行除名，直接向法院起诉除名将不被支持。因此，企业在召开股东会进行表决时，应当严格遵照法律及公司章程中关于股东会召开、表决等程序，即召开股东会会议的通知、出席会议的人数、股东所持表决权应当符合《公司法》或公司章程规定，表决结果应达到《公司法》或公司章程规定的通过比例等。

综上，以上任何一个环节的瑕疵，都有可能导致决议不成立。因此，公司和其他股东在除名不出资或抽逃出资股东时必须严格按照法定程序，否则可能导致除名无效的法律风险。

• 法规速递

《最高人民法院关于适用〈中华人民共和国公司法〉若干问题的规定（三）》

第十七条 有限责任公司的股东未履行出资义务或者抽逃全部出资，经公司催告缴纳或者返还，其在合理期间内仍未缴纳或者返还出资，公司以股东会决议解除该股东的股东资格，该股东请求确认该解除行为无效的，人民法院不予支持。

在前款规定的情形下，人民法院在判决时应当释明，公司应当及时办理法定减资程序或者由其他股东或者第三人缴纳相应的出资。在办理法定减资程序或者其他股东或者第三人缴纳相应的出资之前，公司债权人依照本规定第十三条或者第十四条请求相关当事人承担相应责任的，人民法院应予支持。

《中华人民共和国公司法》

第四十条 有限责任公司设立董事会的，股东会会议由董事会召集，董事长主持；董事长不能履行职务或者不履行职务的，由副董事长主持；副董事长不能履行职务或者不履行职务的，由半数以上董事共同推举一名董事主持。

有限责任公司不设董事会的，股东会会议由执行董事召集和主持。

董事会或者执行董事不能履行或者不履行召集股东会会议职责的，由监事会或者不设监事会的公司的监事召集和主持；监事会或者监事不召集和主持的，代表十分之一以上表决权的股东可以自行召集和主持。

21. 若想决议好，通知少不了

——不通知股东参加股东会的法律风险与防范

企业家都知晓，股东会是公司的权力机构，股东意志多以股东会决议的形式呈现。因此，股东会决议的效力至关重要。根据《公司法》的有关规定，股东会决议的成立除法律及章程有特殊规定外，必须依次经历三个阶段：会议召集、召开及表决。召集程序作为股东会会议的第一步，是否具有瑕疵对股东会决议是否成立及股东会决议的效力有着重要的影响，而通知各股东参加会议是召集程序中的重要部分。那么，如果未通知部分股东就召开股东会，由此作出的股东会决议效力如何呢？接下来，我们以案说法，看看案件中未通知小股东参加股东会从而作出的股东会决议效力如何。

● 以案说法

康建公司为有限责任公司，股东分别为A、B、C、D四个公司。公司章程规定：股东会会议分为定期会议和临时会议，并应当于会议召开十五日前通知全体股东；股东会应对所议事项的决定作出会议记录，出席会议的股东应当在会议记录上签名。2018年8月3日，康建公司召开股东会，但只通知了A、B、C三个公司，没有通知D公司，导致实际出席的股东只有A、B、C三个公司，后出席会议的全体股东作出决议，一致同意康建公司以每年1380万元的价格承包给E公司经营。D公司知晓该决议后，向法院起诉请求：确认上述股东会决议不成立。

法院经审理后认为，康建公司未能举证证明其曾向D公司发出召开2018年8月3日股东会会议的通知，即康建公司上述股东会会议未召集全体股东，存在召集对象上的瑕疵。该瑕疵与提前通知不足法定期间、表决方式未按章程约定等股东会召集、表决过程中的一般程序瑕疵明显不同，其后果并非影响股东表决权的行使，而是从根本上剥夺了股东行使表决权的机会和可能。特别对于小股东而言，虽然其所持表决权占比低，不足以实质性改变股东会决议结果，但其依然可能通过在股东会会议上的陈述等影响其他股东的表决行为，不能因为其表决权占比低就忽视其行使表决权的权利。同时，未通知股东也使相关股东因不知晓股东会决议的存在而无法及时主张权利救济，故该瑕疵属于严重的程序瑕疵，对股东会决议的成立有根本性影响，根据《公司法》及相关司法解释的规定，法院认定系争股东会决议不成立。①

• 律师提示

根据《公司法》第 41 条的规定，召开股东会会议，应当于会议召开 15 日前通知全体股东。上述案例中康建公司在召开股东会前未通知 D 公司，致使 D 公司无法获知股东会会议的召开信息，其也难以在规定时间内请求人民法院撤销该决议。因此，两级法院均认定上述股东会决议实质上剥夺 D 公司作为股东的表决权，存在严重程序瑕疵，并根据《公司法》相关司法解释判决系争股东会决议不成立。

司法实践中，法院对未通知部分股东参加股东会所形成的股东会决议之效力的认定存在不同观点。如徐州市中级人民法院在（2015）徐商终字第 0695 号中认为，公司在未通知两位股东的情况下，由其他三股东在其他会议地点另行召开股东会，并形成涉案股东会决议。两位未被通知参会的股东有权依据《公司法》第 22 条及公司章程的规定，请求人民法院依法予以撤销。又如，上海市第一中级人民法院在（2009）沪一中民三（商）终字第 954 号案中认为，公司未通知股东即召开股东会并作出决议的行为，系对《公司法》强制性规定的违反，亦系对股东基本权利的严重侵害，应直接以否定方式而非以是否可撤销来评判。因此，公司于 2008 年 11 月 26 日作出的股东会决议无效。再如，徐州铜山区法院在（2016）苏 0312 民初 4613 号民事判决

① 参见上海市第一中级人民法院民事判决书，（2019）沪 01 民终 10925 号。

中认为，虽然公司召开股东会未通知部分股东，但未被通知参会的股东已经签署授权委托书及不同意股东会决议的声明，能够认定其对股东会的召开知情，且几位股东于股东会召开当天到会，股东会决议也经99%表决权的股东通过，该会议决议的效力不取决于股东会议通知的时间及内容，而决定于股东认可并是否达到《公司法》的要求，该份决议符合上述法律规定，合法有效。

综上可知，目前各地及各级法院对未通知股东参加股东会所形成的股东会决议的效力并未形成完全统一的裁判，但主流的观点倾向于认定其不成立、可撤销或无效。无论各级法院如何认定，都反映出此行为具有相当的风险性。因此，有以下两点需要注意：

第一，企业或企业家作为控股股东时，即便在公司的话语权再大，掌握的股权再多，也应该按照法律与章程约定的时间以及方式通知所有股东召开股东大会，并对拟决议的事项逐项作出决议，即使其他股东不同意表决事项，也应当如实在决议上予以体现，这样方能保证股东大会以及决议的真实有效性。在召集股东会时，要严格遵守法律法规或公司章程规定的通知期限，提前通知到每一位股东，并保留通知的证据。

第二，企业家作为小股东时，要关注公司的经营管理状况，充分行使自己的股东权利，尽可能出席股东会并陈述自己的意见，防止股东会会议成为大股东的一言堂。

综上，不通知股东参加股东会，即便作出决议，其是否成立或有效也是存疑的。为避免风险，召开股东会时，要通知所有股东参加，而且小股东也要积极参加股东会。

法规速递

《中华人民共和国公司法》

第二十二条 公司股东会或者股东大会、董事会的决议内容违反法律、行政法规的无效。

股东会或者股东大会、董事会的会议召集程序、表决方式违反法律、行政法规或者公司章程，或者决议内容违反公司章程的，股东可以自决议作出之日起六十日内，请求人民法院撤销。

股东依照前款规定提起诉讼的，人民法院可以应公司的请求，要求股东提供相应担保。

公司根据股东会或者股东大会、董事会决议已办理变更登记的，人民法院宣告该决议无效或者撤销该决议后，公司应当向公司登记机关申请撤销变更登记。

第三十七条 股东会行使下列职权：

（一）决定公司的经营方针和投资计划；

（二）选举和更换非由职工代表担任的董事、监事，决定有关董事、监事的报酬事项；

（三）审议批准董事会的报告；

（四）审议批准监事会或者监事的报告；

（五）审议批准公司的年度财务预算方案、决算方案；

（六）审议批准公司的利润分配方案和弥补亏损方案；

（七）对公司增加或者减少注册资本作出决议；

（八）对发行公司债券作出决议；

（九）对公司合并、分立、解散、清算或者变更公司形式作出决议；

（十）修改公司章程；

（十一）公司章程规定的其他职权。

对前款所列事项股东以书面形式一致表示同意的，可以不召开股东会会议，直接作出决定，并由全体股东在决定文件上签名、盖章。

《最高人民法院关于适用〈中华人民共和国公司法〉若干问题的规定（四）》

第五条 股东会或者股东大会、董事会决议存在下列情形之一，当事人主张决议不成立的，人民法院应当予以支持：

（一）公司未召开会议的，但依据公司法第三十七条第二款或者公司章程规定可以不召开股东会或者股东大会而直接作出决定，并由全体股东在决定文件上签名、盖章的除外；

（二）会议未对决议事项进行表决的；

（三）出席会议的人数或者股东所持表决权不符合公司法或者公司章程规定的；

（四）会议的表决结果未达到公司法或者公司章程规定的通过比例的；

（五）导致决议不成立的其他情形。

22. 蚂蚁也能撼动大象吗

——增资扩股侵害小股东利益的法律风险与防范

根据《公司法》的相关规定，有限责任公司的股东会会议由股东按照出资比例行使表决权，股份有限公司的股东大会会议由出资股东按照所持股份行使表决权，这种按照出资比例和所持股份进行表决的方式就是我们大家熟知的“资本多数决”。“资本多数决”符合权利与义务相一致的原则，其对公司运行和决策效率方面都发挥着不可忽视的作用，但是其也是滋生权力滥用的温床。由于“资本多数决”原则下大股东和中小股东突出的利益失衡问题，现实生活中存在大量的控股股东或者大股东滥用“资本多数决”任意增资扩股，严重损害小股东的合法权利的情形。此种行为不仅违反法律规定，还可能使大股东面临巨额赔偿。接下来，我们以案说法，看看侵害小股东权益将面临什么赔偿。

- **以案说法**

孙某是台沃公司的股东，其对台沃公司拥有绝对的控制权和影响力，于是孙某利用自己及其家族在董事会中的控制力和影响力，通过董事会的形式，将原本应属单列的利润分配方案嵌套在对其本人进行股权激励的方案中提交股东大会讨论，不仅使自己获得了低于每股净资产价格的1500万股份，成为台沃公司名副其实的大股东，还以新增的1500万股份分取或今后分取台沃公司截至2017年年末累计利润1.52亿元，多获取了将近1/4的滚存利润导致博源公司等中小股东的利益受到了损害。

孙某新增的注册资本未对公司的滚存产生任何效益，但却参与滚存利润分红，导致博源公司等中小股东应分得的滚存利润由每股3.38元减少至每股

2.53元，博源公司等中小股东的利益受到了损害。小股东博源公司诉至法院，该案经过一审、二审最终确定孙某系利用控制权以低于净资产的价格进行增资，进而滥用股东权利损害其他股东利益，应当承担损害赔偿责任。最终法院判决：孙某赔偿小股东博源公司约150万元。

• 律师提示

小股东在增资扩股中享有合法的优先认缴权、主张增资协议无效、恢复原有持股比例等权利。大股东想要通过“增资扩股”彻底边缘化小股东存在很大的法律风险，为了规避这种风险，作为大股东的企业家需要注意以下几点：

1. 谨慎使用公司控制权。很多大股东都能通过家族影响或者高比例的股权对公司施加决定性的影响和控制。但是，过度甚至滥用控制权，排挤或者边缘化小股东，具有极大法律风险，很有可能会像上述案例中的孙某一样面临对小股东的高额赔偿。

2. 增资过程中，大股东要遵循净资产评估的公开、透明原则。很多公司在增资过程中都不可避免地需要对净资产进行审计和评估，审计和评估过程一定要透明化、公开化，否则小股东持股比例被稀释就极有可能被认定为是侵害了小股东的权益。

3. 善用公司章程。章程就是公司的“小宪法”，为了避免产生纠纷，很多事项都可以在章程中提前约定。体现公司治理基本原则且能保护各种股东权益的公司章程是避免纠纷的撒手锏。

很多企业家，往往是某公司的控股股东或者大股东，他们会认为自己才是公司的“掌门人”，重大事件（如增资扩股）他们自己拍板决定就可以，无须考虑小股东的感受，反正他们持股比例小。但是，这种边缘化小股东的情形违反法律规定，而且侵害小股东的权利，大股东也可能会面临巨额赔偿。希望企业家作为大股东时要审慎行使自己的权力，避免侵害中小股东权利。

● 法规速递

《中华人民共和国公司法》

第四十二条 股东会会议由股东按照出资比例行使表决权；但是，公司章程另有规定的除外。

23. “明修栈道暗度陈仓”，风险可不小

——高管自营同类公司的风险

有一些企业高管在任职期间在外设立其他公司，与其任职公司经营同类业务，神不知鬼不觉地把任职公司的业务拉入自己的新设公司。这一行为不仅违背了道德底线，也违反了法律规定，会给公司的发展及高管自身造成极大不利影响，企业家要谨防此种情况的发生。接下来，我们以案说法，看看高管自营同类公司会给自身及企业带来哪些不利后果。

● 以案说法

2011 年 4 月 2 日，蓝天公司聘请宋某担任公司的总经理，负责公司的经营管理。2012 年 6 月 7 日，宋某任职期间与其父亲共同投资设立博海公司，经营范围与蓝天公司一致。蓝天公司得知宋某另行开设同类公司后，委托律师向宋某发函，免除宋某的总经理职务，并通过律师函及报刊公告的方式予以告知，但宋某拒不配合办理交接手续。2014 年 3 月 31 日，蓝天公司为防止损失扩大，单方为宋某办理了退工手续，终止所有有关公司事务的授权并将宋某诉至法院。

法院经审理后认为，宋某受聘担任蓝天公司总经理，全权负责公司业务，但其在任职期间，另行与其父共同设立了博海公司，经营范围与蓝天公司相同，且存在销售蓝天公司产品获利的情形。结合一般商事规律、普通大众认知及公序良俗，可以认定宋某利用职务便利为自己及博海公司谋取了本属于蓝天公司的商业机会，违反了高管的忠实、勤勉义务，损害了蓝天公司的利益，并使自身获利，故而应当承担相应法律责任。此外，关于宋某应赔偿蓝天公司的金额问题，虽然蓝天公司对宋某在博海公司取得收入金额缺乏明确

的证据印证，但并不意味着宋某即可免除赔偿责任。由于宋某拒绝提供博海公司的资产负债表、博海公司销售的产品系通过正常商业途径取得以及博海公司销售蓝天公司产品的统计数据，蓝天公司亦无法通过正常渠道获取。法院便要求宋某主动提交上述证据，但宋某仍拒绝提交来予以反证，故应承担不利后果。最终，法院判决宋某赔偿蓝天公司 8 万元。

● 律师提示

从以上案例中可以看出当公司高管违反忠实义务，给公司造成损害的，公司有权向其主张“收入归入权”。什么是“收入归入权”？从字面上就可以理解，但是“收入归入权”的最终认定，主要存在以下四方面的问题：

1. 对高管的认定

根据《公司法》的规定，高级管理人员指的是公司的经理、副经理、财务负责人，上市公司董事会秘书和公司章程规定的其他人员。司法实践中，对高管的认定通常采用形式审查和实质审查相结合的方式综合认定，一方面可以通过公司章程、聘任书及其他能证明高管身份的材料来判断；另一方面可以从其职权范围和实际担任工作的范围及影响力来考量，其是否实际掌握着公司经营权及决定权。

2. 对事实的认定，即对高管违反忠实义务的事实认定

高管在任职期间另行设立其他公司，与其任职公司经营同类业务，应属于竞业禁止行为，该行为不仅损害了公司利益，也损害了公平竞争的市场秩序。

根据《公司法》的规定，未经股东会或者股东大会同意，高管不得自营或者为他人经营与所任职公司同类的业务。上述案例中，宋某的行为本质在于通过与他人设立博海公司经营同类业务以获利，且该行为未经蓝天公司股东会同意，因此，符合以上法律规定的行为特征，违反了公司高管应尽的忠实义务。

3. 对违反忠实义务的“收入”如何确定

根据《公司法》的规定，高管违反忠实义务的，所得收入应当归还公

司，即公司享有“收入归入权”。实践中，收入的计算通常是通过账户往来金额来计算实际所获得的收入，或者是计算自营公司所获得的利润，当然这也是审判的重点和难点，这就不得不谈到第四个问题。

4. 关于损害公司利益责任的举证责任分配问题

通常情况下，在举证责任的分配上采取“谁主张，谁举证”的归责原则。该类案件作为原告的公司承担的举证责任包括：被告作为负有忠实义务的高管违反了忠实义务、违反忠诚义务的行为导致了公司利益受损、违反忠实义务与公司利益受损之间存在因果关系。很多情况下，原告仅能证明被告存在侵权行为，却很难证明侵权行为产生的实际损失，这也是原告诉讼最大的风险点。

坚固的堡垒往往最先从内部攻破，高管作为企业的核心成员，对公司的情况了如指掌，如果其动了歪念头，置道德和法律于不顾，经营与任职企业同类的公司和业务，则会给企业带来无法估量的损失。因此，企业要加强对高管的监督和管理，避免内部高管“自毁堡垒”情况的发生。

法规速递

《中华人民共和国公司法》

第一百四十七条 董事、监事、高级管理人员应当遵守法律、行政法规和公司章程，对公司负有忠实义务和勤勉义务。

董事、监事、高级管理人员不得利用职权收受贿赂或者其他非法收入，不得侵占公司的财产。

第一百四十八条 董事、高级管理人员不得有下列行为：

（一）挪用公司资金；

（二）将公司资金以其个人名义或者以其他个人名义开立账户存储；

（三）违反公司章程的规定，未经股东会、股东大会或者董事会同意，将公司资金借贷给他人或者以公司财产为他人提供担保；

（四）违反公司章程的规定或者未经股东会、股东大会同意，与本公司订立合同或者进行交易；

（五）未经股东会或者股东大会同意，利用职务便利为自己或者他人谋取属于公司的商业机会，自营或者为他人经营与所任职公司同类的业务；

（六）接受他人与公司交易的佣金归为己有；

（七）擅自披露公司秘密；

（八）违反对公司忠实义务的其他行为。

董事、高级管理人员违反前款规定所得的收入应当归公司所有。

24. 企业数据可以随意售卖吗

——企业数据安全保障风险及防范

数据不单单是推动企业发展的重要基石，也是国家信息安全的重要组成部分，甚至将其定位为基础性战略资源也丝毫不夸张。数据之于企业、国家都是异常重要的，但是很多企业却将用户资源视为自己的囊中之物，随意泄漏，甚至进行利益交换，引发多重数据安全风险。接下来，我们以案说法，看看企业未重视数据安全将会造成怎样的风险。

• 以案说法

2021 年 6 月 30 日，滴滴赴美上市。2021 年 7 月 2 日，国家互联网信息办公室发文称，为了防范国家数据安全风险，维护国家安全，保障公共利益，对“滴滴出行”实施网络安全审查，与此同时，滴滴出行被禁止新用户注册。至此，滴滴被推向了数据舆论的风口浪尖。

2021 年 7 月 4 日，国家互联网信息办公室继续发文称，“经核实，‘滴滴出行’APP 存在严重违法违规收集使用个人信息问题。根据相关规定，通知应用商店下架‘滴滴出行’APP，要求滴滴出行科技有限公司严格按照法律要求，参照国家有关标准，认真整改存在的问题，切实保障广大用户个人信息安全”。2021 年 7 月 16 日，国家网信办会同公安部、国家安全部、自然资源部、交通运输部等七大部门联合进驻“滴滴出行”，对其开展网络调查。

• 律师提示

如此高规格的“待遇”并不多见，为何滴滴会值得如此多的国家部门“兴师动众”对其开展安全审查？因为，滴滴此次数据安全危机反映的并非企业单纯违规处理数据的问题，而是涉及全国所有“滴滴出行”消费者的数据安全问题，甚至，还可能涉及国家安全问题。企业在国外上市，自身经营不受本国政府的控制，本就加剧企业经营数据外泄的风险。除此之外，滴滴的前两大股东分别是日本和美国的公司，其任职董事与高管也有部分外籍人士。以上种种，使滴滴的数据信息与主权国家的核心安全利益之间产生巨大冲突。

由此可见，企业的经营数据、用户数据等虽在一定程度上可以看成企业的财富。但企业在收集、处理上述数据时也应当遵守法律法规，尤其是在《网络安全法》《数据安全法》《个人信息保护法》为核心的网络法律体系初步建立的今天，企业在利用数据时应当尤为小心。因此，在日常数据维护中，企业家需要做到：

1. 认识到数据安全风险的诸多表现形式。出现数据安全风险的重要表现就是由于企业故意泄露数据，或者是由于疏忽大意导致的数据泄露，以及员工监守自盗等各种情形。企业要重视网络数据安全部门的组建，完善数据处理的审核机制，并根据不同的数据安全风险形式制定全面的数据保护方案。

2. 树立大局意识：保护用户信息与数据，就是在维护国家安全。我国几乎是全球经济增速最快的国家，同时也是人工智能与互联网普及快速的国家，每年都会有大量的数据诞生、转移与处理。面对海量数据，企业家必须树立大局意识，将数据保护上升到国家安全的战略层面，方能守好数据保护红线。

3. 企业要建立数据安全相关的管理制度。该管理制度的制定可以结合我国数据保护相关的法律规定以及企业自身的发展战略，风险容忍度以及信息技术战略等。同时企业可以定期开展员工培训，树立员工的数据保护底线思维。

科技公司是国家发展的同行者，但其有时亦是国家治理的挑战者和撼动者，希望相关企业能守好数据红线，坚决不碰数据泄露“高压线”。

● 法规速递

《中华人民共和国个人信息保护法》

第十条 任何组织、个人不得非法收集、使用、加工、传输他人个人信息，不得非法买卖、提供或者公开他人个人信息；不得从事危害国家安全、公共利益的个人信息处理活动。

第十一条 国家建立健全个人信息保护制度，预防和惩治侵害个人信息权益的行为，加强个人信息保护宣传教育，推动形成政府、企业、相关社会组织、公众共同参与个人信息保护的良好环境。

《中华人民共和国网络安全法》

第三十七条 关键信息基础设施的运营者在中华人民共和国境内运营中收集和产生的个人信息和重要数据应当在境内存储。因业务需要，确需向境外提供的，应当按照国家网信部门会同国务院有关部门制定的办法进行安全评估；法律、行政法规另有规定的，依照其规定。

25. 当中小股东“抱团取暖”

——中小股东权益保护的重要性

维护股东权益，无论是控股股东、大股东还是中小股东，都是企业不容推卸的责任。但是很多企业特别是上市公司，由于经营权与所有权相分离，中小股东与大股东的利益相分离，就极易出现股东意见分歧的情况。而保护股东合法权益是《公司法》的重要宗旨，“中小股东对公司持有股份数量比较少，对公司的控制力、支配力与大股东都有较大的差距，当诉求和目标不一致时，大小股东之间会产生利益冲突，现实中，控股股东与非控股股东，特别是中小股东冲突的情况比较多”。由此可见，中小股东在企业内部总体处于相对弱势地位，但企业家切莫以为中小股东对企业控制力弱，就忽视他们的作用。如果肆无忌惮地侵害小股东的权益，小股东也能采取有效手段进行反击。接下来，我们以案说法，看看超 230 名中小股东组团起诉茅台要说法事件里，小股东是如何维权的。

● 以案说法

2020 年 10 月 23 日，贵州茅台召开第三届董事会 2020 年度第四次会议，这次会议审议通过了四项捐赠议案。但是，这四项捐赠议案中有两项遭到中小股东的抵制，一是向仁怀市人民政府捐资 2.6 亿元专项建设茅台镇骑龙 1 万吨生活污水处理厂；二是向习水县人民政府捐资不超过 5.46 亿元专项建设习水县习新大道建设工程。据“茅台 900 元真不算高”的用户称，“上述捐赠决议发布之前，贵州茅台董事会议规则中并无捐赠的相关规定，只是规定董事会累计一年内动用的资产总额不得超过 1.5 亿元，而此次议案捐了 8.06 亿元，明显违规”。他认为，贵州茅台未经股东大会授权，擅自捐款，属违规操作，损害了中小股东的权益。同时在捐赠决议发布时，贵州茅台所使用的章程为2018年修订版，章程显示，对外大额捐赠和赞助的，必须先经公司党组织研究讨论，而董事会的职权里并未涉及捐赠事项。合计约8亿元的对外捐款，未经过股东大会审议而直接由董事会审议通过，是否符合上市公司章程，是股东质疑的核心。因此，针对此次茅台的捐赠行为，有股东实名向证监会和国家信访局进行举报，更有几百名中小股东报名参加针对茅台捐赠行为的集体诉讼，另有100余位的贵州茅台股东或非股东表达了向其捐赠诉讼费的意向。

2021年2月9日晚，贵州茅台发布《贵州茅台酒股份有限公司第三届董事会2021年度第一次会议决议公告》显示：在2月8日召开的公司第三届董事会2021年度第一次会议上，《关于终止有关捐赠事项的议案》获得通过。贵州茅台叫停捐赠事项是对中小股东诉求的一种回应，说明中小股东的维权之路获得阶段性的胜利。

律师提示

随着中小股东权利意识的觉醒，他们越来越敢于发声，越来越勇于维护自己的合法权利。因此，企业家要防微杜渐，保障每一个股东的合法权利，具体需要：

第一，重视程序合规，做到依法依规。大企业对外扶贫捐赠本是其应该履行的社会责任，为何承担了社会责任还要被股东起诉呢？其实就像部分小股东所言，他们并不反对企业扶贫捐赠，但是捐赠需要履行严格、规范的程序，而贵州茅台公司章程里面并没有关于大额捐款的具体规定。一般来说，在没有明文规定的情况下，只有股东大会决议授权才算合规。但是此次捐赠并没有经股东大会审议通过，因此，才激发众怒。为了避免类似事件的发生，企业需要重视程序合规，做到依法依规。

第二，提高公司的公开透明度。上市公司的一大特点就是“股东的分散性”，公司的经营层和中小股东的信息极不对称，如果不提高公司的公开透明度，容易造成公司内部管理层以及大股东与中小股东间的矛盾，甚至会损害中小股东的利益。因此，企业必须增强信息的透明度，向所有投资者公开披露重大信息，保证中小股东的权益，维护资本市场的公正性。

上述案例中，茅台中小股东们的较真态度，给所有的上市公司敲响了警钟。依法依规，合理合法维护每一个股东的权益才是公司经营的应有之义。

● 法规速递

《中华人民共和国公司法》

第二十二条 公司股东会或者股东大会、董事会的决议内容违反法律、行政法规的无效。

股东会或者股东大会、董事会的会议召集程序、表决方式违反法律、行政法规或者公司章程，或者决议内容违反公司章程的，股东可以自决议作出之日起六十日内，请求人民法院撤销。

股东依照前款规定提起诉讼的，人民法院可以应公司的请求，要求股东提供相应担保。

公司根据股东会或者股东大会、董事会决议已办理变更登记的，人民法院宣告该决议无效或者撤销该决议后，公司应当向公司登记机关申请撤销变更登记。

第 三 章

公司的投资与对外经营

26. 借款还是投资款

——如何区分投资款和借款

商事交易中，在没有明确标明资金的用途时，借款和投资款极易发生混淆，特别是企业家为了成立公司而筹措资金的时候，二者混淆的程度极高。然而，投资行为和借贷行为在性质上有本质的区别，借贷指的是出借人将资金借给借款人，在一定时间或者一定条件成就后借款人需还本付息的行为；而投资指的是合作各方共同投资、共同经营、共负盈亏且共担风险的行为。法律实践中，对于资金性质的认定，到底是投资行为还是借贷行为也发生过诸多争议，接下来，我们以案说法，看看案例中法院如何认定款项性质。

● 以案说法

何某和诺林公司签订《投资合作协议书》，约定何某投资诺林公司在海澄项目和绿波海景项目的股份。根据协议的约定，何某同意于2004 年12 月5 日前交付投资款 9, 820, 800 元给诺林公司作为投资海澄项目的资本，若海澄项目需增加资本，何某无须再注资便可保持在海澄项目投资比例 4. 8% 不变。2005 年，在另一份《投资合作协议书》中，双方约定：（1）双方经友好协商，同意何某投资诺林公司于绿波海景项目股份内的 20% （实际投资股份的6% ）；（2）何某同意于2005 年3 月30 日之前交付投资款 1080 万元给诺林公司作为投资绿波海景项目资本，若绿波海景项目需增加资本，何某无须再注资便可保持在绿波海景项目投资比例 6% 不变。随后双方又签订了多份《投资合作补充协议书》。最后，何某与诺林公司因资金款项产生争议，遂诉至法院。

本案中，法院经审理认为，首先，从双方的《投资合作协议书》来看，何某虽然投资的是诺林公司在海澄项目和绿波海景项目的股份，但其本质仍然是以资金投入的方式参与两个房地产项目的开发，故何某属两个项目的隐名参建方。其次，根据《最高人民法院关于审理涉及国有土地使用权合同纠纷案件适用法律问题的解释》第12条的规定，合作开发房地产合同，是指当事人订立的以提供出让土地使用权、资金等作为共同投资，共享利润、共担风险合作开发房地产为基本内容的协议。故共同出资是该类合同的前提条件，共享利润、共担风险是合作的必备要件。当事人共同出资合作的目的就是要对合作成果所带来的经济利益共同分享，与此相对应，对合作过程中以及合作的不利后果和风险也要共同承担，这也是民事权利义务相一致原则的内在要求和具体体现。具体到本案，双方于2004~2005年签订的《投资合作协议书》《投资合作补充协议书》《补充协议》表明，何某从最初无须承担项目成本增加的风险，到享有固定年8%的预支收益（以资金投入时间起算，从利润中扣除），再到年8%收益不计入利润。而至2006年1月25日签订《协议书》，双方不但对何某的投入资金进行了结算并再次确认了每年8%的收益，更进一步约定如遇不可抗力之天灾、人祸，或当地政府政策变化导致项目停止，或甲方法定代表人变更等，何某除可收回全部投资款外还额外增加享有投资金额10%的收益。上述一系列协议，虽未明确约定何某不承担风险，但体现了何某投资风险在逐步缩小而收益不断增加，且收益逐步与利润分离的过程，进而最终形成何某无须承担项目风险而享有固定收益的结果。根据《最高人民法院关于审理涉及国有土地使用权合同纠纷案件适用法律问题的解释》第23条的规定，合同约定提供资金的当事人不承担经营风险，只收取货币的，应当认定为借款合同，法院据此认定双方为民间借贷法律关系。①

律师提示

从以上法院判决我们可以看出，法院最终判定何某和诺林公司的资金款项性质属于借款而非投资款。在众多资金纠纷中，很多借款方为了免除己方的还款义务，往往以款项性质系投资款为由进行抗辩，如此一来，提供资金

① 参见中华人民共和国最高人民法院民事判决书，（2018）最高法民终799号。

一方的权利就极易受到侵害，为了防止入坑，当企业家作为提供资金的一方时需要如何做呢?

第一，明确投资行为和借贷行为的本质区别。投资的本质是共同投资，共享利润、共担风险。而借贷往往只是收取红利但是并不参与公司的经营和管理，其法律特征和投资有着本质的区别。因此，企业或企业家在提供资金时应当明确自身希望双方的关系是借贷关系还是投资关系。

第二，注意投资和借款约定内容不同。如果企业或企业家希望双方建立的是借贷关系，那么双方签订的合同就要明确借款期限，本金以及利息等信息，必要时可以要求对方提供担保，以保障债权的实现。一方面，要注意不要签订诸如投资协议、股权协议等证明投资关系的文件，否则可能带来不利后果。如果双方想建立的是合作投资协议，则需要明确投资的比例、股权及其权属、分红、合伙事务的执行以及入伙、退伙等事项。另一方面，不要在协议中约定"零风险""固定收益"等条款，否则很可能会被认定构成实质上的借贷关系。

第三，借贷关系或投资关系可以经双方协商予以变更。无论借贷关系还是投资关系并非一成不变，若双方最开始建立的是借贷关系，经双方协议可以变为投资关系，并可办理股权变更登记。同样，如果投资人之间协商一致，可以将投资款项变更为借款。

由于投资和借贷的分辨度较低，在法律实践当中，经常出现名为投资实为借贷的情形，为了避免不必要的纠纷，企业家在签订协议过程当中应格外注意两者区别。

● 法规速递

《最高人民法院关于审理涉及国有土地使用权合同纠纷案件适用法律问题的解释》

第十二条 本解释所称的合作开发房地产合同，是指当事人订立的以提供出让土地使用权、资金等作为共同投资，共享利润、共担风险合作开发房地产为基本内容的合同。

第二十三条 合作开发房地产合同约定提供资金的当事人不承担经营风险，只收取固定数额货币的，应当认定为借款合同。

27. 上市融资真是“香饽饽”吗

——企业上市融资的法律风险与防范

从会计的角度来看，企业其实只做了三件事：经营、投资和融资。所以，投融资对于企业来说至关重要。企业融资方式很多，包括不动产及动产抵押融资、品牌融资、增资扩股融资、上市融资、股权融资等，其中上市融资是很多大型企业较为熟悉且会选择的融资方式。上市融资与向银行贷款获得资金不同，企业上市能够拓宽融资渠道，多方筹集到大量社会资金，并直接转化为资本，且不用归还，故而广受企业家喜爱。但是上市融资中也存在很多不容忽视的法律风险，比如很多上市公司会出现财务造假等严重违反法律规定的行为。接下来，我们以案说法，看看企业上市融资究竟蕴藏怎样的法律风险。

● 以案说法

经中国证监会核准，银亚细科技历经千辛万苦于2009年10月30日在深圳证券交易所正式挂牌交易，获准公开发行股票人民币普通股（股票代码：300028）3700万股，募集资金净额人民币3.9186亿元。从表面上看，银亚细科技确实成功实现了上市融资，但事实情况并非如此，银亚细科技的董事长为使公司在A股顺利上市挂牌交易，以公司名义授意财务总监花某、销售经理郑某等人进行财务数据造假，并在不同场合以明示或暗示的方式要求公司其他部门员工予以协助配合。最终经鉴定，银亚细科技上市融资的财务申报包括营业收入、净利润、净资产在内的审批材料均存在作假情形。

法院经审理后认为，银亚细科技在招股说明书中隐瞒重要事实、编造重大虚假内容，发行股票，数额巨大，周某作为公司直接负责的主管人员，花某、郑某作为公司其他直接责任人员，其行为均已构成欺诈发行股票罪，判处罚金人民币 392 万元。银亚细科技作为依法负有信息披露义务的公司，在 2014 年年报披露中向股东和社会公众提供虚假的财务会计报告，情节严重，周某作为公司直接负责的主管人员，丁某作为公司其他直接责任人员，其行为均已构成违规披露重要信息罪。相关责任人员最终都被判处有期徒刑并处罚金。[①]

● 律师提示

上述银亚细科技的财务造假事件为准备上市融资的企业敲响了警钟。那么，为了避免出现类似的造假风波，作为企业家该如何规避这方面的风险呢？

一方面，要充分认识到上市融资的利与弊。上市对所有的企业来说，有利好的一面，其既可以改善公司财务状况，又可以增加公司美誉度。但是，企业上市提高了对公司的要求，特别是在合规和信息披露方面，随着上市规则由审批制逐步向备案制过渡，企业的信息披露责任不断加重。因此，并不建议公司在上市的过程中做一些违规的动作，比如上述案例中的财务造假，虚增利润，隐瞒重要信息等情形。面对国家严监管的大势，企业一旦被查出存在违规情形，将可能承受极大的负面影响。

很多企业家认为财务造假并不是很严重的事情，如果被发现，则“差错更正”一下即可，有如此想法的企业家必须转变思维方式，看一看康美药业因财务造假被罚 20 多亿元的案例就能明白这样的想法非常危险。国家对造假上市采取的是零容忍的态度，造假上市涉嫌构成欺诈发行股票罪，违规披露重要信息罪等众多罪名，如若被发现，企业很有可能面临的是退市。

另一方面，企业要合理地设置业绩目标。企业管理层在制定业绩目标时要保持理性和清醒的头脑，最好将企业过去的发展状况与现阶段的行业环境、国家政策等紧密结合起来综合制定，不可好高骛远，这样才会有效地规避管理层为了达到过高的业绩目标而不理智地选择舞弊作假的风险。

---

① 参见四川省成都市中级人民法院刑事判决书，(2020) 川 01 刑初 323 号。

上市融资确实能够很好地平衡企业资金和发展的矛盾，能使企业步入发展的快车道。但是企业家也要注意上市融资的风险防范，不能因为一时疏忽或者存在侥幸心理而落入万丈深渊。

法规速递

《中华人民共和国刑法》

第一百六十一条 依法负有信息披露义务的公司、企业向股东和社会公众提供虚假的或者隐瞒重要事实的财务会计报告，或者对依法应当披露的其他重要信息不按照规定披露，严重损害股东或者其他人利益，或者有其他严重情节的，对其直接负责的主管人员和其他直接责任人员，处五年以下有期徒刑或者拘役，并处或者单处罚金；情节特别严重的，处五年以上十年以下有期徒刑，并处罚金。

前款规定的公司、企业的控股股东、实际控制人实施或者组织、指使实施前款行为的，或者隐瞒相关事项导致前款规定的情形发生的，依照前款的规定处罚。

犯前款罪的控股股东、实际控制人是单位的，对单位判处罚金，并对其直接负责的主管人员和其他直接责任人员，依照第一款的规定处罚。

28. 火眼金睛识别“萝卜章”

——虚假印章的风险与防范

公司印章管理制度的构建对于企业发展至关重要，印章管理如果出现混乱，将会使公司面临交易风险，甚至承担重大责任。近期，多例“萝卜章”事件的爆发，不仅引起社会各界的广泛关注，也引发了企业家对印章管理规范的深思。那么，作为企业家，如何预防伪造的“萝卜章”出现？又如何识别合同相对方的印章是否属于“萝卜章”呢？接下来，我们以案说法，看看因“萝卜章”而使企业陷入风险时企业该如何有效应对。

● 以案说法

2020年年中，要说互联网行业最大的“瓜”，当属中国互联网巨头腾讯和中国国民辣酱业扛把子“老干妈”之间展开的一场跨界诉讼。2020年6月30日，腾讯向广东深圳南山法院起诉“老干妈”，称双方在2019年4月就QQ飞车手游联赛建立合作伙伴关系，“老干妈”在腾讯投放价值上千万元的广告，但没给任何广告费，腾讯认为“老干妈”拖欠其广告费，并申请查封“老干妈”名下财产1624万元。

随后，“老干妈”相关负责人作出回应，“‘老干妈’与腾讯之间没有任何商业合作，并已经向公安机关报案”。公安机关经过侦查，认定确实是三名不法人员伪造“老干妈”公司印章，冒充其工作人员与腾讯签订一份《联合市场推广合作协议》，而该三人的目的竟然是为获取腾讯公司在推广活动中配套赠送的网络游戏礼包码。

此事一经公开，引起轩然大波，腾讯也因此登上微博热搜榜第一名。一直以来，腾讯都被冠以“南山必胜客”的称号，诉讼案件胜诉率高达90%以上。2015年，腾讯与英雄联盟打官司，最终获得了3000余万元的赔偿；2018年起诉海外版“王者荣耀”，最终获赔了1940万元；2019年，“全民枪战”因与“穿越火线”相似，最终腾讯获赔4524万元……从2013年至今，腾讯就创下了29次胜诉的傲人成绩。因此，“南山必胜客”绝非浪得虚名。但是不管此前取得过多少傲人的成绩，这次的“神仙打架”确实是让广大网友大跌眼镜。

律师提示

在“老干妈”和腾讯“大战”中，“吃瓜”群众可谓大饱了一次口福，腾讯也因此成为全网的调侃对象，网称“逗鹅冤”。诚然，“吃瓜”“聊瓜”固然重要，但是开心之余也要思考“香瓜”背后所蕴藏的法律风险，腾讯为什么会突然被推上了舆论的风口浪尖，究其原因，跟“萝卜章”有很大的关系。那么企业家应采取怎样的防范措施才能识别“萝卜章”，以规避“萝卜章”风险呢?

一、明确判断“萝卜章”的方法

1. 看字体

国家对公章的字体有标准的要求，即其均必须在公安局指定的刻印社制作。对于境内一般的企业最常见的是宋体或者仿宋体，但情况并不绝对。

2. 看颜色

真的印章沾印泥、盖印然后再扫描，印泥的颜色经过扫描后从电脑上看一般来说呈现出深红的颜色，颜色看起来有不规则杂点。而电脑制作的假印章一般是非常均匀的红色，整个印章没有一点色差，也没有一点杂质和空白。

3. 看形状

看字的形状和周围圆圈的形状。首先是看字，无论是圆形还是椭圆形的印章，每个字单独看都是规规矩矩的长方形，不可能扭曲或者上面宽下面窄呈梯形。其次是看印章周围圆圈的形状，这个圆圈是有一定宽度的，并且仔细看边缘（包括印章上字的边缘），有一些小缺口、小棱角或者小空白。电脑直接制作的印章就没有这些问题。

4. 看角度

看盖章的角度，真的印章盖章的时候把章盖得很正，但总会出现一点点偏差，特别是圆形的印章更不好把握。但电脑制作印章时默认情况下是正的。

5. 看位置

看看公章是盖在协议的空白处，还是盖在文字上。一般而言，真印章都盖在公司名称上，而制作粗劣的假印章都喜欢盖在空白处，但是制作水平高一些的假印章为了看起来更真，也会盖在文字上。印章上的字和纸上印刷的字重合的地方，如果是真印章即使重合了，后面的文字还是可以透过油墨显示出来，但电脑制作的假印章，就会完全挡住下面的文字。

6. 辨别假公章的其他方法

实践中，很多时候我们无法从肉眼看出真假，那除了以上的观察方法，还有其他方法可以尽量避免风险的发生吗？当然有的，以下几点措施也可以用来防范交易对手使用“萝卜章”，降低合同无效的概率，保障合同己方的合法权益：

（1）加盖单位名称章，拒绝加盖专用章。建议企业在签订合同时，如果能够加盖单位名称章，则尽量拒绝各种专用章。因为经过公安机关备案的单位名称章只有一枚，发生争议后能够鉴定的可能性比较大。而各种专用章首先可能有多枚，其次未必备案，难以找到比对样本。

（2）选择签订地点。通过签订地点来防范“萝卜章”，也就是要去合同相对方的实际经营地签订合同。一方面，可以实地考察公司的履约能力，是否为“皮包公司”，公司规模如何等；另一方面，可以有效避免对方使用“萝卜章”，尤其是当公司比较正规，有专门部门负责签约审核工作时，则能更好地避免风险发生。

二、确保在“真人萝卜章”情形下的合同效力可采取的措施

印章的真假很难有效识别，故用印环节确保真人很重要。在无法验证印章真伪的情况下，为了确保在“真人萝卜章”情形下的合同效力，大家应当采取下列措施保证合同效力：

1. 确定签约人的身份及职位。可要求对方出示身份证证明其身份，工作

证件、名片等证据证明其职位。如果在其办公室签约，也需要留意办公环境，座位名牌等，对于非常重要的合同，甚至可以要求对方提供证明劳动关系的相关证据等，以确保合同效力。

2. 确定公司对签约人的授权范围。如果是非法定代表人签署合同，我们必须要求签约人提供授权委托书，以证明其是具有代理权的授权签约人。尽管授权委托书也可能是伪造的，但操作此步骤可以用作证明己方善意没有过失。

3. 对签约过程及环境拍照、录像。对于非常重要的合同，在签订合同的过程中，我们可以保留好相关证据，将用印过程进行拍照录像，以证明该人员是在履行工作职责时用印章的。如果是在对方单位签署，也可以对环境进行拍摄，这在一定程度上也可以证明自己尽到了审慎义务。

4. 增加法定代表人签字。除加盖公章外，应优先考虑增加法定代表人签字。因为法定代表人有双重身份，他是法人单位实际控制人意志的体现，在以单位名义签订合同这一行为中，法定代表人在法律意义上并非仅仅是一个自然人，其代表法人行使职权，体现法人的意思，以法人名义对外作出的行为理所当然应由法人承担责任。所以可以有效抗衡“萝卜章”。

纵观众多企业发展历程，或多或少都遭受过“萝卜章”的侵害，就连风控做得极好的银行业也遭遇了不少“假公章”诈骗事件。因此企业家要防微杜渐，谨防“萝卜章”损害公司利益。

法规速递

《全国法院民商事审判工作会议纪要》

41. 【盖章行为的法律效力】司法实践中，有些公司有意刻制两套甚至多套公章，有的法定代表人或者代理人甚至私刻公章，订立合同时恶意加盖非备案的公章或者假公章，发生纠纷后法人以加盖的是假公章为由否定合同效力的情形并不鲜见。人民法院在审理案件时，应当主要审查签约人于盖章之时有无代表权或者代理权，从而根据代表或者代理的相关规则来确定合同的效力。

法定代表人或者其授权之人在合同上加盖法人公章的行为，表明其是以法人名义签订合同，除《公司法》第16条等法律对其职权有特别规定的情形外，应当由法人承担相应的法律后果。法人以法定代表人事后已无代表权、加盖的是假章、所盖之章与备案公章不一致等为由否定合同效力的，人民法院不予支持。

代理人以被代理人名义签订合同，要取得合法授权。代理人取得合法授权后，以被代理人名义签订的合同，应当由被代理人承担责任。被代理人以代理人事后已无代理权、加盖的是假章、所盖之章与备案公章不一致等为由否定合同效力的，人民法院不予支持。

29. 欠债的是“老大”?

——对坏账、呆账说再见

企业是否有良好的经营状态与每个企业家息息相关，企业在经营中通常会产生应收账款。如果企业家在与他人合作时选人不当或合作协议签订不规范抑或企业内部权责不明确等，都有可能给企业带来呆账、坏账或其他资金损失。因此，企业家在选择合作伙伴、签订合作协议以及管理公司时都应当十分谨慎，否则就极有可能导致合作风险和企业损失风险的发生。接下来，我们以案说法，看看企业家齐总因选择合作伙伴不慎而遇到的风险。

• 以案说法

A公司是某知名大型商场的管理方，为顺应时代潮流，需要做商场整体业态调整。A公司负责人齐总通过朋友介绍认识了赖老板，赖老板能说会道，且派头十足，齐总对其能力深信不疑，故将商场一楼全部交给赖老板的公司进行整体业态改造，并将赖老板任命为市场部负责人。然而，赖老板却利用该大型商场的知名品牌及良好口碑，以商场市场部总经理的名义对外签订多份协议，但是却不履行与A公司的合作协议，导致A公司大量应收账款无法回收。齐总多次与赖总交涉，但效果并不理想。齐总向律师咨询后准备进行诉讼，在律师的帮助下齐总调查了赖老板的信用情况，通过查询资料，齐总才知道早在签约之前，赖老板就已经有不少类似的诉讼，从法院判例即可看出赖老板是“惯犯”。

打官司是个漫长复杂的过程，即使胜诉最终也可能会面临执行难的问题，A公司只能叫苦不迭，悔不当初。

● 律师提示

上述案例中的企业家齐总在签约前没有提前调查对方的信用情况是导致公司产生坏账、呆账的重要原因之一。那么为了避免企业家重蹈覆辙，该采取怎样的措施才能预防合作风险进而防止坏账的产生呢?

一、选好签约对象很重要，注意审查合同相对方的资信

如果不注意审查签约对象是否靠谱，很可能会导致企业遭受经济损失，严重时会影响企业的正常运转，甚至导致企业的全面亏损或破产。另外，对于重要的合同，在履约过程中也要持续关注对方的经营状况、财务状况，及时掌握对方的资信变化。企业家具体可参考如下审查方法:

1. 通过企查查、天眼查、启信宝等第三方数据平台查询，全面了解签约对象所关联的企业状况。在上述平台可以查询到企业工商信息、信用决策报告、法律诉讼、经营状况、经营风险、企业年报、知识产权等信息，从而帮助我们判断对方的财务及信用状况。

2. 通过中国裁判文书网等查询涉诉情况，查看案件具体内容，从而更清晰了解合作对象的具体情况。

3. 通过中国执行信息公开网等，查询对方是否是失信被执行人，也就是查看对方是否是“老赖”。

二、签订规范的书面合同很重要

合作对象选择对了，不代表风险就没有了，还需要白纸黑字（签订合同）确定具体合作内容。合同中需要明确当事人名称、标的、数量、质量、价款、双方权利义务、违约责任等内容，这样一方面有利于双方顺利履行合同，另一方面一旦发生纠纷，有利于明确违约责任，便于守约方维权追责。

三、确定好部门职责，做好应收账款的管理工作

1. 确定部门职责，公司销售部门和财务部门之间需要确定权责，做好应收账款对接工作。

在日常的法律实践过程中，有部分企业是因为销售部与财务部没有顺畅沟通才造成大量坏账、呆账的产生。销售部为了完成销售额通常会给合同相

对方较好的信用评价，而财务部门只负责应收账款的账务处理，双方很少沟通应收账款情况，也较少评估客户对订单的履约能力，最终导致应收账款大量产生。所以，加强销售部门与财务部门之间信息交流非常重要。

2. 做好应收账款日常管理工作。

确定好权责之后，还需要明确应收账款的日常管理工作，包括制定客户信用标准，建立客户档案并定期评价客户的信用状态。销售部与财务部定期进行应收账款信息交流，对应收账款制定最佳回收方案。这样可以有效管控应收账款，防止坏账、呆账的产生。

综上，为防范企业风险，企业家在对企业进行经营管理时，首先，要选对合作伙伴，避免与“老赖”合作；其次，要签订规范的书面合作协议，权利义务需约定明确；最后，要注重企业内部管理，明确各部门权责。如此才能尽可能地对坏账、呆账说再见。

30. 证据确凿，却惨遭败诉？

——超过诉讼时效维权的法律风险

企业经营发展过程中，企业或企业家作为债权人，常常由于疏忽或轻信承诺等，迟迟不向债务人主张权利，等到双方关系破裂，拿起法律武器维护权益时，却发现诉讼时效已过。那么，为什么证据确凿的请求，却不被法律所支持呢？这要源于法律规定的“诉讼时效制度”。所谓“诉讼时效制度”，顾名思义，是指民事权利受到侵害的权利人，如果在法定期间内不行使权利，就丧失了请求人民法院强制义务人履行义务的制度。接下来，我们以案说法，来探究“诉讼时效制度”对企业及企业家的影响。

● 以案说法

A公司与B公司于2008年3月21日签订磁粉探伤机的《购销合同》，合同约定：A公司销售B公司磁粉探伤机一台，总金额58,000元，B公司应在设备安装调试结束时先付90%货款，余款10%的质保金于6个月内付清。合同签订后，A公司于2008年4月将磁粉探伤机送货到B公司处并安装调试结束，B公司支付90%货款，双方约定质保期一年，B公司应于2009年4月支付余款10%的质保金。2012年9月25日，A公司向B公司寄送律师函一份，B公司于2012年9月26日签收该律师函，但B公司拒不支付余款。A公司向法院提起诉讼，主张要求B公司支付剩余货款及利息。B公司主张A公司的起诉已超过诉讼时效，请求驳回A公司的诉讼请求。法院支持B公司的主张，即B公司有权不支付剩余货款及利息。

• 律师提示

本案中，原本属于A公司的货款权利为什么得不到法院支持呢？原因在于A公司忽略了“诉讼时效”的重要性。双方一致认可设备安装调试结束时间为2009年4月，故所余10%质保金应于2009年4月前付清，A公司主张货款的诉讼时效应当自2009年5月1日起计算二年（现已修订为“三年”），即诉讼时效至2011年4月底届满。且A公司未能提交证据证明，其在上述期间内向B公司主张过货款，因此B公司主张不支付剩余货款及利息于法有据。但凡A公司在2009年5月1日至2011年4月30日积极主张权利，采用合理的方式催要货款，就会发生诉讼时效中断（诉讼时效重新计算）的情形，但由于其忽略了诉讼时效的重要性才导致自身权利受损。

每个企业家在企业经营过程中，都会面临应收账款的催收问题，要想快速便捷地收回应收款，诉讼时效制度不可忽视，应重点关注如下问题：

1. 需在诉讼时效期间内积极主张自己的权利。现行法律明确规定向人民法院请求保护民事权利的诉讼时效期间为3年，法律另有规定的，依照其规定。因此权利人应当在法律规定的时效范围内积极主张自己的权利，如果躺在权利上睡觉，最终将使己方陷入不利境地。如果A公司能在诉讼时效内积极向B公司主张权利，则其收回全部货款的可能性将大大增加。

2. 善用诉讼时效中断制度。《民法典》规定：符合特定情形，可以引起诉讼时效中断，从中断、有关程序终结时起，诉讼时效期间重新计算。诉讼时效的中断并没有阻止我们维权，相反使已经经过的诉讼时效重新计算，因此活用诉讼时效的中断制度可以使我们变被动为主动，更有效地维护权利。那如何才能使诉讼时效中断呢？具体可以采取以下措施：

（1）要求债务人偿还债务。比如向义务人发送要求履行的书面材料，也可以通过短信，微信，电子邮件等要求义务人履行，并保留相关证据。如果找不到义务人，也可以在国家或者义务人住所地的省级报纸上发布公告等。

（2）通过诉讼或者申请仲裁的方式积极行权，其也会产生诉讼时效中断的后果。

法律不保护躺在权利上睡觉的人，企业或企业家拥有合法债权时，应当尽快向债务人主张，否则不仅可能面临已过诉讼时效的问题，还有可能发生债务人偿债能力下降，企业的债权无法得到清偿的风险。

● 法规速递

《中华人民共和国民法典》

第一百八十八条 向人民法院请求保护民事权利的诉讼时效期间为三年。法律另有规定的，依照其规定。

诉讼时效期间自权利人知道或者应当知道权利受到损害以及义务人之日起计算。法律另有规定的，依照其规定。但是，自权利受到损害之日起超过二十年的，人民法院不予保护，有特殊情况的，人民法院可以根据权利人的申请决定延长。

第一百九十五条 有下列情形之一的，诉讼时效中断，从中断、有关程序终结时起，诉讼时效期间重新计算：

（一）权利人向义务人提出履行请求；

（二）义务人同意履行义务；

（三）权利人提起诉讼或者申请仲裁；

（四）与提起诉讼或者申请仲裁具有同等效力的其他情形。

31. 别人取财你来消灾

——公司担保的法律风险与防范

提及担保，相信很多人都不陌生，无论是作为担保人还是被担保人，在民商事交易日趋复杂和频繁的今天，公司都不可避免地要和担保打交道。很多企业由于缺乏专业的法务团队或管理层的经营风险意识不够强，常常会出现随意以公司名义为他人提供担保，最终导致公司破产的情况。更有甚者，部分企业家或者高管在未召开公司股东会的情况下，擅自越权以公司名义为他人提供担保，致使公司被动成为担保人，最终债务人套钱跑路，公司却还要替其消灾。接下来，我们以案说法，看看公司为他人提供担保时究竟蕴藏多大的风险？

• 以案说法

某钢铁公司在拿到政府批准的工业用地，准备扩建工厂的时候，发现公司的账户被冻结，且厂房设备也被查封了。公司知晓情况后，马上派人去查原因，发现原来是自己公司为另一公司提供了担保，另一公司因到期无法清偿银行的债务，银行将债务人和担保人都诉至法院，并对贷款人和担保人的财产都采取了保全措施。公司很多人都“丈二和尚摸不着头脑”，公司什么时候对外提供担保了？原来是法定代表人王某在去年同学聚会的时候遇到了初恋情人刘某，刘某自己也是一家公司（本案例中的另一公司）的法定代表人，二人追忆往昔的时候也不忘展望未来，为双方长期友好合作进行了持久深入的洽谈，末了，刘某称自己的公司准备向银行贷款，希望王某公司可以为自己公司提供担保。碍于情面，王某不好意思拒绝，于是当场就答应了下来，翌日拿到钢铁公司同意担保的股东会决议后，就在担保合同上盖上公司公章。怎么回事？王某一个人就能形成股东会决议吗？原来公司并未召开股东会，是王某擅自模仿股东们的笔迹形成了股东会决议。所以，当债权人诉至法院的时候，王某辩称担保合同无效，钢铁公司不应当承担责任。但是法院最终判决，王某虽然超越代表权限以公司名义与其他公司及其债权人订立担保合同，但另一公司和债权人都是善意的，担保合同对钢铁公司发生效力，钢铁公司需要承担担保责任（不过事后可以向王某追偿）。

● 律师提示

本案中钢铁公司属于典型的“没有拿人钱财却替人消灾（担保）”的代表。担保制度是我国重要的法律制度之一，其地位之关键毋庸置疑，但是其也存在多重法律风险，企业家们不得不引起重视。因此，在民商事法律实践中，企业一定要明确是否有必要为其他主体提供担保，如非必须，为了避免不必要的损失，建议企业不要为他人提供担保。如果确有必要提供担保的，应明确所担保主债务的条件是否合理，且需确保担保额度在自身可以承受的范围内。但如果出现上述案件中公司内部人员越权担保的情形时，公司又该采取何种法律措施进行防范呢？

首先，公司须完善关于担保的制度和流程、检查和监督等内控制度，特别是公章的管理、使用及记录。其次，还要建立故意或者重大过失越权代表的责任追究制度，明确恶意行为的法律责任。最后，公司在章程中可以明确担保事项的决策程序和有权决策机构；明确关联方回避表决的制度等，如此可最大限度地防范道德风险，避免公司轻易被“负债”。关于担保问题，企业家还需注意以下事项：

1. 认识到担保分为对内担保和对外担保。

根据《公司法》第 16 条的规定，公司向其他企业投资或者为他人提供担保，依照公司章程的规定，由董事会或者股东会、股东大会决议；而公司为公司股东或者实际控制人提供担保的，必须经股东会或者股东大会决议，被担保的股东和受被担保的实际控制人支配的股东不得参加表决。本条前半部分规定的是对外担保，后半部分规定的是对内担保。对内担保和对外担保的程序显然不一样，所以，企业要明晰二者的区别，如果混淆了二者，可能会导致决议的不成立或者无效。

2. 如果有可能，尽量将保证方式约定为一般保证，如此便可行使先诉抗辩权。

《民法典》生效前，《担保法》（已失效）规定，保证合同对保证方式没有约定或者约定不明确时，保证方式推定为连带保证。但《民法典》生效后，明确将此种情形推定为一般保证。相对于连带保证，一般保证的保证人享有先诉抗辩权，即主合同纠纷未经审判或仲裁，并就债务人财产依法强制执行仍然不能履行债务前，保证人对债权人可以拒绝承担保证责任。因此，企业家如确有需要提供保证的，要慎重约定保证方式。此外，虽然未约定保证方式会被推定为一般保证，但是为了避免后期产生不必要的纠纷以及降低风险，最好在签订保证合同时就明确保证方式是一般保证，这样可最大限度地保障自身的权利。

3. 善于行使债务人的抗辩权。

根据《民法典》第701条的规定，保证人可以主张债务人对债权人的抗辩。债务人放弃抗辩的，保证人仍有权向债权人主张抗辩。此处的抗辩权是指保证人有权根据法律规定对抗债权人行使权利的权利。保证人可以找出理由抗辩债权是否存在、是否存在瑕疵及是否已过诉讼时效等，从而免除或者减轻自己的保证责任。

综上，企业或企业家切莫碍于人情往来，随意为他人提供担保，否则企业将一步步陷入困境，届时悔亦晚矣。只有手握防坑指南，小心谨慎才能基业长青，驶得万年船。

• 法规速递

《中华人民共和国民法典》

第一百七十一条第一款 行为人没有代理权、超越代理权或者代理权终止后，仍然实施代理行为，未经被代理人追认的，对被代理人不发生效力。

第七百零一条 保证人可以主张债务人对债权人的抗辩。债务人放弃抗辩的，保证人仍有权向债权人主张抗辩。

《中华人民共和国公司法》

第十六条 公司向其他企业投资或者为他人提供担保，依照公司章程的规定，由董事会或者股东会、股东大会决议；公司章程对投资或者担保的总额及单项投资或者担保的数额有限额规定的，不得超过规定的限额。

公司为公司股东或者实际控制人提供担保的，必须经股东会或者股东大会决议。

前款规定的股东或者受前款规定的实际控制人支配的股东，不得参加前款规定事项的表决。该项表决由出席会议的其他股东所持表决权的过半数通过。

32. 投资有风险，入股需谨慎

——企业家投资入股的风险与防范

合伙投资是商业中的常见现象，企业家看中标的公司，大额投资的情况并不少见。投资入股对于长期理财，增强资本的流动性等而言确实大有裨益，但是在商事实践中，很多企业家对投资入股的想法过于简单，认为无非是看中一家公司、投入些资金、之后定期获得利润或分红即可。但是事实情况并非如此，法律实践当中，投资款被挪用、支付投资款未获得股东资格等情况比比皆是，更有甚者，对入股之前公司债务承担责任等情形也层出不穷，教训不可谓不惨痛。接下来，我们以案说法，看看企业家盲目投资入股会面临怎样的法律风险？

● 以案说法

2017 年，企业家马某某与云南某公司及公司现股东签订《增资扩股协议书》（以下简称协议书），协议约定，“（1）马某某投资 200 万元占股 2.5%；（2）云南某公司在收到投资款 1 个月后，马某某和云南某公司应共同召开公司股东会会议，修改公司章程等；（3）决议作出 7 个工作日内，云南某公司应依法办理工商变更登记手续；（4）任何一方发生违约行为并在 15 日内不予更正，守约方有权单方解除本协议”。协议签订后，马某某如约支付 200 万元投资款，但云南某公司一直未办理工商变更登记，马某某便一直未获得股东资格，亦未曾参与公司经营管理，更别说获得股东分红。

2018 年，马某某提起一审诉讼，要求解除协议书并返还投资款。但一审法院却判决原告败诉，认为办理工商变更登记的前提是马某某和云南某公司共同召开股东会，马某某未提议召开股东会，故法院认定云南某公司不召开股东会不构成违约，故原告不具有解除权。后马某某提起上诉，二审法院在查明事实的基础上，依法撤销一审判决，改判解除协议，并要求云南某公司退还马某某投资款200万元。

● 律师提示

上述真实案例中，我们能看到企业家马某某作为投资者严格履行了协议约定，如约支付了投资款，但是整整5年时间，不仅未获得股东资格，更未取得股东分红，反而需承担诉讼成本，不得不以诉讼的方式维护己方的合法权益。企业家马某某投资失败的案例为其他企业家敲响了警钟。前事不忘，后事之师，企业家在入股投资一家公司时，需注意哪些事项呢?

1. 决定入股前，需严格考察公司情况，最好聘请专业人员对公司实际经营情况、财务状况、是否负债等进行尽职调查。

入股之前，需要弄清楚这家公司管理机构的设置、财务状况、盈利状况、经营状况、对外负债；公司有无违法经营或者有无应付的行政处罚款项；公司有无正在诉讼或者正在被强制执行的案件等。如果这些问题未调查清楚，入股将存在非常大的风险。

2. 签订入股协议，需注意条款约定清晰，投资方与目标公司各自权利义务约定清楚，避免出现约定不清难以追责的情况。

投资协议条款不同于其他日常合同条款，需注意结合《公司法》相关规定予以拟定。尤其要对目标公司变更股东资格，给予股东参与公司经营管理、股东分红权利等约定明确时限；如目标公司不履行义务，协议中还需具备“投资者退出机制”等条款。上述案例中，即因投资协议对于目标公司与投资者义务约定不明，法院错将召开目标公司股东会的义务加于股东身上，才导致企业家股东马某某一审败诉。此外，协议签订后，应尽快办理相关变更登记手续，确定自己的股东身份，并根据实际情况参与公司经营管理，即使不参与公司经营管理，亦应行使股东知情权，了解公司经营情况。

3. 入股之后，应了解公司经营管理情况，要求利润分配，积极取得投资收益，规避投资风险。

法律实践当中经常会出现投资者入股投资之后，数年未获得利润、分红，也无法知悉公司经营情况，投资收益未能保障的情况。为避免发生这种情况，在入股协议签订、股东资格取得之后，企业家应尽可能参与公司经营管理，了解公司实际财务状况，参与公司股东会议，及时把握公司动态；如遇到公司经营财务状况良好，恶意侵犯股东分红权益等情况时，要及时与公司交涉，或依法提起股东知情权、分红权等诉讼，以维护股东权益。

综上，企业家在入股前、中、后都需要对公司的情况进行详细了解，签订入股协议也需明确双方权利义务，如此方能小心驶得万年船，并能最大限度地规避投资入股中的法律风险。

法规速递

《中华人民共和国公司法》

第三条 公司是企业法人，有独立的法人财产，享有法人财产权。公司以其全部财产对公司的债务承担责任。

有限责任公司的股东以其认缴的出资额为限对公司承担责任；股份有限公司的股东以其认购的股份为限对公司承担责任。

第二十八条 股东应当按期足额缴纳公司章程中规定的各自所认缴的出资额。股东以货币出资的，应当将货币出资足额存入有限责任公司在银行开设的账户；以非货币财产出资的，应当依法办理其财产权的转移手续。

股东不按照前款规定缴纳出资的，除应当向公司足额缴纳外，还应当向已按期足额缴纳出资的股东承担违约责任。

33. 心急吃不了热豆腐

——企业还未成立就对外经营的法律风险

在企业家与他人合伙创业时，很多都存在“一年合伙，两年红火，三年散伙”的情形，在合伙之初若对许多问题未予充分考虑的话，当涉及彼此之间的利益分配和风险责任分摊时，就会出现很多矛盾，从而严重影响企业的生存。如企业未经工商注册就匆匆对外营业，合伙人将面临许多法律风险。接下来，我们以案说法，看看案例中的合伙人仓促装修营业将面临什么样的法律风险。

● 以案说法

2020 年 9 月 26 日，音符公司与王某、赵某、李某经过充分协商，准备合伙经营一家音乐类餐厅，并于当日签订《合伙协议》。协议约定：音符公司出资 83.2 万元，占比 52%；王某出资 28.8 万元，占比 18%；赵某出资 24 万元，占比 15%；李某出资 24 万元，占比 15%。四人的出资款于 2020 年 9 月 30 日前交至赵某账户，音符公司按时支付完成出资，其他三人未足额支付出资。《合伙协议》签订后，经全体合伙人同意对选址经营的场地进行了原内部装修的拆除，音符公司为购买灯光舞台设备支出 24 万元。音乐餐厅目前仍未进行工商注册，四名合伙人即将设备投入运营，但因四名合伙人经营理念产生分歧，在试运营阶段，分歧越来越大，致使经营停滞不前。音符公司认为无法继续合伙经营音乐餐厅，于是将赵某、李某、王某诉至法院，要求按比例返还其投资款及为灯光设备支出的款项。

法院经审理后认为，本案中，音符公司与王某、赵某、李某在前期共同经营合伙事务，但后期产生纠纷，虽然音符公司主张其按比例承担了部分费用，但对于经营场所的改造、购买灯光设备费用以及支出等合伙体的支出及债务，各方并未达成一致意见，无法确定损失数额也无法确定各合伙人应当承担的损失数额。因此，音符公司的诉讼请求，不予支持。其可与其他合伙人先行协商，待确定是否退伙后进行清算，如各方仍对损失无法达成一致，可另行提起诉讼。法院最终判决：驳回音符公司诉讼请求。[①]

律师提示

正如上述案例，音乐餐厅还未正式进行工商注册，四个合伙人就仓促对经营场所进行装修，为此花费大额装修费，合伙人音符公司也匆匆花大价钱置办灯光舞台设备，并对外试营业。虽然采用这种模式可能有利于抓住商机、取得共赢，但处理不好，就会导致种种隐患爆发。对此，企业家需要注意以下几点：

一、及时向公司登记机关申请办理注册登记

根据法律规定，设立公司，应依法向公司登记机关申请设立登记。因此，企业要依法依规及时办理注册登记，领取营业执照，特别行业需要办理行政许可的，要及时办理，切勿因小失大。况且，公司未成立，连基本的营业执照都没有，这将导致公司无法取得客户的信任，从而影响公司正常业务的开展。如果在公司申办期间必须从事经营活动，则可以个人名义承揽业务，待公司成立后再将业务转予公司。

二、聘请专业人士拟订设立协议

企业正式成立前，应当规范合伙协议、各项制度，这样既能使大家不伤感情，避免纠纷发生，也能使企业顺利地发展壮大。这一阶段可以聘请专业人士拟定设立协议，尤其将设立人的出资数额、出资比例、出资方式、出资的缴付期限、所占股权比例、股权的转让规定、设立人在设立过程中的权利和义务、公司设立不成时的费用承担、设立人保密条款、设立人协商确定的约束股东特定行为的条款等明确清楚，从而避免因缺乏矛盾解决机制导致各

① 参见山东省青岛市中级人民法院民事判决书，（2021）鲁02民终11126号。

方争执不断的情况发生。

综上，公司还未成立即对外经营，虽有抓住商机、取得共赢的可能，但也风险重重，一旦处理不好，就会导致种种隐患爆发。因此，企业家在创办企业准备经营前，需要聘请专业人士拟定设立协议并及时办理注册登记。切记，商场如战场，走好每一步至关重要。

● 法规速递

《中华人民共和国公司法》

第六条第一款 设立公司，应当依法向公司登记机关申请设立登记……

34. 表见代理不是“窦娥冤”

——企业被表见代理的法律风险与防范

签订合同不仅是商事交易中的常见现象，也是一种重要的民事法律行为。从法律实践来看，因为合同签订引起的纠纷数不胜数，其中就包括因为表见代理而引起的诉讼和争议。表见代理指的是行为人无代理权，仍然实施代理行为，相对人有理由相信行为人有代理权的，代理行为有效。该制度的目的在于保护相对人的利益，维护交易安全。如果应当履行注意义务的本人怠于依诚实信用原则履行其注意义务，则其需承担不利后果。接下来，我们以案说法，看看表见代理会给企业带来哪些风险。

以案说法

张某自称是北京某建设公司的地区负责人，在与哈尔滨某钢材公司洽谈业务时，使用北京某建设公司公章（经鉴定该公章归属于该公司）与哈尔滨某钢材公司签订合作经营协议，约定哈尔滨某钢材公司垫付资金购买钢材，向上海某房地产开发公司在哈尔滨的工程现场供货，所得利润五五分成。合同签订后，哈尔滨某钢材公司即依约供货。北京某建设公司的哈尔滨地区经理蒋某在工程现场签收货物。后由于未收到合同约定的货款及利润，哈尔滨某钢材公司申请仲裁，请求北京某建设公司支付货款及利润。北京某建设公司辩称：张某并不是其公司人员，合同上加盖公章不是公司行为，张某行为与公司无关。

本案中，张某的行为符合《合同法》第49条（现为《民法典》第172条）规定的表见代理客观方面的特征，且哈尔滨某钢材公司相信张某有代理权是善意、无过失的，故构成表见代理。北京某建设公司虽对张某是公司工作人员提出异议，但未提供证据证明张某使用公司公章不是公司意思表示。结合以上事实，仲裁庭裁决北京某建设公司依据合同约定向哈尔滨市某钢材公司支付货款及利润。

● 律师提示

上述案例就是表见代理的典型情形，企业因为没有履行足够的注意义务，也未提供证据证明张某使用公司公章不是公司意思表示，因此被裁决支付货款及利润。企业为了避免在商事活动中被“无辜”地表见代理，需要采取怎样的防范措施呢？

一、完善公司的公章管理制度

企业的公章至关重要，对外代表公司的意志。本文案例中公司最终需要为张某“背锅”的一个重要原因是公司公章被张某利用而导致相对方善意无过失地相信张某是有代理权的人。因此企业应当建立严格完善的公章管理制度，谨防出现公章丢失，被盗用、滥用等情形。

二、有效告知合同相对方

本案中，北京某建设公司抗辩说张某并不是其公司人员，很有可能是张某进行表见代理时已从公司离职，但是该公司并未对离职后的情况进行妥善管理才导致被表见代理。前事不忘后事之师，当本公司能接触到客户的员工离职后，公司需要书面告知客户负责其业务的员工已经离职的情况，并需要回收该员工手上加盖有公司公章的空白合同等，并引荐新员工接替工作，同时需要保留好相关证据。

企业家在商事交易过程中，除了要加强对合作相对方的主体资格调查、签约人的签约资格及相对方的履约能力等以外，还要注重加强本公司的内控制度，比如公章管理制度，人员离职制度，如此才能将表见代理的风险降到最低。

● 法规速递

《中华人民共和国民法典》

第一百七十二条 行为人没有代理权、超越代理权或者代理权终止后，仍然实施代理行为，相对人有理由相信行为人有代理权的，代理行为有效。

35. 擦亮双眼，识别违约金“套路”

——企业如何跳出天价违约金陷阱

违约金由于具有保障债务履行，补偿无过错方而惩罚违约方等功能，在合同签订过程中被广泛使用。因此，企业家对合同中的违约金条款应该并不陌生。但是商事实践过程中，出于对交易相对方地位以及商业机会获取等因素的考量，企业家在公司的业务开展过程中，可能会被动接受不合理的违约金条款，进而掉进天价违约金的陷阱。接下来，我们以案说法，看看不合理的违约金条款的设置会给企业家带来何种法律风险。

• 以案说法

甲与乙订有一份《材料供货合同》，约定由甲向乙供应建设工程所需材料，合同另约定，若乙逾期向甲支付货款，则应当承担全部货款日千分之五的违约金，乙签订合同时自认为自己不会违约，因此，对违约金条款并未在意。合同生效后，甲如约向乙交付价值100万元的材料，但乙仅陆续支付材料款50万元，剩下50万元因资金周转不开逾期未支付。甲认为乙严重违约，便一纸诉状将乙告至法庭，要求乙支付材料款50万元和违约金100万元！乙大吃一惊，合同签订时，他对违约金的具体金额并未太在意，不料一年不到的时间，竟然变得和合同总价款一样多！显然，乙掉入了天价违约金陷阱，于是其向法官主张违约金不合理，要求减少违约金。

那法官是否会支持乙的主张呢？根据《民法典》合同编第585条的规定可以看出，人民法院或者仲裁机构可以在考量各种因素的基础上对违约金进行调整。违约金虽然具有补偿性和惩罚性双重性质，但以补偿性为主，以填补守约方的损失为主要功能，而不以严厉惩罚违约方为目的。过高的违约金可能与公平原则存在冲突，在某些情况下还存在诱发道德风险的可能，甚至会使违约金条款异化成为一方压榨另一方的工具。本案中，乙在不到一年的时间里，违约金的金额竟然达到合同总价款的程度，如果不允许对该违约金金额进行调整，对乙来说明显不公平，不利于市场健康发展。

● 律师提示

在如上案例中，虽然乙在签约之初并没有识别出违约金陷阱，但是因为其主动向法官请求调整违约金数额，而法官也在结合客观情况后减少了违约金的赔偿额，可谓是亡羊补牢，尚为时不晚。但是否所有的法官都会对不合理的违约金进行调整呢？其实并不然。所以为了避免被合同签约当事人“套路”，企业家需要注意以下几点：

第一，明确《民法典》对于支持减少违约金是附条件的。只有当合同约定的违约金过分高于守约方的实际损失时，才应当对违约金进行调整。那么，什么情况下构成“过高”呢？根据《全国法院贯彻实施民法典工作会议纪要》的规定，一般超过损失30%的，可以被认定为“过分高于造成的损失”。虽然违约金过高的认定标准一般为超过损失30%，但法院在适用过程中并非一律机械地适用，其会根据合同已经履行的情况、双方的过错、相对方履行合同可获得的利益等实际情况的不同，判定酌情减少违约金的数额也会有所不同。

第二，企业家在签订合同时，要对违约金的金额有所估算，以防陷入他人的圈套。在约定违约条款时，尽量约定清楚一方违约后向另一方赔偿损失的计算方法，以避免双方无法确定具体违约金。

第三，企业家作为违约方要及时向法院主张调整违约金的数额。如果企业家在签订合同时不小心掉入了违约金陷阱，应及时向法院主张对违约金数额进行调整，如果不主动主张则法院极有可能不会主动调整，如此便造成难以挽回的损失且只能按照合同约定的高额违约金计算。

在商事交易过程中，企业家要对合同中的违约金条款慎之又慎，不可大意疏忽掉入天价违约金陷阱。

法规速递

《中华人民共和国民法典》

第五百八十五条 当事人可以约定一方违约时应当根据违约情况向对方支付一定数额的违约金，也可以约定因违约产生的损失赔偿额的计算方法。

约定的违约金低于造成的损失的，人民法院或者仲裁机构可以根据当事人的请求予以增加；约定的违约金过分高于造成的损失的，人民法院或者仲裁机构可以根据当事人的请求予以适当减少。

当事人就迟延履行约定违约金的，违约方支付违约金后，还应当履行债务。

《全国法院贯彻实施民法典工作会议纪要》

11. 民法典第五百八十五条第二款规定的损失范围应当按照民法典第五百八十四条规定确定，包括合同履行后可以获得的利益，但不得超过违约一方订立合同时预见到或者应当预见到的因违约可能造成的损失。

当事人请求人民法院增加违约金的，增加后的违约金数额以不超过民法典第五百八十四条规定的损失为限。增加违约金以后，当事人又请求对方赔偿损失的，人民法院不予支持。

当事人请求人民法院减少违约金的，人民法院应当以民法典第五百八十四条规定的损失为基础，兼顾合同的履行情况、当事人的过错程度等综合因素，根据公平原则和诚信原则予以衡量，并作出裁判。约定的违约金超过根据民法典第五百八十四条规定确定的损失的百分之三十的，一般可以认定为民法典第五百八十五条第二款规定的“过分高于造成的损失”。当事人主张约定的违约金过高请求予以适当减少的，应当承担举证责任；相对人主张违约金约定合理的，也应提供相应的证据。

36. 确认过眼神，谁才是对的“人”

——企业如何判断合作对象是否靠谱

大多数企业在拓展业务时，首先看重的是合作项目的成本、风险及预期盈利水平等信息，其次就是合作对象的资信状况、财务实力等情况。但由于信息的不对称及部分合作对象故意隐瞒或者虚构相关事实等原因，很多企业无法准确、真实地对合作项目的前景进行预测。有的企业甚至存在只看项目不看“人”，匆匆将项目上马，最终发现合作对象存在问题时已经无力回天的情况。因此，通过哪些方式准确判断合作对象是否靠谱，对于项目的成功有着不容忽视的作用。接下来，我们以案说法，看看企业可以从哪些方面判断合作对象是否靠谱。

● 以案说法

2020 年 12 月 15 日，暖羊服饰有限公司（以下简称暖羊公司）实控人李浩经朋友组织的酒会认识鹏程贸易有限公司（以下简称鹏程公司）的法定代表人张鹏。张鹏表示其所在的鹏程公司所供的羊毛衫都是“皮尔·卡丹”“鄂尔多斯”等大牌，主营服装销售的暖羊公司与鹏程公司就羊毛衫业务有良好的合作基础。李浩经张鹏的撮合，决定让暖羊公司和鹏程公司开展羊毛衫的购销合作。正式合同签订前，暖羊公司基于谨慎，对鹏程公司开展了相应的调查，后发现鹏程公司虽然是羊毛衫的渠道商，但根据天眼查显示，其注册资本仅 50 万元，公司股东一年内更换多次，且鹏程公司法定代表人张鹏旗下的多家公司也被列入企业经营异常名录。随后，暖羊公司又通过裁判文书网对鹏程公司的涉诉信息进行检索，发现鹏程公司曾多次因违约而被起诉。根据上述信息，暖羊公司与李浩都认为与鹏程公司合作风险过高，遂取消了合同的签订。后李浩在与朋友的聚会中得知，鹏程公司与张鹏因销售假冒注册商标的商品罪被公安机关追究刑事责任。

律师提示

上述案例中，如果暖羊公司没有对鹏程公司进行背景调查，很可能就会签约，并将合同约定的羊毛衫投放市场。届时，若该批羊毛衫被认定为假冒伪劣产品或被商标权利人起诉，则可能会给暖羊公司的品牌形象带来毁灭性打击。实践中，企业若想要查看合作对象是否靠谱，可以采取以下方法：

1. 通过“企查查”“天眼查”等对合作对象进行整体分析

随着企业经营风险隐患的不断攀升，越来越多的企业开始重视“国家企业信用公示信息系统”“企查查”“天眼查”等第三方平台的作用，通过上述网站对合作对象进行检索，可以很清晰地看见其注册资本、股东信息、经营风险以及行政处罚等信息，该信息可有效帮助企业把握合作对象的整体情况，防止上当受骗。

2. 通过“裁判文书网”“中国执行信息公开网”等查询涉诉信息、执行信息及失信记录

通过裁判文书网，可以清晰地查询到合作对象的涉诉案件的数量以及诉讼的内容，掌握合作对象在历史交易往来中所作所为是否诚信，以此作为企业是否开展合作的依据。此外，中国执行信息公开网更是可以直观看出被告是否拒不履行生效判决，是否被列入失信黑名单等信息。

3. 前往合作对象现场核实

所谓“耳听为虚，眼见为实”，与合作对象沟通再多，也不如前往合作对象办公现场或者厂房进行实地核实、调查来的靠谱。实践中存在很多企业或企业家在签订合同后，并被对方卷款诈骗后才知晓去现场核实，结果发现合作对象只是空壳公司的情况。

综上，对企业及企业家来说，寻找合作对象就像是在寻找携手共进退的战友，优质的合作对象能够给企业和企业家赋能，而不靠谱的合作对象有时不仅仅会让整个项目亏损，更有可能导致企业走向破产的边缘。因此，企业在合同签订前要尤为注意合作对象的履历及能力，尽己所能将出现的风险扼

杀在摇篮里。

● 法规速递

《最高人民法院关于公布失信被执行人名单信息的若干规定》

第一条 被执行人未履行生效法律文书确定的义务，并具有下列情形之一的，人民法院应当将其纳入失信被执行人名单，依法对其进行信用惩戒：

（一）有履行能力而拒不履行生效法律文书确定义务的；

（二）以伪造证据、暴力、威胁等方法妨碍、抗拒执行的；

（三）以虚假诉讼、虚假仲裁或者以隐匿、转移财产等方法规避执行的；

（四）违反财产报告制度的；

（五）违反限制消费令的；

（六）无正当理由拒不履行执行和解协议的。

37. 雁过留声，签过的合同要留底
——企业合同管理不留“痕迹”的法律风险

企业生产经营的风险无处不在，而合同的签订、管理可以说是风险的重灾区。很多企业由于风险意识不强等原因，在合同签订或履行期间，往往不注重对与合作方的业务往来资料进行妥善保管，以至于合同双方发生纠纷，对簿公堂时，企业根本无法提供证据证明自身的主张，最终也只能落得个败诉的结局。接下来，我们以案说法，看看企业在签订、履行合同时不妥善保管相关资料的法律风险。

• 以案说法

2020年2月5日，鸿运公司与冯某签订《买卖合同》，双方约定：冯某向鸿运公司采购酒精消毒剂10万瓶，其中单价为4.1元/瓶，总金额为410,000元，双方未约定违约责任。合同生效后，冯某向鸿运公司支付部分货款，鸿运公司亦如约向冯某交付该部分货款价值的消毒剂，并陆续准备剩余消毒剂的生产。2020年2月19日，冯某向鸿运公司发出《暂停出货证明》，告知鸿运公司暂停生产合同约定的货物，具体生产时间等冯某通知后再行商议，但此后冯某未再告知鸿运公司恢复生产供货，并以自己的行为明确表示不再履行合同。鸿运公司遂向法院提起诉讼，要求冯某赔偿其因购买原材料、加工、仓储、运输等支出的费用。

法院经审理后认为鸿运公司主张冯某赔偿其因购买原材料、加工、仓储、运输等支出的费用于法有据，但鸿运公司主张的仓储费，其并未提交证据证明有仓储的实际支出，故不予支持；鸿运公司主张的运费，虽然提交有转账记录，但鸿运公司不能证明其支付的运费为本案货物运输产生的费用，也不予支持；鸿运公司主张的工人工资，因其并未提交证据证明有该费用的支出，且鸿运公司并非实际生产商，不存在需要耗费人工的情形，也不予支持；鸿运公司主张的加工费，其虽然提交了《买卖合同》和转账记录，但因合同仅约定的是委托加工其他品牌的酒精制剂，且并未约定单价，其转账记录也无法确定因本案产生的加工费用的具体金额，故该费用不予支持；鸿运公司购买瓶身、喷头、酒精、贴纸、纸箱均有合同及实际转账，且支出与合同约定基本相符，法院认定上述费用为其实际损失，予以支持。

● 律师提示

上述案例中，鸿运公司向法院主张了多项损失，但有的损失因为不能提供对应的合同，导致法院质疑其转账的关联性而不予支持；有的损失因为不能提交实际支出的证据证明损失实际存在，导致法院不予支持；有的损失因为不能证明具体金额，导致法院也不予支持。而鸿运公司购买瓶身、喷头、酒精等原材料的损失因为保留有合同，并提交实际转账证明，且与《买卖合同》约定相符，法院最终予以认可。由此可见，企业不仅应当按照合同约定履行义务，更应当在履行合同时妥善保管能够证明其履行义务或对方违约的证据材料，否则，一旦双方发生争议，企业无法证明，可能要承担不利后果。

那么，如何实现合同管理的“留痕”呢？企业可以参考以下方法：

1. 慎用口头约定和现金给付。口头合同虽然方便，但不能固定双方的约定，若对方突然反悔或拒不承认，企业很难举证证明。现金交付若没有其他的证据予以佐证，同样难以证明。

2. 分批保管相关单据，尤其是原始凭证。如合同等能证明双方合意的协议；如企业向对方履行合同义务的收据、送货凭证、收款凭证、汇款凭证；如企业向对方发送的告知、通知、信函、询证函、物流记录等。

3. 对双方的磋商、沟通过程取证留存。若是线下沟通，可以制作备忘录或会议纪要，由双方授权代表在其上签名，在合法情况下还可以进行视频录像。若是电话沟通及语音沟通，可以通过录音固定证据。

4. 善用公证保留证据。对于日后较易灭失或难以提取的证据可以用公证的方式进行证据保全，比如电话录音、网络证据、微信聊天记录等证据。

5. 加强内部证据管理。合同管理的“留痕”是一项系统工程，需依赖于公司各部门间的有效配合，故公司可以制定相应规章制度，规范各部门经手材料的收集和保留工作，同时定期或不定期汇总各自经手的工作。

综上，企业在合同签订与履行过程中，应树立风控意识，妥善保管各类资料，以免发生纠纷时，面临“无牌可打”的尴尬局面。

法规速递

《中华人民共和国民事诉讼法》

第六十七条第一款 当事人对自己提出的主张，有责任提供证据。

《最高人民法院关于民事诉讼证据的若干规定》

第十一条 当事人向人民法院提供证据，应当提供原件或者原物。如需自己保存证据原件、原物或者提供原件、原物确有困难的，可以提供经人民法院核对无异的复制件或者复制品。

38. 失之毫厘，谬以千里

——“订金”与“定金”的区别

“订金”和“定金”是企业家在工作和生活中经常见的两个词语，这两个词虽只有一字之差，法律含义却截然不同。“订金”一般被视为预付款，而“定金”是一个规范的法律概念，是合同当事人为确保合同的履行等而自愿约定的一种担保形式，是违约责任承担的方式之一。为了更好地区分“订金”和“定金”的概念和两者产生的不同法律后果，接下来，我们以案说法，看看两者的区别。

● 以案说法

2020 年 12 月 5 日，原告孔某因购买车辆，经老乡介绍向被告上海某汽车租赁服务有限公司购买车辆。2020 年 12 月 13 日，原告与被告达成购车意向，原告向被告支付订金 10,000 元，被告向原告出具收据一份：“收到孔某买胖头鱼型订金 10,000 元整。备注：车子无任何事故，如若不符有事故，无条件退还订金 10,000 元，如若无事故，车子不要，订金不退还。”被告收到款项后，双方未达成购车协议，被告拒绝向原告返还订金，故原告向法院起诉，要求被告返还其订金。

本案中，法院认定民事主体从事民事活动，应当遵循诚实信用原则，秉持诚实，恪守承诺。原告为向被告购买车辆，双方达成合意，原告向被告支付订金，双方就购买车辆事宜未达成一致意见，未签订买卖合同，被告理应将订金返还原告。最后法院判决：被告上海某汽车租赁服务有限公司于本判决生效之日起十日内返还原告订金10,000元。[①]

律师提示

合同中约定“订金”或“定金”是企业家经常会遇到的问题，两个词语一字之差将产生截然不同甚至是完全相反的法律效果。因此，企业家为了更好地保障自身权益，对以下问题需特别注意：

第一，了解“定金”和“订金”的区别。很多企业家在与他人签订合同时，往往忽视两者的区别，从而产生是否双倍退还的问题。“定金”是一个法律概念，是合同当事人为确保合同的订立、生效或履行等而自愿约定的一种担保形式，也是违约责任承担的方式之一。根据《民法典》的规定，因给付定金一方原因导致合同不能履行，其已交付的定金不予返还，因收受定金一方原因导致合同无法履行，则应双倍返还已收定金。“订金”一般被视为预付款，不具有“定金”的性质，不适用“定金罚则”，如果交付订金的一方主张“定金”权利的，人民法院均不予支持。一般情况下，交付和收受“订金”的当事人，一方不履行合同义务时，通常只返还已支付的“订金”，不发生丧失或者双倍返还“订金”的后果。在上述案例中，原、被告之间约定的是“订金”而不是“定金”，因此，原告只能要求返还已支付的“订金”金额，而不能要求双倍返还。

第二，合同中必须明确具体款项的性质，标明“定金”字样。企业家在签订合同时，为了防止对方不履行合同，在签订定金合同时应当标明“定金”字样，同时需注意“订金”“预付款”“诚意金”“定购金”等字样不具备定金的性质，不发生定金的效力。

第三，定金的最高限额不能超过主合同标的额的20%，超过部分不产生定金的效力。根据《民法典》的规定，定金的数额由当事人约定，但不得超过主合同标的额的20%，超过部分不产生定金的效力。因此，企业家在与他人约定“定金”金额时，应注意不能超过主合同标的额的20%，超过部分不适用双倍返还的“定金罚则”，司法实践中一般将超过部分视为预付款，超

① 参见上海市崇明区人民法院民事判决书，(2021)沪0151民初7116号。

过部分只可主张退还。

第四，关于“定金”约定的方式是否必须采用书面形式的问题。《民法典》生效前后对这一问题的规定不同，《担保法》（已失效）规定“定金”合同必须采取书面形式，《民法典》中修改了这一规定。故在《民法典》生效前，定金的约定方式必须采用书面形式，而《民法典》并没有规定必须采用书面形式。但实务中如果不采用书面形式约定款项性质，很可能因款项性质不明，导致无法认定为“定金”的法律后果。所以，建议企业家们在约定定金时尽量采用书面形式，保护自己的合法权益。

第五，定金是实践合同，以实际交付为成立要件。根据《民法典》的规定，“定金”合同自实际交付“定金”时成立。如果合同签订，但一方并未实际支付“定金”，则视为“定金”合同未成立，另一方也不能根据“定金罚则”来主张违约责任。因此，企业家在与他人签订“定金”合同时，要注意“定金”是否已实际支付，从而来判断“定金”合同是否成立。

企业家在商事交易中要特别明确“定金”和“订金”的区别，如此方可避免造成“失之毫厘，谬以千里”的尴尬结局。

● 法规速递

《中华人民共和国民法典》

第五百八十六条 当事人可以约定一方向对方给付定金作为债权的担保。定金合同自实际交付定金时成立。

定金的数额由当事人约定；但是，不得超过主合同标的额的百分之二十，超过部分不产生定金的效力。实际交付的定金数额多于或者少于约定数额的，视为变更约定的定金数额。

第五百八十七条 债务人履行债务的，定金应当抵作价款或者收回。给付定金的一方不履行债务或者履行债务不符合约定，致使不能实现合同目的的，无权请求返还定金；收受定金的一方不履行债务或者履行债务不符合约定，致使不能实现合同目的的，应当双倍返还定金。

39. 别拿留置当法宝，当心用错

——企业不当行使留置权的法律风险

留置权是当债务人不履行到期债务时，债权人留置已经合法占有的债务人的动产，并有权就该动产优先受偿的权利。留置权属于法定担保物权的一种，因此，留置权的行使也需要符合法律规定的条件，企业如不当行使留置权，可能会承担相应的法律风险。接下来，我们以案说法，看看案例中的企业因不当行使留置权需承担怎样的法律风险。

以案说法

2019 年 9 月 12 日，东运公司与苍穹公司签订《仓储运输协议书》，约定东运公司为苍穹公司提供仓储、运输、派送服务。自 2020 年 1 月起，苍穹公司开始拖欠东运公司仓储费用，东运公司多次催讨无果，便留置了苍穹公司近 700 万元的货物，留置期限达一年半之久。苍穹公司认为东运公司系滥用货物留置权给其造成了损失，不仅不应支付东运公司仓储费，东运公司反而应该赔偿其因非法留置产生的损失。双方对仓储费支付事宜协商未果，后东运公司将苍穹公司诉至法院，请求：判令苍穹公司支付其仓储费用 86, 953. 56 元及利息 3400 元。

法院经审理后认为，根据法律规定，留置财产为可分物的，留置财产的价值应当相当于债务的金额，因此，虽苍穹公司拖欠仓储费用，但东运公司在明知苍穹公司储存货物价值远远高于欠付仓储费用的情况下，留置苍穹公司货物长达一年半之久，显然属于不正当行使留置权。本案中，苍穹公司拖欠仓储费用在先，东运公司不当行使留置权在后，因此，双方对于本案纠纷的发生均存在过错，综合双方过错程度，考虑到涉案仓储费用的金额，并根据留置权的相关法律规定，酌情对2020年1月起的仓储费用予以支持，其余费用系东运公司未正当行使留置权而扩大的损失，应由其自行承担。最终判决：苍穹公司支付东运公司6000元，驳回东运公司其余诉讼请求。[①]

● 律师提示

正如上述案例，东运公司因不当行使留置权导致法院仅支持极少部分的仓储费请求，损失了大部分仓储费，得不偿失。企业作为债权人时必须有效地行使留置权才有利于推动债务履行，保障合法权益的实现。企业在行使留置权的过程中应当注意以下几点：

1. 债权必须已届履行期

债权人实施留置权的前提是其债权已届清偿期，债务人未履行或者未全部履行其到期债务。如果债权未到清偿期或者未全部到清偿期，那么债权人不能够提前实行留置，或者只能在已届清偿期的债权限额内留置债务人的财产。

2. 债权人留置债务人的财产后，应当约定或确定必要的宽限期并通知债务人

债权人行使留置权不是单方面通知债务人即可行使，而是要给予债务人一定的债务履行期限，待债务履行期限届满方能行使。根据法律规定，债务履行期限的确定规则如下：

第一，意思自治优先，留置权人与债务人可以约定留置财产后的债务履行期间；

第二，留置权人与债务人没有约定或者约定不明的，应当给债务人六十日以上履行债务的期间；

第三，针对鲜活易腐等不易保管的动产不受六十日以上债务履行期限的限制。

当债务人未在履行期内履行义务时，债权人才可与债务人协商以留置财产折价或者拍卖、变卖留置财产后受偿债权。如缺少这一流程，可能会被认

① 参见上海市闵行区人民法院民事判决书，(2021) 沪0112民初10699号。

定不当行使留置权。

3. 留置的财产数量或价值要适当

当留置物属于可分财产时，债权人必须对留置物进行分割留置，所留置的财产的价值应与主张的债权金额相当，不能过分高于债权数额，可将超出债权数额的部分留置财产退还债务人，然后折价抵偿债务。若留置财产为不可分财产，留置财产被拍卖、变卖后，其价款超过债权数额的部分应归还债务人，若有不足的部分，则由债务人继续清偿。

综上，企业在行使留置权时，需要符合一定的条件并遵守相关法律规定，否则不当行使留置权，将面临法律风险。

法规速递

《中华人民共和国民法典》

第四百五十条 留置财产为可分物的，留置财产的价值应当相当于债务的金额。

第四百五十三条 留置权人与债务人应当约定留置财产后的债务履行期限；没有约定或者约定不明确的，留置权人应当给债务人六十日以上履行债务的期限，但是鲜活易腐等不易保管的动产除外。债务人逾期未履行的，留置权人可以与债务人协议以留置财产折价，也可以就拍卖、变卖留置财产所得的价款优先受偿。

留置财产折价或者变卖的，应当参照市场价格。

40. 都是格式条款惹的祸

——格式条款的法律风险与防范

很多企业家对格式条款都不陌生，因为很多企业都会在商品买卖合同、合作协议中设置格式条款。有人认为格式条款是典型的“不平等条款”，其仅具有形式上的自由，而实质上是不平等的，它的出现是契约自由受到冲击的重要表现。这种看法不无道理，很多企业家往往利用优势地位，制定于己有利，却陷对方于不利的格式条款。但是出于商事交易中交涉能力的不平等以及对弱者的保护，这种“损人利己”的格式条款已经越来越受到法律的严格规制和约束。如果企业不注重格式条款的正确“打开模式”，可能会为此付出代价。接下来，我们以案说法，看看案例中企业家约定格式条款不当所面临的风险。

● 以案说法

2018 年 10 月 23 日，原告李某与被告签订《加盟协议》，并按被告的要求支付了 625, 800 元，被告出具了收据。协议签署后，被告并未按照协议约定履行相关义务。原告认为：被告工作人员极力描述该项目的诸多优点，导致原告在没有对协议内容进行仔细阅读、理解的情况下签署上述协议。且被告在签订合同时隐瞒重大信息，未充分提示格式条款，致使合同根本目的无法实现。根据《商业特许经营管理条例》的规定，原告尚未使用被告的经营资源，享有单方解除权，因此，原告请求法院判令被告返还原告已支付的全部费用。

被告辩称，原告不享有单方解除权。因为《加盟协议》约定的冷静期为 5 天，原告主张解除该协议时，已经超出了冷静期。

法院审理后认为，《加盟协议》属于特许经营合同。合同签订后，双方已经着手准备履行合同，被告在此期间一直进行选址，但尚未实际履行合同。被告在合同中将冷静期定为5天，而根据生活经验和商业惯例，被特许人在签订特许经营合同后，要进行项目选址等前期筹备工作，5天时间不太可能完成，将该期限定为5天显然加重了被特许人的责任。依照《合同法》第40条（现《民法典》第497条）的规定，提供格式条款一方加重对方责任的，该条款无效。据此，《加盟协议》第8.2.2条无效。法院最终判决确认双方合同已经解除，被告返还原告625,800元。

律师提示

在本案中，被告以格式条款限定原告在极短时间内行使单方解除权，且未能在合同签订时特别提示，取得原告同意，导致其提供的格式条款因加重对方责任而无效，只能自己吃了不懂格式条款规则的亏。格式条款的风险还不限于此，根据《侵害消费者权益行为处罚办法》第12条和第15条的规定，企业家作为经营者时，如果违法向消费者提供格式条款，市场监督管理部门将会给予警告、罚款等处罚。

因此，格式条款是一把“双刃剑”，运用得当，可以省事省力，提高效率；把握不好，则会刺痛甚至刺伤企业。为了更好地规避格式条款的法律风险，企业家需要做好如下防范措施：

第一，采取合理方式提示对方注意免除或者减轻其责任等与对方有重大利害关系的条款。根据《民法典》第496条第2款的规定，企业家采用格式条款订立合同的，应当遵循公平原则确定当事人之间的权利和义务，提示对方注意免除或者减轻其责任的条款。具体来说，可以对重要条款采用加粗，添加下画线，改变字体、颜色等方式，使该条款有别于一般条款；也可以对重要条款向当事人进行讲解说明，也可以在尾部签约处，让对方抄写指定文字并签名或者按手印等。

第二，签约过程中，要和当事人充分沟通协商。在沟通过程中，企业家应尽量避免使用绝对化的表述，如“所有客户都是这么签的，不能修改”。这种绝对化的表述容易出现问题，给对方留下把柄和证据。因此，企业家在与当事人沟通时，应当使用“这是我们公司为这次合作起草的合同初稿，您可以先看一下”等谦和的表述。

第三，注意证据保留。为了保护消费者等弱势群体的合法权益，很多格式条款都极易被认定为无效，为了防止当事人向法院恶意起诉格式条款无效，提供格式条款的一方应注意保留已经向对方提示过格式条款的证据，比如微信聊天记录、录音、电子邮件等。

● 法规速递

《中华人民共和国民法典》

第四百九十六条 格式条款是当事人为了重复使用而预先拟定，并在订立合同时未与对方协商的条款。

采用格式条款订立合同的，提供格式条款的一方应当遵循公平原则确定当事人之间的权利和义务，并采取合理的方式提示对方注意免除或者减轻其责任等与对方有重大利害关系的条款，按照对方的要求，对该条款予以说明。提供格式条款的一方未履行提示或者说明义务，致使对方没有注意或者理解与其有重大利害关系的条款的，对方可以主张该条款不成为合同的内容。

第四百九十七条 有下列情形之一的，该格式条款无效：

（一）具有本法第一编第六章第三节和本法第五百零六条规定的无效情形；

（二）提供格式条款一方不合理地免除或者减轻其责任、加重对方责任、限制对方主要权利；

（三）提供格式条款一方排除对方主要权利。

《侵害消费者权益行为处罚办法》

第十二条 经营者向消费者提供商品或者服务使用格式条款、通知、声明、店堂告示等的，应当以显著方式提请消费者注意与消费者有重大利害关系的内容，并按照消费者的要求予以说明，不得作出含有下列内容的规定：

（一）免除或者部分免除经营者对其所提供的商品或者服务应当承担的修理、重作、更换、退货、补足商品数量、退还货款和服务费用、赔偿损失等责任；

（二）排除或者限制消费者提出修理、更换、退货、赔偿损失以及获得违约金和其他合理赔偿的权利；

（三）排除或者限制消费者依法投诉、举报、提起诉讼的权利；

（四）强制或者变相强制消费者购买和使用其提供的或者其指定的经营者提供的商品或者服务，对不接受其不合理条件的消费者拒绝提供相应商品或者服务，或者提高收费标准；

（五）规定经营者有权任意变更或者解除合同，限制消费者依法变更或者解除合同权利；

（六）规定经营者单方享有解释权或者最终解释权；

（七）其他对消费者不公平、不合理的规定。

第十五条 经营者违反本办法第十二条、第十三条规定，其他法律、法规有规定的，依照法律、法规的规定执行；法律、法规未作规定的，由市场监督管理部门责令改正，可以单处或者并处警告，违法所得三倍以下、但最高不超过三万元的罚款，没有违法所得的，处以一万元以下的罚款。

41. 肆意转载，当心侵权

——擅自转载他人文章的法律风险

在自媒体时代，人人都是信息的创造者。很多企业都通过微博、微信公众号、朋友圈等自媒体平台发布作品、展示态度，部分优秀的自媒体平台更是通过创作大量优秀的原创文章，吸引了众多的粉丝。然而，并非每个自媒体用户都有能力写出优质的原创文章，部分自媒体用户甚至直接将他人的文章原封不动地转载到自己的平台上，并在文章末尾把原作者的名字替换成自己的名字。那么企业运营的自媒体平台未经原作者的许可转载文章的，是否构成侵权呢？接下来，我们以案说法，看看如果经营自媒体平台的企业擅自转载他人文章，将会面临何种法律风险。

● 以案说法

甲公司是主营人才资讯类服务的公司。2018 年 11 月 7 日，甲公司创作文字作品《2018 年 11 月落户申请失败案例分享》一篇，并通过其微信公众号“留学生落户上海咨询中心”首次发表。2019 年 11 月 8 日，乙公司在其微信公众号“管来管去”进行了转发。甲公司认为，乙公司的主营业务与甲公司有重叠，乙公司未经甲公司许可，在其微信公众号上擅自转载甲公司享有著作权的文章并修改甲公司的标题，已经构成侵权，故甲公司将乙公司诉至法院，要求乙公司承担相应的侵权责任。

法院经审理后认为，甲公司提交的第三方电子数据显示，乙公司的微信公众号发布涉案文章的时间晚于甲公司微信公众号，该文章仅标题与甲公司作品不同，主要内容与甲公司作品完全一致。且乙公司未能举证证明涉案文章内容系由其创作或该涉案行为系有权转载。因此，乙公司的行为侵害了甲公司就涉案文章享有的信息网络传播权，应承担相应的民事责任。①

律师提示

从上述案例可以看出，若转载行为未经作者的同意，且文章内容与他人原创文章雷同，就有可能构成侵权，并承担相应的侵权责任。那么，是不是只要转载或者发布非原创的文章就构成侵权呢？其实并非如此。如果符合以下条件，即便未经他人同意，转载他人的原创文章也不构成侵权：

1. 被转载文章不属于著作权法保护的作品

首先，并非所有的作品都受到著作权法的保护，某些宣扬淫秽、色情、暴力等违反法律或者侵害公共利益的作品，著作权法不予保护。其次，单纯的法律、法规，国家机关的决议、决定、命令和其他具有立法、行政、司法性质的文件以及单纯事实消息，历法、通用数表等也不受到著作权法的保护。最后，如果作品超过保护期限，便为社会所公有，除涉及部分著作权中的人身权外，仅仅转载这类作品不构成侵权。

2. 转载行为属于合理使用

《著作权法》规定的合理使用制度，是指以特定的方式使用作品可以不经著作权人同意，也不向其支付报酬的制度。对此，《著作权法》第24条明确规定了13种合理使用的情况，如为个人学习、研究或者欣赏，使用他人已经发表的作品；为介绍、评论某一作品或者说明某一问题，在作品中适当引用他人已经发表的作品等。需要注意的是，合理使用制度的适用也存在一定的限制条件，即使用者在使用他人作品时应当指明作者姓名或者名称、作品名称，并且不得影响该作品的正常使用，也不得不合理地损害著作权人的合法权益。此外，著作权中的人身权利不受合理使用制度的限制。

很多企业家看到这里，可能会想，转载时已经在文章末尾标注“文章来源于网络，如有侵权，请联系删除”或者转载的文章已经进行过修改，也会构成侵权吗？答案是会的，首先，标明“文章来源于网络，如有侵权，请联系删除”并非法律意义上的免责事由。司法实践中，法院通常不会因为转载

① 参见上海市浦东新区人民法院民事判决书，(2020)沪0115民初40202号。

人注明文章来源，就认定其不构成侵权。其次，人为修改转载的文章也是侵权的行为，侵犯的是著作权人对作品的修改权。

综上，如果企业家创立或经营的是自媒体公司，那么企业在经营过程中，切忌随意转载网络上的文章，尤其是具有显著特点且受众很广的作品。若因推广原因确需进行转载，应当在转载前取得权利人的明确授权，并且在转载文章内注明转载的来源以及作者。如果收到作者发布的侵权告知书，企业应当在核实文章侵权信息的基础上及时删除，防止侵权责任的扩大。

● 法规速递

《中华人民共和国著作权法》

第二十四条 在下列情况下使用作品，可以不经著作权人许可，不向其支付报酬，但应当指明作者姓名或者名称、作品名称，并且不得影响该作品的正常使用，也不得不合理地损害著作权人的合法权益：

（一）为个人学习、研究或者欣赏，使用他人已经发表的作品；

（二）为介绍、评论某一作品或者说明某一问题，在作品中适当引用他人已经发表的作品；

（三）为报道新闻，在报纸、期刊、广播电台、电视台等媒体中不可避免地再现或者引用已经发表的作品；

（四）报纸、期刊、广播电台、电视台等媒体刊登或者播放其他报纸、期刊、广播电台、电视台等媒体已经发表的关于政治、经济、宗教问题的时事性文章，但著作权人声明不许刊登、播放的除外；

（五）报纸、期刊、广播电台、电视台等媒体刊登或者播放在公众集会上发表的讲话，但作者声明不许刊登、播放的除外；

（六）为学校课堂教学或者科学研究，翻译、改编、汇编、播放或者少量复制已经发表的作品，供教学或者科研人员使用，但不得出版发行；

（七）国家机关为执行公务在合理范围内使用已经发表的作品；

（八）图书馆、档案馆、纪念馆、博物馆、美术馆、文化馆等为陈列或者保存版本的需要，复制本馆收藏的作品；

（九）免费表演已经发表的作品，该表演未向公众收取费用，也未向表演者支付报酬，且不以营利为目的；

（十）对设置或者陈列在公共场所的艺术作品进行临摹、绘画、摄影、录像；

（十一）将中国公民、法人或者非法人组织已经发表的以国家通用语言文字创作的作品翻译成少数民族语言文字作品在国内出版发行；

（十二）以阅读障碍者能够感知的无障碍方式向其提供已经发表的作品；

（十三）法律、行政法规规定的其他情形。

前款规定适用于对与著作权有关的权利的限制。

42. 对战法庭，律师费由谁承担

——如何让对方替你支付律师费

对于很多企业家而言，打官司并不陌生，但说起律师费由谁来支付，很多人的固有印象是谁请律师谁付费，在司法实践中的确如此，绝大多数案件都是谁委托律师谁支付律师费。但事实上，司法实践中也存在让对方替你支付律师费的情形，如果对此不了解，也算是花了冤枉钱。接下来，我们以案说法，看看案例中律师费由败诉方承担的情形。

● 以案说法

2019 年 12 月 28 日，原告祝某根据被告芃芩餐饮公司的要求，向被告经营的位于上海市金山区×镇×路×号食味宅大食堂运送液化气，后发生液化气爆燃事故，造成原告受伤。经过鉴定，原告的伤势构成九级、十级伤残，伤后休息期 180 日、营养期 90 日、护理期 90 日。原告为此产生医疗费、护理费及律师费等经济损失。后原告将被告诉至法院，要求被告支付其医疗费、护理费等经济损失 95, 265. 92 元和律师费 5000 元。

法院经审理后认为，自然人的生命健康权受法律保护。本案中，原告因燃气爆燃事故造成伤害，被告作为爆燃事故的责任承担者，应对原告所受到的伤害承担相应的民事责任。人身侵权类案件，败诉方应承担律师费。最后法院判决：被告芃芩餐饮公司于本判决生效之日起 10 日内赔偿原告祝某医疗费、护理费和律师费等经济损失共计 100, 265. 92 元。[①]

---

① 参见上海市金山区人民法院民事判决书，(2021) 沪 0116 民初 13010 号。

律师提示

正如上述案例，律师费是由败诉方承担。不得不说，法定由败诉方承担律师费的情形并不多，大部分商事合同中都需要双方就律师费的承担进行约定，接下来我们具体分析下。

1. 法律规定可以要求败诉方承担律师费的情形，主要分为以下几类：

（1）人身侵权类案件。

人身侵权类案件，受害方因此而支付的合理律师费，法院往往会酌情支持。

（2）知识产权类侵权案件。

知识产权类案件包含著作权侵权案件、专利侵权案件、商标侵权案件，这类案件发生的合理律师费由侵权一方承担。

（3）债权人行使撤销权的案件。

合同纠纷中，债权人对于债务人所实施的危害债权的行为，可通过诉讼程序请求法院予以撤销，债权人所支付的律师费属必要费用，应由债务人承担。

（4）不正当竞争纠纷案件。

不正当竞争案件包括侵犯商业秘密、技术秘密，侵犯知名商品特有名称、包装、装潢以及商业贿赂等案件，因维权而产生的合理费用应由侵权方承担。

（5）非诚信诉讼的案件。

诉讼中，部分当事人会为了获得不正当利益或达到非法目的，采用虚假诉讼、恶意诉讼的方式提起诉讼。此种情况下，对方为了应诉不得不聘请律师，从而产生律师费，客观上给对方造成实际损失。在此种当事人存在滥用诉讼权利等明显不当行为给他人造成损失情况下，法院一般根据具体情况支持合理的律师费。

（6）担保类案件。

在债务人和担保人不能履行合同义务时，债权人不得不通过诉讼的方式来保障其合法利益，由此产生的律师费是债权人为实现其债权而支出的成本费用，属于债权人的损失，也属于担保物权所担保的范围，债权人可以要求债务人和担保人承担其律师费。

2. 合同纠纷中，双方当事人可以约定由败诉方承担律师费

合同纠纷中，双方可以约定违约责任。一般会这样约定：违约方应当承担另一方所支出的，包括但不限于律师费、诉讼费、保全费、担保费、差旅费、公证费等费用。这样一来，不仅可以促进合同双方如约履行合同义务，还能最大限度地保障守约方的合法权益。从司法实践来看，绝大部分案例中，如果当事人双方有事先约定，只要律师费在合理范围内，法院基本上都会支持。合理范围，就是指各地制定的律师法律服务收费行业指导标准范围。超出部分一般得不到支持，但需要注意的是，即使是在法律范畴内，不少法院也可能对律师费进行调整。

以上就是律师费由败诉方承担的几种情形，企业家在遇到上述情形时，可以要求败诉方承担律师费损失。

● 法规速递

《最高人民法院关于审理商标民事纠纷案件适用法律若干问题的解释》

第十七条第一款 商标法第六十三条第一款规定的制止侵权行为所支付的合理开支，包括权利人或者委托代理人对侵权行为进行调查、取证的合理费用。

《最高人民法院关于审理专利纠纷案件适用法律问题的若干规定》

第十六条 权利人主张其为制止侵权行为所支付合理开支的，人民法院可以在专利法第六十五条确定的赔偿数额之外另行计算。

《最高人民法院关于进一步推进案件繁简分流优化司法资源配置的若干意见》

22. 引导当事人诚信理性诉讼。加大对虚假诉讼、恶意诉讼等非诚信诉讼行为的打击力度，充分发挥诉讼费用、律师费用调节当事人诉讼行为的杠杆作用，促使当事人选择适当方式解决纠纷。当事人存在滥用诉讼权利、拖延承担诉讼义务等明显不当行为，造成诉讼对方或第三人直接损失的，人民

法院可以根据具体情况对无过错方依法提出的赔偿合理的律师费用等正当要求予以支持。

《中华人民共和国民法典》

第六百九十一条 保证的范围包括主债权及其利息、违约金、损害赔偿金和实现债权的费用。当事人另有约定的，按照其约定。

43. 真相就藏在微信里

——微信证据如何变身呈堂证供

微信，作为主流的社交工具，在国内的影响力巨大，可以说是达到了家喻户晓的程度。众所周知，微信功能强大，集支付、聊天、理财、娱乐等于一体，极大地方便了人们的工作和生活。但微信的功能还不止于此，其还可以变身为证据搜集工具，将聊天记录变成呈堂证供，为案件的审理做出重要贡献。很多企业家对于微信这一重要功能知之甚少，接下来，我们以案说法，看看微信证据在司法实践中扮演如何重要的角色。

● 以案说法

王某1、包某某（二人为上诉人兼原审被告）系夫妻关系，于2015年5月17日出境之前，将登记在二人名下的房屋（系争房屋）的钥匙交给王某2（案外人），委托王某2出售该房屋，并将产权证拍照后以微信形式发给王某2。经王某2介绍，朱某某（系王某2妻妹）愿以410万元的价格购买系争房屋，并经微信沟通，交付了50万元的定金。但是后来房价上涨，上诉人不愿意继续出售房屋，并表示其与朱某某之间无合同，也没收朱某某的钱，并拒绝就房屋买卖事宜与朱某某进一步磋商。朱某某遂诉至法院，案件经过一审，二审来到了上海市第一中级人民法院。

二审法院认为：首先，微信交流虽然存在易被篡改的问题，但是，被上诉人朱某某已经及时对原始记录进行了证据保全，即由公证处出具公证书，故其提交的微信内容的真实性可予采信。其次，根据上诉人王某1、包某某与被上诉人朱某某及案外人王某2三方在2016年5月14日当面沟通时的谈话内容，上诉人表达的是因房价上涨不愿意出售房屋。最后，根据上诉人王某1与被上诉人之间、上诉人王某1与案外人王某2之间有关定金支付的微信聊天记录内容，上诉人王某1在得知被上诉人朱某某微信中告知其已付50万元后，因该款系上诉人王某1委托案外人王某2代收，故而上诉人王某1向案外人王某2微信求证，且其一直表达的是定金50万元。鉴于被上诉人朱某某在一审中提交了其母亲邹某账户转账给王某2的50万元的凭证以及王某2出具的代收50万元定金收条，故买卖双方当事人之间通过微信就房屋买卖达成了买卖标的、买卖价格、履行时间、履行条件等合同成立的必备要素，双方之间的房屋买卖合意成立。①

● 律师提示

通过以上案例我们可以看出微信证据的重要性，虽然双方并没有签订合同，但法院通过各方的微信聊天记录，确认了双方的买卖合意，认定了出售方的违约责任。2019年12月25日，最高人民法院发布了《关于民事诉讼证据的若干规定》，该规定明确指出微博、微信、短信、邮件等都属于电子数据，该规定的第15条也明确指出电子数据可以作为证据。那企业家在商事实践中遇到纠纷时如何利用这些电子数据，如何进行微信取证，才能提高案件的胜诉率呢？

1. 要保证微信聊天记录的真实性，即确定微信确为对方本人使用。一般常见的方式是：（1）通过对方的自认，可以确定是本人的操作；（2）通过实名认证的手机号确认是对方所用，一般方法是通过对方的手机号搜索到对方的微信号；（3）通过对方头像、微信语音、视频、微信朋友圈，找出与本人身份相关信息；（4）通过网络信息查询，看看对方是否在第三方平台留有微信号等联系方式。

2. 保证微信聊天记录的合法性和关联性。合法性可以通过证据主体合法、形式合法、取得方式合法及程序合法综合认定；关联性即是要保留与案件事实相关的证据，反映双方的法律关系及对应的权利义务。

---

① 参见上海市第一中级人民法院民事判决书，（2017）沪01民终747号。

3. 微信聊天记录需完整保留原始记录，也可及时申请证据保全。具体的微信取证流程包含以下环节：（1）登录账户持有人的微信，展示持有人所使用的账户个人信息界面；（2）点开与对方的聊天记录；（3）点开对方的头像，展示个人信息界面，显示出：微信名、微信号、地区等具有身份指向性的内容；（4）提供涉及案件的完整聊天记录。一般可以直接截屏或录屏（如果字迹设置过大，建议调整下字体，以便每屏显示更多内容）。对图片、音频、视频、所发红包或转账，都应当点击打开，对于音频最好转文字进行截屏。

微信取证过程中要注意：（1）保存微信的原始载体（包括储存有电子数据的手机、计算机或者其他电子设备等）以供法庭核实证据的真实性，如果对对方提交的微信证据有异议，可以比对自己微信中的完整聊天信息，以验证相关信息的完整性和真实性。（2）微信应反映完整的对话过程，与案件事实有关的微信记录不能选择性提供，如果故意选择性提供对话记录内容，很可能要承担不利的法律后果。

企业家在纷繁复杂的商事交易中，不可避免地会与人发生争议和纠纷，为了促进争议解决并保证己方的胜诉率，了解微信取证的相关问题对企业家至关重要。

● 法规速递

《最高人民法院关于民事诉讼证据的若干规定》

第十四条 电子数据包括下列信息、电子文件：

（一）网页、博客、微博客等网络平台发布的信息；

（二）手机短信、电子邮件、即时通信、通讯群组等网络应用服务的通信信息；

（三）用户注册信息、身份认证信息、电子交易记录、通信记录、登录日志等信息；

（四）文档、图片、音频、视频、数字证书、计算机程序等电子文件；

（五）其他以数字化形式存储、处理、传输的能够证明案件事实的信息。

第十五条 当事人以视听资料作为证据的，应当提供存储该视听资料的原始载体。

当事人以电子数据作为证据的，应当提供原件。电子数据的制作者制作的与原件一致的副本，或者直接来源于电子数据的打印件或其他可以显示、识别的输出介质，视为电子数据的原件。

44. 收钱有道

——企业如何依法高效收回应收账款

企业在经营过程中，时常会遇到应收账款收回的问题，尤其是接近年关，不少企业家都会头疼如何合法快速收回应收账款的问题。因为应收账款如果不及时收回，很可能就变成坏账、呆账，轻则影响现金流，重则导致公司经营困难。那么企业在催收应收账款中，有哪些法律问题呢？如何才能尽最大可能收回账款呢？接下来，我们以案说法，看看案例中企业家是如何进行催收的。

● 以案说法

2011 年以来，拓海公司与三联公司发生长期业务往来，三联公司通过电话或者 QQ 向拓海公司订购机械设备，拓海公司按照约定向三联公司发货后，三联公司按照双方确定的日期支付货款。2015 年 7 月 14 日，拓海公司向三联公司催讨货款，双方通过《询证函》确认：截至 2015 年 6 月 30 日，被告尚欠原告货款 20 万元。此后，三联公司仍未支付货款，拓海公司便于 2017 年 3 月 16 日向三联公司邮寄《催款函》，但三联公司仍不支付。拓海公司遂向法院提起诉讼，要求三联公司支付货款。

法院经审理后认为，拓海公司与三联公司的买卖关系明确，拓海公司已履行了交货义务，并开具了相应金额的增值税发票，三联公司收货后理应及时支付货款。现三联公司拖欠货款不付，显属违约，应当承担支付货款的民事责任。①

① 参见上海市嘉定区人民法院民事判决书，（2017）沪 0114 民初 13571 号。

律师提示

结合上述案例中拓海公司的行为，企业及企业家可以参考以下方式对应收账款进行催收：

1. 选择合适的催收方式

第一步：检查现有的债权证据是否充分。

这个阶段主要核实包含能够证明债权债务存在的合同、欠条、发货单、对账单、证人证言、催收证据等，如果对方有其他违约证据，也一并汇集。如果有担保人的，应核实担保人的基本信息；有担保协议的应确认是否存在书面担保协议；有抵押物的，应准备抵押物的具体情况等证明材料。

但如果发现证据不充分，比如仅有合同、发货单，没有对方的签收凭证，该如何催收呢？

我们可以开启第一步“温柔对账”：通过给对方发送对账单、征询函、确认函等文件来固定证据，尤其接近年底的时候，完全可以以年底财务对账方式来固定债权。这个阶段不宜直接选择发律师函或者打官司，把原本还是可以补充取证的机会浪费掉，最好让专业的律师把握一下，避免盲目行动把本应胜诉的案件败诉。一般情况下，在“温柔对账”环节，部分应收账款即可顺利收回。

第二步：进入具体催收程序。

经过第一步的“温柔对账”，做好初步的证据收集，如果对方不予理睬，或者仅仅对账没有付款的意思，接下来就要进入第二个阶段——非诉催收阶段，具体催收手段包含发律师函、催收函，打电话催收（注意录音取证），上门催收（保留证据）等。

第三步：提起诉讼或者申请仲裁。

如果以上方式都不管用，则可以进入第三个阶段——提起诉讼或者申请仲裁，正式进入司法程序。

以上三个阶段呈层层递进的关系，但并不是必须经过前面阶段才能进入后面阶段。依照上述三个阶段按顺序催收，优点在于：能够尽可能补强证据，另外能够给对方足够多的时间，让对方也更容易接受。该方式代价比较小，如果前面阶段就可以催回，就无须花费律师费、诉讼费、保全费、担保费等费用。但该种方式缺点也显而易见：比如可能会给予对方充足的时间转移财产，也就是大家常说的打草惊蛇。所以，实践过程中，并非一定要按照以上三步顺序走，对于有些情况急剧恶化或者诉讼较多、诚信不足的企业或个人，直接提起诉讼则是最好的方案。所以，该种方法因人而异、因时而异。

2. 催收过程中切记要留下催收证据，中断诉讼时效

根据《民法典》第188条的规定，除法律另有规定外，一般情况下的诉讼时效期间是3年，诉讼时效每次中断后，从中断之日起再重新计算三年。如果在诉讼时效内债权人不主张债权，在法律上的胜诉权就将归于消灭。也就是说，债权人超过诉讼时效再提起诉讼，一旦对方就诉讼时效提出抗辩，其诉讼请求将不会得到法院的支持。对于即将超过3年的应收账款，适宜进行诉讼的，需要尽快提起诉讼，暂时不宜起诉的，也一定要保留诉讼时效中断的证据。所以，在催收时，保留好能够中断诉讼时效的证据非常重要。对于电话或微信、邮件催收的，保存好原始证据。如有采取书面邮寄文件的方式，则要注意以下事项：

（1）邮寄催收函件时最好采用中国邮政或EMS，因为中国邮政与各政府机关及司法部门均有合作协议，相对来说，不易出错。建议在投递法律文书时，最好选择EMS。

（2）邮寄单的填写必须包含以下核心信息：收件人、收件地址、联系方式、邮寄时间，另外内含物品必须写明，比如：货物催收函（金额：100万元）。

（3）邮寄之后，也要核实是否签收，并保留催收记录。如果未送达，需要及时找出原因，再次送达。

3. 在提起诉讼或仲裁时，最好同步申请财产保全

打赢官司其实不是最终目的，能够拿到钱才是关键，所以，在提起诉讼时，最好同步申请诉讼保全。根据法律的规定和诉讼实践，可以进行财产保全的对象主要是被告所有的实物财产和财产权利，实物财产和财产权利主要包括银行账户、房产、土地、车辆、持有的股权、专利权、商标权等。做好财产保全，可以有效防止被告转移财产，一旦官司打赢，即可强制执行冻结

的财产。

综上，应收账款的催收相当关键，合适的催收方式可以在不打草惊蛇的情况下收集更多证据，为今后起诉拿回钱款打下很好的基础。

• 法规速递

《中华人民共和国民法典》

第一百八十八条第一款 向人民法院请求保护民事权利的诉讼时效期间为三年。法律另有规定的，依照其规定。

第一百九十五条 有下列情形之一的，诉讼时效中断，从中断、有关程序终结时起，诉讼时效期间重新计算：

（一）权利人向义务人提出履行请求；

（二）义务人同意履行义务；

（三）权利人提起诉讼或者申请仲裁；

（四）与提起诉讼或者申请仲裁具有同等效力的其他情形。

45. 钱货两清就万事大吉了?

——忽视合同中附随义务的法律风险

很多企业家在签订合同时可能会注意到，合同双方通常比较注重产品、价款及交易时间等对合同的生效及履行起到关键作用的条款，但对诸如通知、协助等不起眼的义务却常常会选择性地忽略。法律上，将这些依据诚实信用原则所产生，根据合同的性质、目的和交易习惯应当承担的通知、协助、保密和保护等义务称为合同的附随义务。附随义务虽然处于附随的地位，但并不意味着其存在可有可无。相反，它对合同双方权益存在重要影响，违反附随义务也将会产生相应不利的法律后果。接下来，我们以案说法，看看企业家不履行附随义务有怎样的法律风险。

● 以案说法

2018 年 12 月 20 日，杨某和尉某签订《股权转让协议》，协议约定：杨某为受让方，尉某为出让方；出让方将其持有宁长公司的股权以人民币 10 万元的价格转让给受让方，未实缴部分由受让方按照章程规定按时缴纳；受让方于 2018 年 12 月 24 日前将股权转让款一次性支付给出让方；自本协议生效之日起，双方在宁长公司的股东身份发生交换，即出让方不再享有股东权利不再履行股东义务，受让方按其出资额享有股东权利并履行股东义务。同日，宁长公司召开股东会会议，全体股东一致通过决议：尉某在宁长公司的股权转让给杨某，其他股东放弃优先受让权。同年 12 月 24 日，杨某通过招商银行向尉某转账 10 万元。2019 年 11 月 13 日，杨某向尉某发函，要求尉某于 2019 年 11 月 20 日前协助杨某办理股权过户手续。但尉某拒绝，于是杨某将尉某诉至法院，要求尉某协助办理股权过户。

法院经审理后认为，配合杨某办理股权转让手续是尉某的附随义务，虽尉某提出其已向杨某提供办理股权转让手续的股权转让协议和股东会决议，但该部分材料的交付仅是配合办理股权变更登记手续的一部分，而在办理股权变更登记手续时会涉及诸多部门，而各部门对于办理材料也会有不同的要求，包括诸如需要出让方本人到场、提交出让方的身份证原件与复印件以及在部分必须签名的材料中由出让方进行签名确认等手续。协议双方理应遵循诚实信用原则，根据协议的性质、目的，履行协助、配合办理股权变更登记手续的义务。法院最后判决：尉某协助杨某办理宁长公司股权变更登记手续，于判决生效之日起30日内履行。①

律师提示

正如上述案例，《股权转让协议》中虽未约定股权出让方应协助配合受让方办理股权变更登记手续，但根据《民法典》第509条的规定，当事人除了需要履行主合同义务以外还应当遵循诚信原则，履行通知、协助、保密等附随义务。所以，为确保《股权转让协议》顺利履行，出让方应当根据诚实信用原则履行相应的协助义务，由此可见，违反合同的附随义务也面临涉诉风险。为了避免踩入违反附随义务的“天坑”，企业家需要采取哪些防范措施来规避风险呢?

1. 明确什么义务属于附随义务

其实，从上面的案例以及《民法典》第509条就可以知道，附随义务是指合同双方没有在合同里明确约定，但是为了确保合同目的的实现，从诚实信用原则出发自然推导出的合同双方应当履行的义务。司法实践中，判断是否属于附随义务主要参考以下两项重要特征：（1）合同虽然没有约定，但根据诚实信用原则，履行此项义务属于应有之义；（2）根据合同订立的性质、目的和交易习惯，由主合同义务衍生的密切相关的义务。

2. 明确附随义务的履行存在于合同从订立到终止的全过程

首先，签订合同前，企业家应当对自身应当承担的义务有所了解，不仅

① 参见浙江省绍兴市中级人民法院民事判决书，(2020) 浙06民终961号。

应当清楚合同约定了哪些义务，还应当清楚整个行业对该类合同履行的要求；其次，附随义务的内容并非自合同成立或生效之初就已确定，而是可能随着合同的履行出现变化，企业应当积极充分与合同相对方进行沟通，迅速掌握了解每个阶段的附随义务，并及时全面地履行；最后，企业履行完附随义务后，还应当做好证据固定，以防承担举证不能的不利后果。

所谓义务的存在就意味着风险的存在，而附随义务又常常会被企业家所忽视，企业家要了解哪些义务是附随义务并采取必要的风险防范措施，才能避免给企业带来不必要的损失和纠纷。

● 法规速递

《中华人民共和国民法典》

第五百零九条 当事人应当按照约定全面履行自己的义务。

当事人应当遵循诚信原则，根据合同的性质、目的和交易习惯履行通知、协助、保密等义务。

当事人在履行合同过程中，应当避免浪费资源、污染环境和破坏生态。

46. 在违约的“刀尖”上跳舞

——不安抗辩权的法律适用

什么是不安抗辩权？对于没有深入了解法律的企业家来说，这个术语显得专业且晦涩。不安抗辩权指的是：在双务合同中，按照法定或者约定需先履行义务的一方发现后履行一方存在经营恶化或者其他导致合同不能或者难以履行的情形时，在后履行方未履行其债务或提供担保前，先履行方有拒绝履行的权利。由此可见，不安抗辩权可以有效地遏制不诚信者，做到先发制人，但同时也是对合同信守原则和全面履行原则的一种挑战和冲击。有的企业家只要稍感不安，就启用不安抗辩权，甚至达到滥用的程度，这种情形不仅不会受到权利的保护反而可能会“搬起石头砸自己的脚”。接下来，我们以案说法，看看不安抗辩权行使不当，会有什么法律后果。

● 以案说法

2011年5月27日，梁某与应某签订《股权转让协议书》，约定梁某将深海公司90%的股权转让给应某，转让总价款2亿元人民币，应某应在协议签订后20日内将4000万元汇入共管账户。梁某在款项到账后，梁某控制的深海公司应立即解除与现合作方的合作关系，若未解除，此款项由应某无条件收回。协议签订后，应某未在协议约定日期将4000万元汇入两人的共管账户。梁某经催告无效后，向法院起诉要求解除双方签订的《股权转让协议书》，应某辩称其签订《股权转让协议书》时不知深海公司与蓝天公司存在合作关系，故其未按约定支付转让款的行为属于行使不安抗辩权。

法院经审理后认为，双方签订的《股权转让协议书》明确约定梁某收到应某支付的第一笔款项后立即解除与现合作方的合作关系，可以推定应某在签订协议时应当知晓梁某在与其签订股权转让协议前，深海公司就已经存在其他的合作方。行使不安抗辩权负有两项附随法律义务：（1）通知义务。先履行一方在行使不安抗辩权时，应当及时通知对方当事人；（2）举证义务。当事人一方行使不安抗辩权必须有确凿的证据证明对方丧失或可能丧失不能履行的事由。因而行使不安抗辩权一方对此负有举证责任，否则应承担违约责任。应某既未能举证证明梁某存在丧失商业信誉等符合行使不安抗辩权的法定情形，且其在以此拒绝支付股权转让款后也未通知梁某，故应某未按约支付股权转让款的行为并不符合法律所规定的行使不安抗辩权的构成要件。应某在没有确切证据的情况下中止履行其付款义务，应当承担相应违约责任。①

● 律师提示

正如上述案例，应某因不当行使不安抗辩权而被法院判决承担违约责任。不安抗辩权的行使本是我们每一个企业家的权利，但是不能在不符合法定条件的情况下随意使用，否则容易导致自身承担违约责任。那么，为了避免不当行使不安抗辩权，企业家需要如何做呢？

第一，明确不安抗辩权的行使条件。（1）须基于同一双务合同，且双方当事人互负债务；（2）须当事人对于合同义务有先后履行顺序，享有不安抗辩权之人为先履行义务一方；（3）须先履行义务一方当事人所负债务履行期限已到期；（4）先履行一方须有确切证据证明后履行一方有法律所规定的不能对待给付的情形；（5）后履行一方未提供适当担保。由此可见，不安抗辩权的行使有严格的条件，而不是稍感不安，就要行使不安抗辩权，这样往往会造成不当行使权利的后果。

第二，双务合同订立后，要注重证据的保留。对方是否丧失经营能力或者债务履行能力以及是否确实不能对待给付，需要提供充足的证据去证明，如果没有充足的证据证明对方不能对待给付就随意拒绝先履行合同的话，反而可能会导致已方违约。

① 参见四川省高级人民法院民事判决书，（2014）川民终字第205号。

第三，如对方提供适当的担保，可继续履行。如果实践中，对方在收到我方通知后提供了适当担保，我方继续履行合同将比较稳妥，这是合同诚实信用原则以及维护合同稳定性的重要体现。

综上，不安抗辩权是维护合同先履行方权益的利器，但其行使条件较为严格，企业和企业家在使用不安抗辩权作为武器前，应当核实上述条件是否满足，如此方能最大限度地保护己方安全和利益。

法规速递

《中华人民共和国民法典》

第五百二十七条 应当先履行债务的当事人，有确切证据证明对方有下列情形之一的，可以中止履行：

（一）经营状况严重恶化；

（二）转移财产、抽逃资金，以逃避债务；

（三）丧失商业信誉；

（四）有丧失或者可能丧失履行债务能力的其他情形。

当事人没有确切证据中止履行的，应当承担违约责任。

第五百二十八条 当事人依据前条规定中止履行的，应当及时通知对方。对方提供适当担保的，应当恢复履行。中止履行后，对方在合理期限内未恢复履行能力且未提供适当担保的，视为以自己的行为表明不履行主要债务，中止履行的一方可以解除合同并可以请求对方承担违约责任。

47. 闷声发不了“大财”

——企业受让债权未及时通知债务人的法律风险

债权转让，是在保持原合同内容不变的前提下，债权人通过与受让人签订债权转让合同，向受让人转让全部或部分债权的行为。实践中，不乏企业或企业家会通过受让购买他人的债权，然后再向债务人索赔来投资获利。但有时候企业在受让债权时，没有及时通知债务人债权转让的存在，导致债权转让行为对债务人不发生效力，影响企业受让债权的实现。接下来，我们以案说法，看看企业受让债权时，不及时通知债务人会有什么风险。

● 以案说法

2012 年 11 月 1 日，北风公司因资金紧张向邓佳借款 400 万元，双方签订借款协议，约定北风公司将其对南天公司的债权质押给邓佳，如果北风公司到期不能归还借款本息，则将质押的债权转让给邓佳，由邓佳向南天公司主张债权。当天双方还共同签署《债权转让协议》以及《债权转让通知》，但邓佳并未将上述协议的签署向南天公司告知。

2013 年 1 月 1 日，北风公司与东海公司签署《债权转让通知书》，约定北风公司将其对南天公司的债权转让给东海公司。当日，北风公司将《债权转让通知书》经公证后向南天公司进行邮寄。

2013 年 2 月 1 日，邓佳将《债权转让协议》及《债权转让通知书》向南天公司进行邮寄。

2013 年 3 月 1 日，邓佳提起本案诉讼，要求南天公司清偿其自北风公司受让的债权，东海公司作为案件第三人参加审理。

法院经审理后认为，北风公司将其对南天公司的债权转让给邓佳后，再次将债权转让给东海公司，两份债权转让的协议不违反法律、行政法规的强制性规定，均属合法有效。在两份债权转让均有效的条件下，争议债权归属于邓佳还是东海公司，取决于各债权转让通知，谁先到达债务人南天公司。综合各方证据，东海公司的债权转让通知到达时间为2013年1月1日，邓佳的债权转让通知到达的时间为2013年2月1日，东海公司的通知时间早于邓佳，且东海公司的债权转让通知经过公证，具有较高的证明力，应予采信。故法院认定争议债权应归属于东海公司，南天公司应当向其清偿债务。①

律师提示

上述案件中，邓佳作为债权的受让人，未能及时向债务人送达《债权转让通知》，致使东海公司捷足先登，取得北风公司对南天公司的债权，邓佳的起诉也被法院予以驳回。根据法律规定，债权人转让债权，未通知债务人的，该转让对债务人不发生效力。因此，受让人与原债权人签署债权转让的协议后，如若不及时通知债务人，不仅可能发生类似上述案例的情况，还可能出现债务人向原债权人清偿的情况，损害债权受让人的利益。

那么，企业或企业家作为债权受让人，应该采取哪些措施通知债务人呢？法律对此并无限定具体的形式，以下是可行的各种通知方式及优缺点：

（1）邮寄书面材料。通知最好采取书面形式，并通过EMS进行邮寄，邮寄后注意保留邮单。如有条件，受让人可如上述案例对债权转让的通知进行公证，以增强证明力。

（2）口头告知。法律并未否定口头告知的债权转让的效力，但实务中口头告知因留证困难，往往在诉讼中面临举证不能的风险。

（3）登报通知。采用登报的方式，应选择公开广泛发行的报纸，以便在发生争议时有足够的证据证明已履行了债权转让的通知义务，从而使债权转让对债务人发生效力。

企业还可选择电子邮件、通话等方式进行通知，但若以书面形式之外的其他形式通知的，应保证债务人能够及时、准确地获知债权转让的事实，并

① 参见江苏省南京市中级人民法院民事判决书，（2015）宁商终字第636号。

且通知内容也应当将原债权债务的内容以及新的债权债务关系阐释清楚，如此，方能防止后续发生债权转让纠纷。

● 法规速递

《中华人民共和国民法典》

第五百四十五条 债权人可以将债权的全部或者部分转让给第三人，但是有下列情形之一的除外：

（一）根据债权性质不得转让；

（二）按照当事人约定不得转让；

（三）依照法律规定不得转让。

当事人约定非金钱债权不得转让的，不得对抗善意第三人。当事人约定金钱债权不得转让的，不得对抗第三人。

第五百四十六条 债权人转让债权，未通知债务人的，该转让对债务人不发生效力。债权转让的通知不得撤销，但是经受让人同意的除外。

48. “今日头条”还是“今日油条”？

——商标侵权的法律风险及防范

市面上的山寨商标问题历来受人关注。前段时间全球互联网科技巨头北京字节跳动科技有限公司将河南今日油条餐饮管理有限公司告上法庭的新闻引发众多网友强势围观，不知情的网友都在好奇，两个完全不搭边的公司怎么也打上了官司。原来事件的始末是：后者设立了与前者旗下产品“今日头条”的商标与App界面高度相似的店铺，而且生意做得非常红火，北京字节跳动科技有限公司认为其商标权被侵犯，所以向法院提起诉讼。那么，法律实践中，有了“今日头条”，还能不能有“今日油条”“今日面条”呢？接下来，我们以案说法，看看法院对商标侵权是如何认定的。

以案说法

1996年10月，甲公司在汤圆等商品上注册“龙凤”商标。后被甲公司使用在汤圆等商品上的“龙凤”品牌被评为“上海市著名商标”，“龙凤”牌饺子、汤圆也被评为“中国名牌产品”。2013年，乙公司在其生产的金汤圆系列商品的包装袋上标注其企业名称时，以较大的字号标注了“宁波龙凤”字样，但以小得多的字号标注“食品有限公司”字样，且“宁波龙凤”字样的颜色也比“食品有限公司”更加醒目。甲公司认为，乙公司在其公司网站及商品包装袋上突出使用“宁波龙凤”字号及使用含有“龙凤”字样的商品名称，构成商标侵权。

法院经审理认为，乙公司在汤圆、水饺等商品包装袋上标注企业名称时，突出标注“宁波龙凤”字样，易导致相关公众对商品来源的混淆，侵害了甲公司的商标权。乙公司以“宁波龙凤”为字号，主观上具有攀附甲公司品牌知名度的故意，客观上易使相关公众对商品的来源产生混淆，构成不正当竞争。甲公司的“龙凤”品牌在乙公司成立之初就具有一定的市场知名度，并广泛使用于甲公司的汤圆等商品之上。乙公司应当知道“龙凤”是甲公司的商标，但还在其生产的汤圆包装上使用“龙凤”的字样，并通过修改商品包装袋上企业名称的颜色及字号以达到混淆消费者的目的，根据《商标法》第57条的规定，乙明显侵犯了甲公司的商标权。①

● 律师提示

像上述乙公司一样涉嫌侵犯商标权的案例在法律实践当中数不胜数，如“拼多多”换成“拼夕夕”；“海底捞”换成“河底捞”；“雕牌”换成“周住牌”；“999皮炎平”换成“666皮炎平”……实践当中，很多初创型企业为进入发展的快车道，往往会采取这类“搭便车”的方式，傍着高知名度品牌“偷发育”。殊不知，“搭车”虽然一时爽，但把握不好的话后果也很严重。我国法律目前规定的商标侵权主体不仅包括生产者，也包括商品的销售者，商标侵权情节严重者，还有可能构成犯罪。所以企业家们应当增强知识产权意识，尊重他人商标在先权益，否则一旦被发现，轻则赔钱了事，重则犯罪坐牢。那么，企业应如何防止被其他企业侵犯商标权呢？主要可以采取以下几种方式：

1. 及时申请注册商标

注册商标是商标维权的基石，抢先注册商标不仅可以防止被他人抢注，也可以为自己辛苦建立的品牌铸造多一层的防护。目前，很多企业缺乏这种观念，让自己的品牌在市场上“裸奔”，此种行为对企业商标维权极为不利。

2. 多类别注册，全方位打造“防火墙”

品牌不仅仅针对某一种产品，很多时候品牌的辐射范围会涵盖众多商品门类，如果只单纯注册一类商标很可能会出现品牌扩展时，发现周边产品的商标已经被注册一空的情况。因此，企业要多类别注册商标，全方位打造“防火墙”。

---

① 参见上海市东新区人民法院民事判决书，(2016) 沪0115民初11825号。

3. 定期监控商标数据库

监测与企业商标相同或近似的商标申请也是保护己方企业免受侵权的关键措施，如果第三方试图侵犯企业已注册的商标，则企业可依此及时采取应对措施。

4. 及时采取维权措施

企业如果发现商标被侵权，应当尽早向市场监管部门举报，也可以向人民法院提起诉讼。

企业的品牌归根结底还是靠优秀的产品和优质的服务长期积累下来的，采取“搭便车”方式模仿其他商标，并不能长久推动企业走向未来。同时企业为了避免己方企业商标被侵权，应积极采取如上防范措施。

法规速递

《中华人民共和国商标法》

第五十七条第二项 有下列行为之一的，均属侵犯注册商标专用权：未经商标注册人的许可，在同一种商品上使用与其注册商标近似的商标，或者在类似商品上使用与其注册商标相同或者近似的商标，容易导致混淆的。

49. “牛皮”可不能这么吹

——发布虚假广告的法律风险以及防范

广告是一种大众性的信息传播活动，作为一种重要的营销手段，其在企业的产品推广中发挥着举足轻重的作用。但是，很多企业在推广产品及发布广告时，为提高销量，往往会对产品的质量、效果、外观等要素进行夸大，部分企业甚至会捏造产品根本不存在的特性进行虚假宣传，这样不仅会导致消费者上当受骗，还会给市场的管理造成压力。接下来，我们以案说法，看看发布虚假广告会给企业带来怎样的法律风险。

● 以案说法

作为近几年爆火的羽绒服品牌，CANADA GOOSE（加拿大鹅）备受时尚达人等的喜爱，其羽绒服每件售价高达七八千元，有的甚至高达上万元，但如此昂贵的价格非但没有减少消费者的消费欲望，反而引发抢购狂潮。然而，2021 年 9 月 3 日，加拿大鹅“翻车”了！据国家企业信用信息公示系统公示信息，加拿大鹅的关联公司希计（上海）商贸有限公司（以下简称希计公司）因为在其开设的“CANADA GOOSE 官方旗舰店”发布“我们的所有羽绒混合材料均含有 Hutterite 羽绒，这是优良且最保暖的加拿大羽绒”的文字内容涉及虚假宣传而被罚款 45 万元。上海市黄浦区市场监督管理局在其作出的行政处罚决定书中认定，加拿大鹅出售的羽绒服填充物均为鹅绒和蓬松度较低的鸭绒，其中鸭绒产品更是占所有产品的 69%，希计公司公开宣传的内容与实际情况不符，对消费者的购买行为产生实质性影响，构成虚假广告行为。

律师提示

通过以上案例，我们可以看出企业在对外宣传或发布广告时虽然可以最大化表现产品的特点与优势，但还是要以客观事实为依据，不能罔顾事实、胡乱吹嘘，误导消费者购买产品，否则很可能因为涉嫌虚假广告被处罚。案例中的加拿大鹅之所以被认定为虚假广告行为，就是因为其把蓬松度低的鸭绒产品宣传成为保暖的加拿大羽绒，骗取消费者信任，从而提高产品的销量。希计公司受到的是罚款45万元以及停止发布违法广告并消除影响的行政处罚，这也符合《广告法》关于行政处罚的规定。值得一提的是，发布虚假广告还有可能构成民事责任，若消费者因虚假宣传或误导行为导致合法权益受到损害的，可以根据《消费者权益保护法》等法律法规提起民事诉讼，要求企业承担赔礼道歉、退货、返还货款、赔偿损失等相关民事责任。此外，若企业违反国家规定，利用广告对商品和服务作虚假宣传，情节严重的，还有可能构成《刑法》第222条规定的犯罪。

那么企业家应该如何采取措施才能避踩虚假广告的雷区呢?

第一，明确什么是虚假广告，什么情况下可能构成虚假广告。根据《广告法》第28条第1款的规定，当广告以虚假或者引人误解的内容欺骗、误导消费者时，该广告就是虚假广告了。该条同时也规定了多种构成虚假广告的情形，包括使用虚构、伪造或者无法验证的科研成果、统计资料、调查结果、文摘、引用语等信息作证明材料的；虚构使用商品或者接受服务的效果的等等。企业在使用广告进行产品推广时要提高风险防范意识，谨防出现上述所列情况。此外，除《广告法》外，浙江、重庆等地也陆续出台部分地方性法律法规，对虚假广告的认定以及处理进行细化。这也意味着，企业在发布广告时，不仅要关注全国性的法律规定，还应当查询是否符合地方性法规以及规章制度的要求，否则容易产生法律风险。

第二，宣传尺度要适当。不以明显夸张的方式进行宣传，造成消费者误解。不做比较宣传，尽量不要出现“最”“第一”“首个”等绝对化的词，此种情形容易被认定为违反公平竞争原则。

第三，产品介绍严谨。商品或者服务有关的质量、性能、用途等内容的宣传比较容易出现问题，企业在其书面或者公开场所宣传时用词要严谨，尤其是产品数据，不能出错。

第四，高度重视市场监督管理部门的通知、警告等情形，及时整改，避免事件由小变大，酿成刑事风险。

信息时代，发布虚假广告确实可能给企业带来巨大的流量以及财产的变现，但是潜藏的广告合规风险也不容忽视。因此，企业要时刻紧抓广告监管重点及趋势，注重虚假广告所涉及的违法违规情形，涉及医疗、药品、保健食品等关涉国计民生行业的企业更要尤为注意。

● 法规速递

《中华人民共和国广告法》

第二十八条 广告以虚假或者引人误解的内容欺骗、误导消费者的，构成虚假广告。

广告有下列情形之一的，为虚假广告：

（一）商品或者服务不存在的；

（二）商品的性能、功能、产地、用途、质量、规格、成分、价格、生产者、有效期限、销售状况、曾获荣誉等信息，或者服务的内容、提供者、形式、质量、价格、销售状况、曾获荣誉等信息，以及与商品或者服务有关的允诺等信息与实际情况不符，对购买行为有实质性影响的；

（三）使用虚构、伪造或者无法验证的科研成果、统计资料、调查结果、文摘、引用语等信息作证明材料的；

（四）虚构使用商品或者接受服务的效果的；

（五）以虚假或者引人误解的内容欺骗、误导消费者的其他情形。

《中华人民共和国刑法》

第二百二十二条 广告主、广告经营者、广告发布者违反国家规定，利用广告对商品或者服务作虚假宣传，情节严重的，处二年以下有期徒刑或者拘役，并处或者单处罚金。

50. 善用撤销权，给“老赖”套上“紧箍”

——债权人撤销权的法律适用

企业参与市场竞争，不可避免会与合作方或第三人发生债权债务关系，这是企业对外经营中必然发生的现象。但是，企业家的对外应收款项经常会出现回收难度大、坏账率高的情形。有些债务人基于诚信意识或后续合作的考量会及时清偿所欠款项，但有的债务人会故意拖延还款，甚至为逃避债务而与第三人相互串通，恶意转移资产，导致企业的债权无法得到实现。为规范市场经济发展中出现的上述现象，法律制定了债权人撤销权制度，即债务人存在恶意使自身责任财产减少，不利于债权人债权实现时，债权人对该行为可以依法向法院请求撤销的权利。接下来，我们以案说法，看看企业家是如何利用债权人撤销权制度来为债务人套上“紧箍”的。

以案说法

甲公司因与乙公司发生买卖合同纠纷，向法院起诉，要求乙公司支付合同欠款。2018年3月，法院作出一审判决，判令乙公司清偿欠款280万元。但乙公司不服一审判决，提起上诉。二审法院经审理后，于2018年7月作出判决，维持原判。后乙公司还是没有履行生效判决，甲公司遂向法院申请执行，但由于乙公司没有可供执行的财产，只得终结本次执行。

2019年5月，甲公司在乙公司的工商登记档案中发现，一审判决后，乙公司在未经股权价值评估的情况下，将其拥有的丙公司49%的股权以1元的价格转让给案外人李某。甲公司认为乙公司的行为会极大地削弱其偿还债务的能力，进而严重损害甲公司的权益，所以向法院起诉要求撤销乙公司和李某的股权转让行为，并要求李某将上述49%股权退回丙公司。

法院经审理后认为，因债务人放弃其到期债权或者无偿转让财产，对债权人造成损害的，债权人可以请求法院撤销债务人的行为。本案中，乙公司未能履行生效判决确定的其对甲公司的债务，却提前将其持有的丙公司49%的股权以1元这一近乎无偿的方式转让给案外人李某，且李某并未支付股权转让价款，对债权人甲公司造成了损害。至于乙公司提供的丙公司企查查信息以及丙公司自制的利润表，并不能证明丙公司资不抵债的事实，且公司股权价值也并非仅凭上述证据可予以确定。故甲公司在本案的主张符合债权人撤销权的法律构成要件，法院对甲公司诉讼请求予以支持，最终判令撤销乙公司转让股权的行为及其与李某签订的《股权转让协议》，李某在判决生效后将49%股权变更登记至乙公司名下。①

● 律师提示

关于债权人撤销权制度，《民法典》作出了明确的规定。从《民法典》的相关规定可以看出，债权人的撤销权共有两种构成模式："第538条规定的无偿行为"和"第539条规定的有偿行为"。对于"第538条的无偿行为"，法律只要求实际损害债权，就可以申请撤销，无须考虑债务人的相对人的主观想法。对于"第539条有偿行为"，除考察是否实质损害债权外，还需要分析债务人、受让人的主观意思。本案中，法院认定乙公司作为债务人，以1元的价格将所持有的股权转让给案外人，实质上就是无偿转让给李某，导致债权人甲公司无法得到受偿，此情形与第538条的规定基本一致，法院也正是据此判令撤销乙公司股权转让的行为。

值得一提的是，债权人在行使撤销权时，除符合上述两法条所规定的内容时，还应当注意以下事项：

（1）债权必须是合法有效的债权，例如不能是赌博或者其他违法犯罪活动中产生的债权。

（2）撤销权的行使范围以债权人的债权为限。债权人行使撤销权的费用，如律师费、差旅费等可以申请由债务人承担。

---

① 参见上海市普陀区人民法院民事判决书，（2019）沪0107民初15122号。

（3）行使撤销权不以债务到期或债权数额精确为前提。

（4）撤销权行使期限。债权人应该在知道或者应当知道撤销事由也就是债务人发生放弃债权、放弃担保、无偿转让、不合理价格转让等情形之日起一年内行使撤销权，最长期限为自债务人的行为发生之日起5年。此期间不能中断、中止和延长，如果债权人没有在这期间要求撤销债务人的行为，期限经过后，申请撤销的实体权利也就丧失了，所以，企业家作为债权人时，要尤为注意。

法律永远不保护躺在权利上睡觉的人。当企业家作为债权人时，应当时常关注债务人的情况，尤其是在债务快到期时，当知道债务人存在无偿转让或不合理价格转让其自身财产，并符合上述条件时，不要拖延，要及时行使债权人撤销权，为债务人套上紧箍。

法规速递

《中华人民共和国民法典》

第五百三十八条 债务人以放弃其债权、放弃债权担保、无偿转让财产等方式无偿处分财产权益，或者恶意延长其到期债权的履行期限，影响债权人的债权实现的，债权人可以请求人民法院撤销债务人的行为。

第五百三十九条 债务人以明显不合理的低价转让财产、以明显不合理的高价受让他人财产或者为他人的债务提供担保，影响债权人的债权实现，债务人的相对人知道或者应当知道该情形的，债权人可以请求人民法院撤销债务人的行为。

51. 慎重对待解约条款

——细说合同的解约条款

“解约条款”是一份完美合同的必备的条款。正常情况下，当合同一方违约导致合同履行不能，另一方按照合同条款约定行使解约权时，就可以合法、合理解除合同。但是，只要合同中有“解约条款”，享有合同解除权的当事人就可以顺利解约了吗？结果并不尽然。接下来，我们以案说法，看看合同中约定的“解约条款”会给企业家带来怎样的法律风险。

• 以案说法

吉森公司成立于2013年6月6日，注册资本为5000万元，股东共有两人：甲（占股70%）、乙（占股30%）。2017年12月2日，甲与九洲公司签订《股权转让协议》，协议约定：（1）甲持有的吉森公司70%的股权转让给九洲公司。（2）九洲公司分期支付1.5亿元的股权转让款，第一次支付为协议签订后的7个工作日内支付30%即1250万元；2018年3月1日前再支付30%；2018年6月1日前支付剩余的40%。（3）双方在协议签订后7日内应完成吉森公司日常经营管理、印章、证照及财务档案等的移交手续。（4）如任一方违约，违约方应向守约方承担违约责任，给对方造成损失时，守约方有权单方解除合同。

后因九洲公司未按约支付第一期股权转让款1250万元，甲于2018年1月14日向九洲公司发送《解除合同通知书》。九洲公司不同意解除，故诉至法院，请求确认甲的解除行为无效，并要求继续履行协议。

法院经审理后认为，协议中虽有“任何一方违约给对方造成损失的，另一方有权解除合同”的约定，但泛化了作为合同约定解除条件的违约行为，将所有违约行为不加区分同质化，将导致解除合同过于随意，增加了合同被解除的风险，不利于交易安全和稳定。因此，此类约定虽在形式上约定了合同解除的条件，但实属对解除条件约定不明，不能当然以此为由主张解除合同，而应当结合合同履行情况、违约程度等因素，从合理平衡双方利益出发，慎重判断合同是否符合法定解除条件。因此，本案中解除条款约定不明，甲的解除行为无效，《股权转让协议》应继续履行。①

● 律师提示

上述案例中，《股权转让协议》中约定了“如任一方违约，违约方应向守约方承担违约责任，给对方造成损失时，守约方有权单方解除合同”解约条款，法院为何判定系约定不明，解约无效？企业家在行使合同解约权时需要注意什么才能避免遭遇企业家甲这样的败诉结果呢？

1. 合同约定方面：合同中关于解约条款的约定应明确、具体，具备实际操作性

解约条款是合同常备条款，基本每份合同都具备此条款。但在法律实践当中，常常会出现无法行使解约权的解约条款。合同虽然约定解约权，但对该权利的约定过于笼统、敷衍，合同一方无法以此行使解约权，如此便不利于己方利益之保护。因此，具有可执行性的解约条款通常须具备“明确的可解约事项”“解约通知发送对象、地址”“解约方式”“解约时间”等。

2. 解除权类型：通常分为“约定解除权”和“法定解除权”

“约定解除权”是指当事人协商一致可解除合同，当事人可在合同约定一方可解除合同的事由，当事由发生时，解除权人可解除合同。“法定解除权”是指在法律有明确规定的情况下，合同守约方有权根据法律规定依法解除合同，《民法典》第563条明确规定当事人可解除合同的几类情形。实践中企业家应该根据合同类型及约定事项，在合同中明确约定可解约情形，遇到一方违约行为时，可尽快行使解除权，及时止损。

---

① 参见最高人民法院民事判决书，（2018）最高法民终863号。

3. 实际行使方面：严格按照合同约定及法律规定，判断对方行为是否符合“合同约定解约”或“法律规定解约”的违约情形，按照合同约定方式解除合同，最大限度避免恶意涉诉

根据法律规定及常规的合同约定，原则上仅有守约方才有权利行使合同解约权，违约方如不符合特定条件则不享有合同解约权。所以，企业家作为守约方欲行使合同解约权，需先判断对方的违约行为是否符合可解约的情形。如对方不履行合同约定的行为符合合同解约条款约定或法律规定的解约情形，我们有权行使解约权。同时解除合同应以“通知”的方式行使，为保留证据，建议以“书面形式”通知对方解除合同。

4. 如遇一方不当行使解约权，应及时回函、交涉或诉讼等，及时保护己方合同利益

法律实践中经常会出现一方恶意行使解约权，违法发送解约函件的情形。碰到这种情况，建议先保留对方发送的解约通知，尽快收集对方的违约情形，通过回函、交涉等方式明确表示不同意解除合同。如遇双方争议、纠纷过大，建议委托专业律师介入处理或尽快提起诉讼，维护己方合同利益，追偿对方违法解约行为造成的己方损失。

《民法典》充分尊重合同当事人的意思自治，因此，允许当事人在合同中约定解除条款。正常情况下，当该解除条款约定的条件成就时，守约方便可行使解约权，使合同的权利义务归于消灭。但是出于交易稳定性的考量，即使约定了合同解除条款，法院也不会一律机械地适用该条款判决所有的合同解除（特别是在解除权条款约定不清晰的时候），而是要综合多种情况判定。因此，企业家在合同签订的过程中，对解除条款的约定要参照如上建议方能周全地保护自己的合法权益。

● 法规速递

《中华人民共和国民法典》

第五百六十三条 有下列情形之一的，当事人可以解除合同：

（一）因不可抗力致使不能实现合同目的；

（二）在履行期限届满前，当事人一方明确表示或者以自己的行为表明

不履行主要债务；

（三）当事人一方迟延履行主要债务，经催告后在合理期限内仍未履行；

（四）当事人一方迟延履行债务或者有其他违约行为致使不能实现合同目的；

（五）法律规定的其他情形。

以持续履行的债务为内容的不定期合同，当事人可以随时解除合同，但是应当在合理期限之前通知对方。

52. 一招不慎，满盘皆输

——买卖合同中未约定“交付地点”的法律风险

企业家在签订买卖合同时，通常重点关注的是合同标的、价款、质量以及违约责任等基础条款，对于交付地点这项发生纠纷概率相对较小的条款则往往不太在意，有的买卖合同干脆就没有约定交付地点。但实际上，交付地点的确定与合同标的物损毁、灭失的风险承担主体息息相关，合同是否约定交付地点，可能会导致承担风险主体完全不同。接下来，我们以案说法，看看案例中合同未约定交付地点会给企业带来怎样的法律风险。

● 以案说法

2012年8月14日，A公司和B公司签订《供需合同》，约定：A公司向B公司采购锡粉、铜锡合金粉，合计价款76,000元，运输费用由A公司承担。签订合同后，A公司向B公司支付了货款。B公司在收款后以委托物流代运的方式向A公司发货。8月20日，B公司将货物委托金华物流托运至黄岛（山东青岛市），收货人记载为A公司员工盖某。8月22日，金华物流从丹东将货物运至青岛。9月13日，一名姓王的男子，去到金华物流处表示要提走从丹东运输到的货物，金华物流把货物交给对方。9月25日，A公司称没有接收到货物。2013年2月15日，A公司向B公司发《催告函》称，A公司已支付货款，但一直未收到货物，故要求B公司交付货物或退还货款等。B公司收到该函件，但未按函件要求交货或退款，故A公司将B公司诉至法院请求判令：（1）解除双方之间的《供需合同》；（2）B公司返还A公司货款76,000元。

法院经审理后认为，买卖合同中，出卖人应当按照约定的地点交付标的物，当事人没有约定交付地点又不能协商确定的，如标的物需要运输，出卖人应当将标的物交付给第一承运人以运交给买受人。且出卖人将标的物交付给第一承运人后，标的物毁损、灭失的风险由买受人承担。本案中，A公司与B公司在《供需合同》中未约定交付地点，结合双方的交易惯例，可确定合同标的物均是由B公司托运给A公司，B公司已将标的物交第一承运人，视为完成货物交付。A公司虽未收到标的物，但运输过程中发生的标的物毁损、灭失的风险依法应由A公司承担。法院判决：驳回A公司的诉讼请求。①

律师提示

通过上述案例可以看出，A公司和B公司在《供需合同》中因没有对货物交付地点进行约定，根据惯例货物需要托运，而B公司已将货物交给承运人，因此，A公司需要对货物的毁损灭失承担风险。是否对货物交付地点进行约定，买卖双方承担货物毁损、灭失的风险不同：

1. 合同双方对“交付地点”有明确约定

根据《民法典》第604条的规定，当合同双方已经约定交付地点时，卖方将货物送至约定交付地点即视为交付，货物送至约定地点前，货物损毁、灭失的风险由出卖人承担，之后，则由买受人承担。

2. 合同双方对“交付地点”没有约定或约定不明

结合《民法典》第510条、第603条、第607条第2款的规定，当事人没有约定交付地点或者约定不明确，又不能达成补充协议，按照合同相关条款或者交易习惯仍不能确定交付地点的，适用下列规定：

（1）标的物需要运输的，出卖人应当将标的物交付给第一承运人以运交给买受人，出卖人将标的物交付给第一承运人后，标的物毁损、灭失的风险由买受人承担。

（2）标的物不需要运输的，出卖人和买受人订立合同时知道标的物在某

① 参见上海市第一中级人民法院民事判决书，（2013）沪一中民四（商）终字第1652号。

一地点的，出卖人应当在该地点交付标的物；不知道标的物在某一地点的，应当在出卖人订立合同时的营业地交付标的物。

由此可见，若双方对交付地点没有约定或约定不明，在符合货物需要运输以及无法根据合同其他条款或者交易习惯确定交货地点这两个条件时，只要货物的出卖人把货物交给第一承运人，风险就开始转移给买方。法院在上述案例中也是根据法律的规定，并先后对A公司和B公司在《供需合同》中有没有约定交付地点、货物是否需要运输、货物是否交承运人等事实进行审查认定，最后作出判决。

买卖合同交付地点的确定往往决定着货物损毁、灭失风险的承担主体是合同的买方还是卖方。总的来说，企业家作为买方，当货物容易因外部环境的变化而失去原有的使用价值时，建议向出卖方明确交付地点，这样可以防止买方过早地承担风险。

• 法规速递

《中华人民共和国民法典》

第五百一十条 合同生效后，当事人就质量、价款或者报酬、履行地点等内容没有约定或者约定不明确的，可以协议补充；不能达成补充协议的，按照合同相关条款或者交易习惯确定。

第六百零三条 出卖人应当按照约定的地点交付标的物。

当事人没有约定交付地点或者约定不明确，依据本法第五百一十条的规定仍不能确定的，适用下列规定：

（一）标的物需要运输的，出卖人应当将标的物交付给第一承运人以运交给买受人；

（二）标的物不需要运输，出卖人和买受人订立合同时知道标的物在某一地点的，出卖人应当在该地点交付标的物；不知道标的物在某一地点的，应当在出卖人订立合同时的营业地交付标的物。

第六百零四条 标的物毁损、灭失的风险，在标的物交付之前由出卖人承担，交付之后由买受人承担，但是法律另有规定或者当事人另有约定的除外。

第六百零七条 出卖人按照约定将标的物运送至买受人指定地点并交付给承运人后，标的物毁损、灭失的风险由买受人承担。

当事人没有约定交付地点或者约定不明确，依据本法第六百零三条第二款第一项的规定标的物需要运输的，出卖人将标的物交付给第一承运人后，标的物毁损、灭失的风险由买受人承担。

53. 抵押不登记，是否有效力

——不动产未办理抵押登记的法律风险

通常企业家作为债权人在和债务人签订债权债务合同时，为了确保债务到期后，能顺利实现债权，往往会要求债务人提供其名下的不动产或其他财产来作抵押。但有的债权人由于缺乏相关法律知识，并不清楚签订《不动产抵押合同》后，还要办理不动产抵押登记手续。也有的债权人因为各方面原因，没有办理抵押登记，致使双方发生纠纷时债权人不知道该如何主张权利。那么，是否办理抵押登记对债权人实现债权有什么影响呢？在设立抵押时债权人该注意哪些事项呢？接下来，我们以案说法，来对这些问题进行分析。

● 以案说法

李某是甲公司与乙公司股东，同时也担任两公司的法定代表人。2017 年 7 月，因甲公司经营需要，李某打算向好朋友王某借款 5000 万元。经与王某协商，李某与王某签订《借款协议》，约定了借款的金额、期限与利息。同时，乙公司作为抵押人以其名下的房地产提供抵押担保，但未进行抵押登记。后王某按照约定将 5000 万元借款本金全额汇入甲公司账户，但借款到期后，李某和甲公司都没有按照约定还本付息，乙公司因为经营不善，合同约定抵押给王某的房地产也被另案法院查封。王某多次催讨无果，便向法院提起诉讼。要求李某和甲公司归还借款，并要求乙公司以其抵押的房地产承担连带赔偿责任。

法院经审理后认为，本案中，《借款协议》是各方当事人的真实意思表示，是合法有效的合同。王某已经依约向李某支付借款，李某理应足额向王某履行还款义务。关于王某对乙公司名下房地产的抵押权是否设立的问题，根据《民法典》第395条和第402条的规定，以不动产设立抵押的，应当办理抵押登记手续，抵押权自登记时设立，王某与乙公司没有对房地产办理抵押登记手续，抵押权未设立。但《借款协议》中，王某与乙公司对房地产抵押的意思表示明确，没有办理抵押登记，并不影响抵押合同的效力，不动产抵押合同成立并生效，乙公司应当在担保范围内承担补充赔偿责任。①

律师提示

通过上述案例可以看出，即便债权人与抵押人签订了有效的抵押合同，但若是没有办理抵押登记，抵押权就未设立。因此，是否办理不动产的抵押登记手续将决定着抵押权是否设立。那么，有企业家可能会问，抵押权是否设立对债权人究竟有什么影响呢？设立抵押应注意哪些问题呢？下面就对该问题进行分析：

1. 未办理不动产抵押登记，债权人将不能就抵押财产优先受偿

虽然未办理抵押登记不影响抵押合同的效力，抵押人仍应在抵押合同约定的担保范围内承担责任，但是，因未进行不动产抵押登记，债权人将不能就抵押财产进行优先受偿。抵押人承担的只是普通的担保责任，如果抵押人后续将不动产抵押给其他的债权人，并且设立了抵押登记，那么，因该债权人对抵押财产享有优先受偿权，作为未进行抵押登记的债权人想要实现债权的风险就增加了。

就像上述案例，从乙公司因经营不善房产已经被查封的事实来看，乙公司很有可能经济状况不好，并且还有可能存在其他的债务，这种情况下，王某能拿回多少钱是不确定的。但若当初进行了抵押登记，抵押权设立，王某就可以对抵押的房地产在抵押的范围内进行优先受偿。可见，抵押权是否成功设立，对债权的实现来说非常重要。

2. 设立抵押应注意的事项

（1）签订抵押合同的抵押人与不动产权利人应一致

债权人在与抵押人签订抵押合同时，需要特别注意抵押财产是否共有，如

---

① 参见上海市嘉定区人民法院民事判决书，（2021）沪0114民初8704号。

果是共有的，则抵押合同也要由共有人签字同意，以确保抵押合同合法有效。

（2）抵押人如是公司应要求提供章程

如果抵押人为公司，应要求其提供公司章程，如果章程规定对外担保需要经股东会决议或特别决议，则需要让公司提供相应的股东会决议，以免其他股东对抵押的效力提出质疑。

（3）关注抵押物自然状况

在办理抵押登记前，债权人还应当时刻关注抵押物的自然状况，比如关注抵押物是否有发生损毁、灭失或者被征收等情形。

（4）催促抵押人配合办理抵押登记手续

债权人与抵押人签订抵押合同后，还应当及时催促抵押人配合办理抵押登记手续，确保抵押权完成设立。

所谓凡事不打无准备之仗，为了避免后续发生纠纷，债权人与抵押人在签订抵押合同时需严格审查，另外还需关注抵押物自然状况，并及时办理抵押登记。

● 法规速递

《中华人民共和国民法典》

第三百九十五条 债务人或者第三人有权处分的下列财产可以抵押：

（一）建筑物和其他土地附着物；

（二）建设用地使用权；

（三）海域使用权；

（四）生产设备、原材料、半成品、产品；

（五）正在建造的建筑物、船舶、航空器；

（六）交通运输工具；

（七）法律、行政法规未禁止抵押的其他财产。

抵押人可以将前款所列财产一并抵押。

第四百零二条 以本法第三百九十五条第一款第一项至第三项规定的财产或者第五项规定的正在建造的建筑物抵押的，应当办理抵押登记。抵押权自登记时设立。

54. 对方违约，为何我要担责

——守约方承担减损义务

企业家在合同履行期间，难免会碰到因相对方违约而造成损失的情况。此时，作为守约方，大部分企业会选择主动向违约方主张权利，并采取措施控制损害结果的扩大。但也有部分企业可能会认为，反正损失是可以要求违约方赔偿的，没有必要浪费时间、精力去替违约方减少损失。那么，企业家作为守约方是否有义务采取措施控制损害结果的扩大呢？接下来，我们以案说法，看看案例中法院是否认定守约方有义务控制损失扩大。

● 以案说法

2016年6月27日，海临公司与贾某签订《预约出租车合作经营合同》，约定：贾某与海临公司合作经营预约出租车，贾某须按时将服务费、保险费用和车船税交付海临公司，合作经营期内，若贾某发生拖欠服务费用或其他应付款项等情况的，海临公司有权解除合同。自2017年5月20日起，贾某未再向海临公司支付任何款项。2018年3月24日，海临公司宣布解除合同、收回车辆，但车辆收回后海临公司将车辆空置，未再次投入营运。2018年5月28日，海临公司通过C公司再次为系争车辆投保交强险，保险期间2018年6月20日至2019年6月19日，交强险保险费为1782元、代收车船税为360元。因贾某迟迟不支付各项费用，海临公司将其诉至法院，要求贾某支付海临公司合同解除前及解除后产生的服务费、保险费用和车船税等各项费用。

法院经审理后认为，关于合同解除后的保险费、车船税，根据法律规定，当事人一方违约后，对方应当采取适当措施防止损失的扩大；没有采取适当措施致使损失扩大的，不得就扩大的损失要求赔偿。海临公司收回车辆后，即获取了车辆的处分权，海临公司应按约及时处置车辆，或将车辆投入营运，现海临公司不采取积极的证据保全措施，反而以双方纠纷未解决为由将系争车辆空置，导致海临公司无法获得营运收入并持续产生保险费、车船税等损失，该行为属于未采取适当措施致使损失扩大，海临公司要求贾某承担该部分扩大的损失并承担车辆保险费、车船税，于法无据，不予支持。①

● 律师提示

正如上述案例，虽然贾某拖欠海临公司各项费用属于违约，但海临公司在收回车辆后，以存在诉讼纠纷为由，将车辆空置，但却要求贾某承担车辆控制期间的损失。海临公司显然未履行减损义务，因此，法院未支持其主张。既然守约方有采取措施减少损失的义务，那么，该如何认定守约方是否已经履行减少损失的义务呢？应当从守约方主观上是否具有善意以及客观上实施的行为两个方面综合认定。

1. 守约方主观上是否善意

法律规定“减损义务”的目的在于遏制守约方的恶意扩大损失行为，减少社会财产的浪费，促进社会资源的合理配置。因此，在市场交易中，守约方在对方违约后在主观上应当考虑积极采取适当措施防止或避免损失的发生或扩大，否则其无权针对扩大的损失向违约方主张权利，这也是诚实信用原则的应有之义。

2. 守约方客观上实施的行为

守约方客观行为主要看守约方是否有向违约方进行过告知，是否明显有其他途径可以规避风险等。实践中，守约方常见的减少损失措施主要有发送书面通知、中止履行合同、解除合同、及时消除扩大损失的源头等。

“法律不保护躺在权利上睡觉的人”，不论法律是否对守约方防止损失扩大有所规定，从道义或情理上来说这都是合同的善意相对方应尽的义务。

---

① 参见上海市第一中级人民法院民事判决书，(2019) 沪01民终15711号。

法规速递

《中华人民共和国民法典》

第五百九十一条 当事人一方违约后，对方应当采取适当措施防止损失的扩大；没有采取适当措施致使损失扩大的，不得就扩大的损失请求赔偿。

当事人因防止损失扩大而支出的合理费用，由违约方负担。

55. 异议不趁早，麻烦少不了
——买卖合同未及时提起质量异议的法律风险

买卖合同关系中，卖方交付的商品在质量方面是否符合合同的约定是双方非常关注的问题。由于很多商品往往需要使用一段时间后才能知道是否存在质量问题，因此，合同签订双方通常需要在合同中约定对货物的检验期或质量异议期，以确保卖方交付的商品在出现质量问题时可以在有效期内维护自身合法权益。然而，部分企业在签订买卖合同时会疏于对质量异议期间或检验期进行约定，如此便会给维权增添极大的法律风险。接下来，我们以案说法，看看买卖合同中未及时约定或提起质量异议会给合同当事人带来怎样的法律风险。

- **以案说法**

2016 年 10 月 18 日，甲公司与乙公司签订《买卖合同》，约定甲公司向乙公司供应多媒体展示设备并负责安装，设备质保期 1 年。乙公司则应在合同签订时预付 10 万元定金，设备到场后再付 10 万元，安装验收后在 15 个工作日内支付剩下 20 万元款项。2016 年 11 月 17 日，甲公司将合同约定的设备送达乙公司处，并在 11 月 30 日将所有相关设备安装完毕，乙公司也已将设备投入实际使用。但当甲公司要求支付后续合同款项时，乙公司以设备质量不合格为由拒绝支付。甲公司遂向法院提起诉讼，要求乙公司支付款项。

根据《合同法》（已失效）（现《民法典》第 621 条第 2 款）的规定，当事人没有约定检验期间的，买受人应当在发现或者应当发现标的物的数量或者质量不符合约定的合理期间内通知出卖人。买受人在合理期间内未通知或者自标的物收到之日起两年内未通知出卖人的，视为标的物的数量或者质量符合约定，但对标的物有质保期的，适用质保期，不适用该两年的规定。本案双方未在合同中约定检验期间，但约定了质保期为1年，鉴于乙公司自认涉案设备已于2016年年底交付并安装到位且已经实际使用，现1年质保期和2年检验期都已经过，乙公司未举证证明其曾就涉案设备向甲公司提出过质量异议。因此，乙公司应当支付剩余合同款。

律师提示

根据法院上述判决以及《民法典》的规定，对于买卖合同的质量瑕疵纠纷案件，首先，需要审查合同双方是否约定有检验期，如果对检验期有约定的，买方一般应在检验期间内提出质量异议。如果对检验期没有约定的，要审查合同双方是否对质保期有所约定，有约定的可以在质保期内提出质量异议，没有约定的话，买方一般应当在最长不超过两年的合理期间内提出质量异议。其次，如果卖方在出售商品时就已经知道或者应当知道商品不符合约定的，买方提出质量异议的时间不受上述时间限制。上述案例中，甲公司和乙公司没有约定产品检验期间，只约定有1年的质保期，但乙公司在1年质保期和2年检验期内都没有提出质量异议，所以法院视为甲公司的商品符合质量要求，并以此支持甲公司要求乙公司支付货款的请求。

这里，很多企业家可能会有疑问，既然在约定检验期间的情况下，提起质量异议的时间是按照检验期限确定，那约定很短的检验时间不就可以避免商品质量被查出问题吗？其实不然。根据《民法典》第622条的规定，当事人约定的检验期限过短，根据标的物的性质和交易习惯，买受人在检验期限内难以完成全面检验的，该期限仅视为买受人对标的物的外观瑕疵提出异议的期限。买卖双方约定的检验期间短于法律、行政法规规定的检验期间的，则应当以法律、行政法规规定的检验期间为准。因此，检验期间是不能随意缩短的，如果约定的检验期太短，将会被视为只针对商品外观提出异议的期限，而发现商品隐蔽的质量瑕疵期限还是应当适当延长。

综上，如果企业是合同的买方，应当约定明确的检验期限，而且检验期限应当尽量加长，以便发现隐蔽的质量问题。如果是合同卖方，尽量约定在合理期限内完成检验（不建议约定过短）。买方在发现质量问题后，应及时提出书面质量异议，以免超过质量保质期后，丧失主张质量不合格的权利。

法规速递

《中华人民共和国民法典》

第六百二十一条 当事人约定检验期限的，买受人应当在检验期限内将标的物的数量或者质量不符合约定的情形通知出卖人。买受人怠于通知的，视为标的物的数量或者质量符合约定。

当事人没有约定检验期限的，买受人应当在发现或者应当发现标的物的数量或者质量不符合约定的合理期限内通知出卖人。买受人在合理期限内未通知或者自收到标的物之日起二年内未通知出卖人的，视为标的物的数量或者质量符合约定；但是，对标的物有质量保证期的，适用质量保证期，不适用该二年的规定。

出卖人知道或者应当知道提供的标的物不符合约定的，买受人不受前两款规定的通知时间的限制。

第六百二十二条 当事人约定的检验期限过短，根据标的物的性质和交易习惯，买受人在检验期限内难以完成全面检验的，该期限仅视为买受人对标的物的外观瑕疵提出异议的期限。

约定的检验期限或者质量保证期短于法律、行政法规规定期限的，应当以法律、行政法规规定的期限为准。

56. 赌博会上瘾，对赌需谨慎

——签订“对赌协议”的法律风险与防范

“对赌协议”又称估值调整协议，根据《全国法院民商事审判工作会议纪要》的相关规定，“对赌协议”是指投资方与融资方在达成股权性融资协议时，为解决交易双方对目标公司未来发展的不确定性、信息不对称以及代理成本问题，而设计的包含了股权回购、金钱补偿等对未来目标公司的估值进行调整的协议，简单来说就是一种“鞭策协议”。通过签署该协议，可以鞭策目标公司飞速发展，实现对赌目标，进而实现双赢。如果被投资公司没有达到对赌目标，投资人可以通过依约主张金钱补偿或者股权回购来弥补一些损失。随着资本市场的日益发展，“对赌协议”因其可以促进合作共赢的优势逐渐成为近年来目标公司融资的重要渠道，但其引发的纠纷也在逐年增长，再加上目前司法实践就“对赌协议”效力（特别是目标公司回购的效力）以及是否符合履行条件存在一定的分歧，大大增加了“对赌协议”的不确定性及签订双方的风险。接下来，我们以案说法，看看司法实践中法院就“对赌协议”的认定及其引发的相关风险。

● 以案说法

2016年4月28日，甲公司与乙公司签订《增资协议》，约定甲公司通过增资的方式向乙公司投资，双方对投资前提条件、增资、陈述、承诺和保证、股东的权利和义务、违约及赔偿等内容进行了约定。同日，双方又与自然人丙签订《增资协议的补充协议》，各方对经营业绩、退出（股权回购）等内容进行了约定。合同签订后，甲公司向乙公司支付投资款1050万元，并办理工商变更登记，甲公司被登记为乙公司股东。后乙公司于2016年度亏损400

余万元，未能达到协议约定归属于母公司的税后净利润 1.5 亿元的要求。因此，甲公司向法院起诉，要求乙公司回购股权并支付股权回购款。

最高人民法院经审理后认为，根据《全国法院民商事审判工作会议纪要》（2019）的相关规定，投资方请求目标公司回购股权的，人民法院应当依据公司法关于“股东不得抽逃出资”或者关于股份回购的强制性规定进行审查。经审查，目标公司未完成减资程序的，人民法院应当驳回其诉讼请求。甲公司要求乙公司回购股权，应当围绕乙公司是否完成减资程序进行审查。但鉴于甲公司并未主张乙公司已完成减资程序，也未提交有关减资的证据，最终，法院未支持甲公司的诉讼请求。①

● 律师提示

实务中，关于“对赌协议”的争议，以往主要集中于协议是否有效进行审查。最高人民法院曾作出（2012）民提字第 11 号民事判决，其认为融资的目标公司和投资者签署“对赌协议”时不仅要遵守合同法的规定，还应当符合公司法等相关法律的规定。投资者与目标公司所签署“对赌协议”的补偿条款如果约定投资者的收益是稳定的而不是按照被投资目标公司的经营情况随时进行调整的，该条款实质上会损害被投资目标公司及其债权人利益，故应认定无效。此后，我国很多法院的判决也不乏完全否定投资者与目标公司订立的“对赌协议”的例子。2019 年 11 月 8 日，最高人民法院发布《全国法院民商事审判工作会议纪要》，明确了投资者与目标公司所签署“对赌协议”效力及履行的处理原则，其认为与被投资目标公司对赌的股份回购条款是否有效要结合个案进行认定，原则上如果“对赌协议”没有其他合同无效事由，法院应当认定有效并支持实际履行。此外，《全国法院民商事审判工作会议纪要》（2019）还明确“对赌协议”的履行可能性的审查规则。投资者若起诉目标公司要求回购股权或者要求按约定支付补偿款的，人民法院应当审查“对赌协议”是否违反效力性强制性规定，如公司法规定的“股东不得抽逃出资”以及股份回购、利润分配的强制性规定等，并据此认定是否

① 参见中华人民共和国最高人民法院民事判决书，（2020）最高法民申 1191 号。

支持投资者的诉讼请求。若目标公司符合未完成减资程序、目标公司经营没有利润的情形，法院应当驳回投资者的诉讼请求。结合上述最高人民法院的近期案例可以看出，其判决观点也与《全国法院民商事审判工作会议纪要》（2019）的精神相符合。综上，企业家投资者若要参与对赌，可以采取以下风险防范措施：

第一，投资方应当审慎核实投资标的。我国国有资产转让需要履行特定的法律程序，如果未履行决策、审批等程序，“对赌协议”可能存在无效的风险。如果投资为外资时，还应当核实投资标的是否属于禁止或者限制投资的项目。

第二，投资方应当选择适格相对方签订协议，最好将对赌的义务主体确定为融资公司的控股股东或者实际控制人。《全国法院民商事审判工作会议纪要》（2019）对于投资者和目标公司对赌以及和目标公司的股东或者实际控制人对赌做了区别规定：对于投资者与目标公司的股东或者实际控制人订立的对赌协议的效力及履行并无争议，原则上应当认定有效，而投资者与目标公司的对赌虽并非一律无效，但因其违反法律法规效力性强制性规定的可能性较高而有被认定无效的风险。因此，出于安全和便利的考量，可以将对赌协议的义务主体确定为融资公司的控股股东或者实际控制人，并由融资公司为控股股东或者实际控制人的回购义务承担连带责任。如此，可以尽可能地降低纠纷的发生率。

第三，建立股份回购义务触发减资决议生效机制。为了避免像前文案例中出现的由于没有履行前置的减资程序而导致股份回购失败的情况，可以建立一种股份回购义务触发减资决议生效机制，即可以要求股东会预先作出附生效条件的减资决议，一旦股份回购义务被触发，减资决议即生效。如此便可以避免因为没有履行前置程序而导致股份回购不能的尴尬场景的出现。

第四，企业家投资者可以采用分期、分阶段投资的策略。在美国风险投资协会编著的《美国风险投资示范合同》一书中介绍了分期融资机制，即在“对赌协议”中约定分阶段实现“对赌”的目标，此种方法值得借鉴。因为，在对赌投资过程中，由于未来的不确定性和风险的不可预知性，投资者对很多信息都掌控不准，但是如果实行分阶段对赌策略，可以在一个阶段获得成功后，选择继续加码投资，也可以在阶段性失利后，选择减少投资，进而最大限度地降低风险。

企业的发展需要资本的助力，“对赌协议”不仅可以为企业开辟一条顺畅的融资通道还可以有效保护投资者的利益，但其也是一把“双刃剑”，如果运用得当，则可以实现双赢，如果运用失当，该剑就会变成高悬在企业和投资者头顶的达摩克利斯之剑，因此，企业家签订“对赌协议”之前一定要慎之又慎。

● 法规速递

《中华人民共和国公司法》

第三十五条 公司成立后，股东不得抽逃出资。

第一百四十二条 公司不得收购本公司股份。但是，有下列情形之一的除外：

（一）减少公司注册资本；

（二）与持有本公司股份的其他公司合并；

（三）将股份用于员工持股计划或者股权激励；

（四）股东因对股东大会作出的公司合并、分立决议持异议，要求公司收购其股份；

（五）将股份用于转换上市公司发行的可转换为股票的公司债券；

（六）上市公司为维护公司价值及股东权益所必需。

公司因前款第（一）项、第（二）项规定的情形收购本公司股份的，应当经股东大会决议；公司因前款第（三）项、第（五）项、第（六）项规定的情形收购本公司股份的，可以依照公司章程的规定或者股东大会的授权，经三分之二以上董事出席的董事会会议决议。

公司依照本条第一款规定收购本公司股份后，属于第（一）项情形的，应当自收购之日起十日内注销；属于第（二）项、第（四）项情形的，应当在六个月内转让或者注销；属于第（三）项、第（五）项、第（六）项情形的，公司合计持有的本公司股份数不得超过本公司已发行股份总额的百分之十，并应当在三年内转让或者注销。

上市公司收购本公司股份的，应当依照《中华人民共和国证券法》的规定履行信息披露义务。上市公司因本条第一款第（三）项、第（五）项、第（六）项规定的情形收购本公司股份的，应当通过公开的集中交易方式进行。

公司不得接受本公司的股票作为质押权的标的。

《全国法院民商事审判工作会议纪要》

5.【与目标公司“对赌”】投资方与目标公司订立的“对赌协议”在不存在法定无效事由的情况下，目标公司仅以存在股权回购或者金钱补偿约定为由，主张“对赌协议”无效的，人民法院不予支持，但投资方主张实际履行的，人民法院应当审查是否符合公司法关于“股东不得抽逃出资”及股份回购的强制性规定，判决是否支持其诉讼请求。

投资方请求目标公司回购股权的，人民法院应当依据《公司法》第35条关于“股东不得抽逃出资”或者第142条关于股份回购的强制性规定进行审查。经审查，目标公司未完成减资程序的，人民法院应当驳回其诉讼请求。

投资方请求目标公司承担金钱补偿义务的，人民法院应当依据《公司法》第35条关于“股东不得抽逃出资”和第166条关于利润分配的强制性规定进行审查。经审查，目标公司没有利润或者虽有利润但不足以补偿投资方的，人民法院应当驳回或者部分支持其诉讼请求。今后目标公司有利润时，投资方还可以依据该事实另行提起诉讼。

57. 公司如何实现“1 + 1 > 2”的目标

——公司合并的法律风险与防范

公司合并是指两个或两个以上的公司依照法定条件和程序，合并为一个公司的情形，它往往是一个公司整合其他公司的现有资源，提高资源利用效率，增强公司竞争力的重要方式。但由于公司的合并涉及公司的存续问题以及公司自身的经营战略调整，同时也会间接影响债权人的权益，我国公司法对公司合并设置了严格的法定程序。因此，公司的合并不仅需要参与方达成合意，还需满足法律规定的程序要求，否则可能会导致合并失败甚至承担赔偿责任。接下来，我们以案说法，看看公司间合并需要注意哪些法律风险。

● 以案说法

甲公司与乙公司都是具有施工图审查资质的公司。2016 年 10 月 8 日，甲公司与乙公司签订《框架协议》决定合并成立新的施工图审查公司，并且约定双方各占新公司 40% 的股份，剩余 20% 股份作为审查骨干的红利来源。甲公司签订《框架协议》后，为履行公司合并义务，安排审查技术人员转注至乙公司处，并陆续将全部核心资产也转至乙公司处，乙公司也予以全盘接收，但乙公司并未按照合同约定与甲公司合并。甲公司认为，其因履行公司合并义务丧失了施工图审查资质，乙公司因获得了原本属于甲公司的业务，业务量翻倍增长，但却以各种理由拒绝与甲公司合并，故甲公司将乙公司诉至法院，要求乙公司赔偿甲公司损失并向甲公司支付因此获得的收益。

法院经审理后认为，公司合并的程序为订立合并协议、股东会作出决议并通过、编制资产负债表及财产清单等程序。《框架协议》虽经双方盖章，已经依法成立，但是否生效应待股东会决议表决通过。甲公司虽曾召开股东会，现有股东会决议也表明公司合并已经过持股总数超过公司实际注资总股本71%的股东同意，但甲公司持股36.25%的法定代表人在《框架协议》签订后，函告乙公司称该股东会决议系伪造，其本人未就决议签名。最终，法院结合甲公司在其法定代表人发布函告后没有就《框架协议》及公司合并事项形成有效股东会决议并通过的事实，及持股总数超过注册资本总数71%也不是《公司法》规定的公司合并的表决方式，认定《框架协议》自甲公司法定代表人函告乙公司时无效，并且合同无效的后果归于甲公司，甲公司的诉请被驳回。①

律师提示

从上述案例可以看出，我国对公司的合并具有严格的法定程序，如甲公司签订《框架协议》时并未经有效的股东会决议通过，致使《框架协议》无效，如此造成的损失不可估量。因此，公司在进行合并时，须严格按照法律规定的程序操作。以下是公司合并的相关流程：

1. 董事会制定公司合并的方案。根据《公司法》第46条第7项规定，公司合并、分立、解散或者变更公司形式的方案由董事会统一制定。

2. 提交公司股东会或股东大会决议。公司合并是剥夺公司独立性而将公司结合在一起的极端的公司结合形态，涉及公司的生存发展，对公司股东具有直接重大利益关系。因此，公司合并属于股东（大）会决议事项，公司合并应实行股东（大）会决议制度。根据《公司法》规定，就公司合并的决议，有限责任公司必须经代表2/3以上表决权的股东通过，股份有限公司必须经出席会议的股东所持表决权2/3以上决议通过。

3. 部分公司应提请相关部门批准（如涉及）。合并如涉及国有资产变动或其他前置审批要求的，还须经相关部门批准。

4. 各方签订合并协议并编制资产负债表和财产清单。合并协议应当对合并各方当事人、合并的方式、职工安置办法、违约责任等进行约定。合并各方还需编制资产负债表和财产清单。

---

① 参见湖南省株洲市中级人民法院民事判决书，(2021) 湘02民终1323号。

5. 向债权人通知和公告。根据《公司法》规定，公司应当自作出合并决议之日起 10 日内通知债权人，并于 30 日内在报纸（建议选择省级报纸）上公告。通知和公告的目的是告知公司债权人，以便让他们作出决定，对公司的合并是否提出异议，且公告也可以起到通知未参加股东会（股东大会）的股东的作用。

6. 办理注销登记或变更登记。公司合并以后，解散的公司应当到工商机关办理注销登记手续；存续公司应当到登记机关办理变更登记手续。公司合并只有进行登记后，才能得到法律上的承认。

从以上公司合并的完整流程上不难看出，公司合并可谓是一件非常复杂且细致的工作，律师团队在接到该类案件时，通常也会建议委托方对拟合并的标的公司进行全面的尽职调查（包括业务、法律、财务等各方面），以判断拟进行公司合并的决策是否能够满足商业目的。在尽职调查完成后，律师团队则会尽快出具一份非常详细且具有可操作性的项目推进计划表，并根据合并双方所谈定的商务条件起草和修改《合并协议》，直至各方完成签署。签署完毕后，则各方可根据协议内容逐步推进公司合并事宜。因此，切不可轻视公司合并这件事，它不仅要严格按照流程进行操作，更重要的是还要做好前期的尽职调查，才能正确地作出是否合并的决定，并降低合并过程中的法律风险。

● 法规速递

《中华人民共和国公司法》

第一百七十二条 公司合并可以采取吸收合并或者新设合并。

一个公司吸收其他公司为吸收合并，被吸收的公司解散。两个以上公司合并设立一个新的公司为新设合并，合并各方解散。

第一百七十三条 公司合并，应当由合并各方签订合并协议，并编制资产负债表及财产清单。公司应当自作出合并决议之日起十日内通知债权人，并于三十日内在报纸上公告。债权人自接到通知书之日起三十日内，未接到通知书的自公告之日起四十五日内，可以要求公司清偿债务或者提供相应的担保。

第一百七十四条 公司合并时，合并各方的债权、债务，应当由合并后存续的公司或者新设的公司承继。

第二百零四条第一款 公司在合并、分立、减少注册资本或者进行清算时，不依照本法规定通知或者公告债权人的，由公司登记机关责令改正，对公司处以一万元以上十万元以下的罚款。

58. 企业间“拆拆补补”的风险

——企业家借贷的法律风险与防范

现金流是企业的命脉，关乎企业存亡。因此，融资问题对于企业发展至关重要。企业常见的融资渠道为向银行等金融机构借款，但是众多中小企业通过银行等金融机构借款并非易事，因此会转而向其他企业借款融资，此种方式既便捷又省力，备受融资企业的青睐。但企业间相互拆借资金，也会存在诸多的法律风险，比如借款合同极易被认定为无效。接下来，我们以案说法，看看企业间相互拆借资金，具体会面临怎样的法律风险。

● 以案说法

昂扬担保公司（以下简称昂扬公司）的经营范围为向吉林省辖区内企业及自然人提供融资性担保业务、履约担保业务以及与担保有关的融资咨询、财务顾问等中介服务。2012 年 6 月 19 日，鸿生公司与昂扬公司签订《借款合同》，约定昂扬公司向鸿生公司出借 5300 万元，借款利息为日 1.3%，借款期限自 2012 年 6 月 20 日至 2012 年 7 月 19 日（期限以实际付款时间为准），鸿生公司应于 2012 年（空白）月（空白）日前一次性还本付息，惠民公司替鸿生公司为上述借款提供全额担保，保证方式为连带保证。2016 年 4 月 6 日起，昂扬公司多次向鸿生公司、惠民公司发出催告函，要求鸿生公司在收到催告函的合理期限内偿还欠款本金及利息，惠民公司对此承担保证责任。但催告函均被拒收或退回。随后，昂扬公司又向吉林日报刊登催收公告，但鸿生公司与惠民公司仍未偿还债务。昂扬公司遂提起诉讼。

法院经审理后认为，根据《商业银行法》《银行业监督管理法》相关规定，未经国务院银行业监督管理机构批准，任何单位或者个人不得设立银行业金融机构或者从事银行业金融机构的业务活动，金融活动属于国家特许经营的范围。此外，根据《融资性担保公司管理暂行办法》的规定，融资性担保公司不得从事吸收存款与发放贷款业务。昂扬公司的经营范围并不包含对外发放贷款，但结合本案相关事实可以看出昂扬公司经常性对外提供借款，且其对外提供借款具有连续性、非临时性的特征，昂扬公司亦通过提供借款的方式获取了高额利息。综合以上情况，可以证明昂扬公司为获取高额利息，经常性向不特定主体出借款项，符合发放贷款的特点，根据前述法律规定案涉《借款合同》无效。主合同无效，从合同亦无效，故惠民公司不承担案涉债务的保证责任。①

律师提示

从以上的案例可以看出，企业为获取高额利息经常性对外放贷，很有可能因违反效力性强制性规定，侵害金融机构的利益而被认定为无效。那企业家如果需要在企业间拆借资金的话，到底需要如何操作才能防范法律风险呢？

第一，企业切莫经常性从事放贷业务，且利息不能约定过高。通常来说，企业如果只是临时性从事借贷业务，放贷的资金源于自有资金且利息约定合法的情况下，法院倾向性认定借款合同有效。但如果是经常性的，且利息明显偏高的，则借款合同被认定为无效的风险就会比较高，因为在现有法律体系当中，企业跟企业之间的经常性借款必须要有金融资质，如果没有金融资质的话，则属于非法经营。因此，非必要情况下，不建议企业间直接借款。

第二，企业拆借的资金必须用于生产、经营。《最高人民法院关于审理民间借贷案件适用法律若干问题的规定》明确指出，企业间“为生产、经营需要”订立的民间借贷合同通常情况下有效。因此，企业如果作为出借人在借款前要对借款企业及其所借资金的用途进行调查，保证资金用于企业的生产或者经营。企业如果作为借款人，则更需要保证资金的使用方式。

第三，企业尽可能以自有资金发放贷款。根据《最高人民法院关于审理民间借贷案件适用法律若干问题的规定》第13条，企业如果套取金融机构贷

① 参见吉林省高级人民法院民事判决书，（2021）吉民终348号。

款再进行转贷的，或者向其他企业借贷、向本单位职工集资、以向公众非法吸收存款等方式取得的资金转贷的，都将被认定为无效。因此，企业为防止借款合同无效，应尽量以企业自有资金发放贷款。

第四，企业之间拆借资金，还可通过委托贷款的形式放款。双方可以不直接签订借款合同，可以通过具备办理委托贷款业务资格的信托投资公司或银行以委托贷款的方式形成借贷关系，此种贷款形式符合法律法规的规定，也避免企业直接与其他企业签订借款合同时，因把握不当，被认定借贷无效的情形发生。

企业间相互拆借资金是企业融资的较好方式，但是对于企业间相互拆借资金，现行法律采取了限制、有条件的认可，其中的法律风险企业家也不得不给予重视。

● 法规速递

《最高人民法院关于审理民间借贷案件适用法律若干问题的规定》

第十条 法人之间、非法人组织之间以及它们相互之间为生产、经营需要订立的民间借贷合同，除存在民法典第一百四十六条、第一百五十三条、第一百五十四条以及本规定第十三条规定的情形外，当事人主张民间借贷合同有效的，人民法院应予支持。

《全国法院民商事审判工作会议纪要》

53.【职业放贷人】未依法取得放贷资格的以民间借贷为业的法人，以及以民间借贷为业的非法人组织或者自然人从事的民间借贷行为，应当依法认定无效。同一出借人在一定期间内多次反复从事有偿民间借贷行为的，一般可以认定为是职业放贷人。民间借贷比较活跃的地方的高级人民法院或者经其授权的中级人民法院，可以根据本地区的实际情况制定具体的认定标准。

第四章

企业人力资源管理

59. 人走茶未凉?

——离职员工能否领取年终奖

年终奖作为吸引和留住人才，激发员工工作积极性的重要手段，在企业的薪酬体系设计中非常常见，大部分企业和员工对此都不陌生。年终奖是企业根据本年度的经济效益、结合员工的工作成绩，对员工进行奖励的一种制度，它由企业根据自身状况自行调整，企业对此具有一定的自主权。因此，很多企业出于自身利益的考量，会在诉讼中主张或者直接在企业的规章制度中约定“年终奖发放时不在职就不用支付”。那这种附条件的奖金发放方式是否有效呢？接下来，我们以案说法，看看是否年终奖发放时不在职就真的不用支付了。

- **以案说法**

房某与中美大都会人寿保险有限公司（以下简称大都会人寿公司）签署劳动合同，任事业部人力资源经理，2011 年 6 月 8 日，房某签字确认已阅读、知悉员工手册（员工手册中“年度奖金”章节规定：奖金根据公司政策，按公司业绩、员工表现计发，前提是该员工在当年度 10 月 1 日前入职，若员工在奖金发放月或之前离职，则不能享有）。2017 年 12 月 18 日，大都会人寿公司向房某发出《员工变动确认信》，对房某进行人事调动。房某对此未签字确认，双方对工作变动问题产生了极大的分歧。2017 年 12 月 29 日，大都会人寿公司向房某发出《解除劳动合同通知书》，房某对此予以签收，并注明“不同意解除”。房某于 2018 年 1 月 11 日向上海市黄浦区劳动人事争议仲裁委员会申请仲裁，要求与大都会人寿公司自 2017 年 12 月 30 日起恢复劳动关系，并要求大都会人寿公司支付其 2017 年的年终奖 138, 600 元等。2018年4月18日，该仲裁委裁决大都会人寿公司支付房某2017年8～12月未签合同工资差额192,500元，房某的其他请求不予支持。房某不服裁决，诉至一审法院。

一审法院经审理后认为，大都会人寿公司的奖金发放规则明确了何种情形下不予发放，房某在大都会人寿公司发放2017年度奖金之前已经离职，符合不予发放的情形，故房某要求大都会人寿公司支付2017年度奖金之请求，不予支持。

房某不服，上诉至上海市第二中级人民法院。二审法院经审理后认为，现行法律法规并没有强制规定年终奖应如何发放，用人单位有权根据本单位的经营状况、员工的业绩表现等，自主确定奖金发放与否、发放条件及发放标准，然而用人单位制定的发放规则仍应遵循公平合理原则，对于在年终奖发放之前已经离职的劳动者可否获得年终奖，应当结合劳动者离职的原因、时间、工作表现和对单位的贡献程度等多方面因素综合考量。就本案而言，系争劳动合同解除的原因系大都会人寿公司撤销战略部后，双方就变更劳动合同内容未能达成一致，该事实证明劳动合同被解除并非房某的主观过错导致的。在2017年度，房某为大都会人寿公司工作至12月29日被解聘，此后两日系双休日，表明房某在2017年度已在大都会人寿公司工作满一年，在大都会人寿公司未举证2017年度房某的工作业绩、表现等方面不符合规定的情况下，足以认定房某在该年度为大都会人寿公司付出了一整年的劳动且正常履行了职责，为大都会人寿公司做出了应有的贡献。基于上述理由，二审法院认为，大都会人寿公司主张房某在年终奖发放月之前已离职而不能享有该笔奖金，该主张缺乏合理性，房某理应获得其辛苦工作一年的劳动成果，故其诉求大都会人寿公司支付2017年度年终奖，应予支持。①

律师提示

从以上的案例可以看出，即使企业在规章制度中已经明确“若员工在奖金发放月或之前离职，则不能享有”，即属于附条件的奖金发放方式，这种

① 参见上海市第二中级人民法院民事判决书，(2018)沪02民终11292号。

奖金发放方式却并不必然被法院采纳。实务中，关于年终奖的发放问题确实会产生一定的争议：部分观点认为，“年终奖金是劳动报酬的一部分，根据同工同酬的原则，劳动者付出了相应的劳动，便应当获得相应的报酬，这种附条件是不合理的”。部分观点认为，“年终奖属于奖励性质，属于用人单位自主决定发放的范畴。劳动者在发放年终奖前已经离职的，不符合获得年终奖的条件，对其请求不应予以支持”。因此，对于年终奖的规定，企业要谨慎而为之，具体可以采取以下措施：

首先，在劳动合同或规章制度中对年终奖的发放对象、发放时间、发放标准、享受年终奖的条件等予以明确。其次，明确年终奖金的性质是激励员工新的一年取得更好的成绩。最后，对涉及年终奖的规章制度履行民主、公示程序。

虽然现行法律法规并没有强制规定年终奖应如何发放，但是企业只有建立严格的薪酬或者奖金体系才能避免产生不必要的争议。

● 法规速递

《关于工资总额组成的规定》

第七条 奖金是指支付给职工的超额劳动报酬和增收节支的劳动报酬。包括：

（一）生产奖；

（二）节约奖；

（三）劳动竞赛奖；

（四）机关、事业单位的奖励工资；

（五）其他奖金。

60. 有福同享，有难同当

——关联公司混同用工的法律风险与防范

现阶段，很多企业及企业家为了优化资源配置、降低用工成本以及规避法律责任等，往往会让劳动者在不同的关联公司工作，如此便会形成法律上的“混同用工”情形。事实上，这种用工方式是企业缺乏规范用工意识的典型表现，不仅会造成管理混乱，还会给企业带来极大的法律风险。接下来，我们以案说法，看看企业家是如何为关联公司混同用工所造成的法律风险买单的。

• 以案说法

企业家刘某创立了A公司，李某入职A公司后，双方签订了三年期的劳动合同。A公司是B公司的控股股东，两公司的法定代表人、经理均是刘某。期间，李某被安排至B公司工作，同时接受A、B公司的管理，其直接上级张某同时担任A公司与B公司的副总经理职务。A、B公司轮流按月向李某支付工资，并轮流为其缴纳社会保险。劳动合同到期后，李某未与A、B两公司续订劳动合同。后因公司拖欠工资，李某将A、B两公司诉至法院，要求两公司共同向其支付解除劳动合同的经济补偿金及拖欠的工资。

法院认为：A、B两公司均存在对李某的用工管理行为；A公司是B公司的控股股东，两公司之间存在明确的关联关系；两公司的法定代表人为同一人，其他高级管理人员也存在高度重合，所以认定A、B公司对李某存在混同用工情形，A、B公司应当对李某的各项给付义务承担连带责任。最终，法院判决A公司向李某支付拖欠的工资及解除劳动合同的经济补偿金，B公司对此承担连带责任。[①]

律师提示

从上述案例可以看出，法院在审理关联公司混同用工案件时，会先对涉案公司是否属于关联公司以及混同用工进行认定，最后再确定混同用工的法律责任。因此，从企业家刘某的经历中可以看出，避免因关联公司混同用工承担法律责任，企业家需要明确关联公司间的混同用工关系及责任承担问题。

首先，关于关联公司间混同用工的认定问题。关联公司间混同用工目前并没有统一的认定标准，也没有明确的法律规定。司法实践中，往往通过如下比较明显的表象特征进行综合认定：（1）关联公司之间的出资人、控股股东、法定代表人、高管之间是否存在互相兼任的情形；（2）关联公司之间的注册地址或实际办公地址、联系电话、工作邮箱等是否均相同，形成实质上的“一套人马，两套牌子”；（3）员工是否同时或交替为关联公司工作，或者在不同关联公司之间存在不规范的调岗、流转等，并轮流或者同时接受多家关联公司的共同管理；（4）关联公司是否先后跟员工签订劳动合同，轮流发放工资和提供福利待遇、缴纳社保等。

结合上述案例，我们可以看出，A、B 公司之间既符合法定代表人和高管之间高度重合的情形，又存在轮流支付李某工资、缴纳社保的情形，并且两公司共同管理着李某的日常工作，可以说基本上符合混同用工的特征，法院正是基于此认定两公司构成“混同用工”。因此，企业家在公司设立或者治理过程中，务必对上述列举的“混同用工”情形绕道而行，避而远之。

其次，关于关联企业混同用工的责任承担问题。混同用工的关联企业应当承担什么责任，由于相关法律规定具有一定滞后性，目前还没有全国性的法律法规予以明确，目前各地还是通过裁判形成统一的口径。比如，北京就曾出台《关于劳动争议案件法律适用问题研讨会会议纪要（二）》，倾向性认为在有关联关系的用人单位交叉轮换使用劳动者，工作内容交叉重叠的情况下，对员工涉及给付内容的主张，可根据员工的主张，由一家用人单位承担

① 参见北京市第一中级人民法院民事判决书，（2015）一中民终字第00757号。

责任，或由多家用人单位承担连带责任，此种观点在目前的司法实践中也逐渐被各地仲裁委与法院所认可。由此可见，关联公司混同用工在劳动者起诉的情况下需承担法律责任，严重情形下甚至要承担连带责任。

综上，企业为了发展，采取措施降低成本以及规避风险等本无可厚非，但通过关联企业间混同用工达到规避法律责任的方式，不仅会导致关联企业之间管理混乱，面临人格混同的风险，更有甚者，在员工申请劳动仲裁或者起诉时，关联公司在很大程度上会面临承担连带责任的风险。因此，企业家千万不要搬起石头砸自己的脚。如果确因工作需要安排员工到关联公司上班，公司应当与员工协商解除劳动关系，并以关联公司的名义与员工签订新的劳动合同。

61. 不签劳动合同，吃亏的是谁

——未签劳动合同的法律风险与防范

如何降低用工成本与用工风险是每个企业家或多或少都会考虑的问题。比如，在是否签订劳动合同的问题上，很多企业为了所谓的规避风险，往往倾向于不跟员工签订劳动合同。他们认为，按照正规手续签订劳动合同不仅要面临办理社保的问题，而且还要受到劳动合同的约束，特别是员工与企业发生纠纷时，劳动合同还可能作为对方对抗自己的证据等。但是，不签劳动合同真的能为企业降低用工成本并规避用工风险吗？接下来，我们以案说法，看看企业不与员工签订劳动合同会带来怎样的后果。

● 以案说法

企业家朱某在上海创办了一家中型物流公司，并招聘员工入职上班。员工刘某在物流公司上班期间，因与朱某产生私人矛盾被辞退，并结清了工资。本以为公司与刘某之间的权利义务关系已经了结，但不料刘某提起劳动仲裁，要求物流公司给付辞退员工经济补偿金，同时刘某还以未签订劳动合同为由要求物流公司发放双倍工资。朱某百思不得其解，公司待刘某不薄，工资都是按照同行业第一梯队发放的，而且刘某离职时也已经结清工资，刘某凭什么要求支付双倍工资和经济补偿？

案件经劳动仲裁委员会裁决，朱某公司自用工之日起超过 1 个月不满 1 年未与刘某订立书面劳动合同，应当向刘某每月支付 2 倍的工资。且公司未提供证据证明存在用人单位可解除劳动合同的法定情形，亦未举证证明其已履行向工会或者职工说明情况以及听取工会或职工的意见等程序性义务，相应的不利法律后果应由公司自行承担，故公司解除劳动合同违反法律规定，公司应依法支付赔偿金。

律师提示

从上述案例可以发现，如果企业在用工时不与劳动者签订劳动合同，不仅不会给企业带来甜头，反而可能会令其吃尽苦头。比如：

1. 支付双倍工资，甚至极有可能要给予经济赔偿。《劳动合同法》规定，用人单位自用工之日起超过一个月不满一年未与劳动者订立书面劳动合同的，应当向劳动者每月支付二倍的工资。同时，在符合特定情形下，违法解除劳动关系的，还需支付劳动者经济赔偿金。一般情况下，双倍工资最长支付11个月。

2. 可能会面临行政处罚。根据《劳动合同法》的规定，用人单位提供的劳动合同缺乏必备条款或者用人单位不交付书面劳动合同的，由劳动行政部门责令改正；给劳动者造成损害的，应当承担赔偿责任。此外，各地的劳动法规还存在“劳动和社会保障行政部门有权对用人单位处以罚款”的规定。

3. 公司败诉风险大。一方面，随着我国国民法治意识的提高，劳动者越来越倾向于拿起法律的武器维护自己的合法权益，如果不签劳动合同，劳动者大多会申请劳动仲裁；另一方面，劳动者取证并不困难，入职手续、工作服、工资、工作记录、社保缴纳记录等都是有力证明劳动关系存在的证据。最重要的是，如果公司败诉后执行不力，可能面临公司的账户被冻结，法定代表人被限制高消费等风险，这样就会影响企业的正常运转，得不偿失。

那么，不签劳动合同风险如此之大，企业应该如何未雨绸缪，防患于未然呢？

第一，签订书面劳动合同，同时规范公司的人事管理制度。一方面，企业一定要与劳动者签订劳动合同；另一方面，在与劳动者建立劳动关系时，要使用规范的书面劳动合同范本，避免因合同被认定为无效而陷入没有签订书面劳动合同的风险。同时，最好将已签订的合同纳入公司档案保管，并避免闲杂人等接触人事档案，以免被顺手牵羊，最后还被倒打一耙。

第二，当员工不签订劳动合同时，积极督促其签订。签订劳动合同是公司的义务，如果劳动者拒不签订合同，公司可督促劳动者，直至其与公司签订合同，或者合法地与其解除劳动关系，以规避风险。

总之，签订书面劳动合同无论是对企业还是对员工都是利好之事，其可以明确劳动合同双方当事人的权利和义务，构建和发展和谐稳定的劳动关系。

● 法规速递

《中华人民共和国劳动合同法》

第四十二条 劳动者有下列情形之一的，用人单位不得依照本法第四十条、第四十一条的规定解除劳动合同：

（一）从事接触职业病危害作业的劳动者未进行离岗前职业健康检查，或者疑似职业病病人在诊断或者医学观察期间的；

（二）在本单位患职业病或者因工负伤并被确认丧失或者部分丧失劳动能力的；

（三）患病或者非因工负伤，在规定的医疗期内的；

（四）女职工在孕期、产期、哺乳期的；

（五）在本单位连续工作满十五年，且距法定退休年龄不足五年的；

（六）法律、行政法规规定的其他情形。

第八十一条 用人单位提供的劳动合同文本未载明本法规定的劳动合同必备条款或者用人单位未将劳动合同文本交付劳动者的，由劳动行政部门责令改正；给劳动者造成损害的，应当承担赔偿责任。

第八十二条 用人单位自用工之日起超过一个月不满一年未与劳动者订立书面劳动合同的，应当向劳动者每月支付二倍的工资。

用人单位违反本法规定不与劳动者订立无固定期限劳动合同的，自应当订立无固定期限劳动合同之日起向劳动者每月支付二倍的工资。

62. 招聘容易解约难？

——试用期解约的法律风险与防范

众所周知，企业发展离不开人才，企业的竞争归根结底就是人才的竞争，所以很多企业对招聘问题高度重视。但是，有时企业花费心血招聘来的人不一定符合要求，如果在试用期内发现员工不适合岗位要求，企业该怎么办呢？不少企业家会认为：既然是试用期，企业应该可以随意地解除劳动合同。但事实并非如此，法律对企业在试用期内解除劳动合同有较为严格的限制，而很多企业不懂其中的法律风险，往往就导致纠纷的产生。接下来，我们以案说法，看看试用期内不当解除劳动合同会给企业带来何种法律风险。

以案说法

元某于2020年上半年入职一家电脑公司，岗位为软件工程师，双方签订的劳动合同约定了6个月试用期。由于元某在试用期间工作拖拉，未能及时完成改写程序等工作，给电脑公司的系统运行造成了影响。于是，公司以元某试用期考核不合格，无法胜任本职工作为由，解除了与元某的劳动合同。元某认为，其自身能力符合电脑公司当初的招聘条件，公司属于违法解除劳动合同，需支付赔偿金。元某还认为："我是本科学历，学的是计算机专业，更有多年相关专业工作经验。在试用期对程序设计进行研究磋商、修改完善都是很正常的。"双方遂产生争议，最终引发了劳动仲裁与诉讼。

苏州中院审理认为：元某作为公司软件工程师，在试用期内出现多次未能准确理解且未及时完成公司交办的工作任务的情形，电脑公司对元某试用期考核作出不能胜任的判断，法院予以尊重。但该公司在软件工程师岗位的招聘条件中，除了对学历、专业、相关工作经验年限的要求有所明确外，对熟悉网络、编程等技术的要求并没有具体细化，所以，不足以认定元某不符合录用条件。根据相关法律规定，即便是正式员工，无法胜任本职工作的情况下，用人单位首先要考虑的是采取职业培训、调整岗位等措施而非直接解除劳动合同。本案中，电脑公司以元某试用期内无法胜任本职工作为由径行解除与元某之间的劳动合同，法院认为有欠妥当，因此，公司理应向元某支付违法解除劳动合同的赔偿金。

● 律师提示

很多企业家看到这里可能会产生疑惑，试用期发现员工不合格还不能解约了？其实，企业作为用人单位，在试用期内解除与员工的劳动合同确实存在一定的风险。但防范此种风险并非难事，我们给出以下几点建议供参考：

第一，企业应明确员工岗位对应的录用条件。企业在发布的招聘信息中应将该岗位要求明确化、具体化，对工作内容及应符合的条件详细罗列，不能过于抽象或者模糊。在招聘信息中，有的条件是共性要求，如学历、工作经验；有的是个性要求，如岗位对应的具体技术标准，这些都需要明确、具体。上述案件中的电脑公司败诉的一个重要原因正是其没有对招聘和岗位对应条件做具体化、明确化的规定。

第二，明确试用期转正考核制度，并告知员工。明确了岗位录用条件，还要考核员工是否符合该条件，因此企业须有明确、具体的考核标准，考核形式及考核方法。同时，应将其书面告知员工，比如订立劳动合同时加入录用条件及转正考核办法，也可以将岗位职责说明书及考核制度单独送达员工，并要求该员工签字确认。

第三，可以对员工进行一定的背景调查。在进行背景调查前，最好以书面形式征得被调查员工的同意。进行背景调查可以核查员工是否为达到企业的录用标准而提供了虚假的个人信息，违背了诚实信用原则，隐瞒了应当告知企业的重要信息。同时，企业需要在劳动合同或已公示的规章制度中明确约定：员工如有隐瞒或者不诚信的行为，均被视为不符合录用条件，企业可以随时予以辞退，并无须支付任何经济补偿。

第四，准确掌握试用期的期限。《劳动合同法》就试用期的期限问题有明确规定：劳动合同期限3个月以上不满1年的，试用期不得超过1个月；劳动合同期限1年以上不满3年的，试用期不得超过2个月；3年以上固定期限和无固定期限的劳动合同，试用期不得超过6个月。

综上，试用期是法律规定的企业和员工“互相考察”的重要时间段，无论是对企业还是员工都是利好的制度安排。企业只有把握如上试用期的相关问题方能利用好该项制度，并避免“搬起石头砸自己的脚”的尴尬局面。

法规速递

《中华人民共和国劳动合同法》

第十九条 劳动合同期限三个月以上不满一年的，试用期不得超过一个月；劳动合同期限一年以上不满三年的，试用期不得超过二个月；三年以上固定期限和无固定期限的劳动合同，试用期不得超过六个月。

同一用人单位与同一劳动者只能约定一次试用期。

以完成一定工作任务为期限的劳动合同或者劳动合同期限不满三个月的，不得约定试用期。

试用期包含在劳动合同期限内。劳动合同仅约定试用期的，试用期不成立，该期限为劳动合同期限。

第二十一条 在试用期中，除劳动者有本法第三十九条和第四十条第一项、第二项规定的情形外，用人单位不得解除劳动合同。用人单位在试用期解除劳动合同的，应当向劳动者说明理由。

第三十九条 劳动者有下列情形之一的，用人单位可以解除劳动合同：

（一）在试用期间被证明不符合录用条件的；

（二）严重违反用人单位的规章制度的；

（三）严重失职，营私舞弊，给用人单位造成重大损害的；

（四）劳动者同时与其他用人单位建立劳动关系，对完成本单位的工作任务造成严重影响，或者经用人单位提出，拒不改正的；

（五）因本法第二十六条第一款第一项规定的情形致使劳动合同无效的；

（六）被依法追究刑事责任的。

第四十条 有下列情形之一的，用人单位提前三十日以书面形式通知劳动者本人或者额外支付劳动者一个月工资后，可以解除劳动合同：

（一）劳动者患病或者非因工负伤，在规定的医疗期满后不能从事原工作，也不能从事由用人单位另行安排的工作的；

（二）劳动者不能胜任工作，经过培训或者调整工作岗位，仍不能胜任工作的；

（三）劳动合同订立时所依据的客观情况发生重大变化，致使劳动合同无法履行，经用人单位与劳动者协商，未能就变更劳动合同内容达成协议的。

63. 当解约“邂逅”医疗期

——医疗期满解除劳动合同的法律风险与防范

医疗期是指企业员工因患病或非因工负伤停止工作治病休息，企业不得解除劳动合同的期间。由此可见，医疗期是法律对员工权利的保障期间，在此期间内企业不得随意解除劳动合同。因此，一部分企业为了钻法律的空子，不在医疗期内解除合同，而是在员工医疗期满后解除劳动合同，那这样做就没有法律风险了吗？企业就不会构成违法解除劳动合同了吗？接下来，我们以案说法，看看企业在员工医疗期满后解除劳动合同，面临着怎样的法律风险。

• 以案说法

钱某于2008年12月10日进入永乐公司工作。2014年5月2日至10日钱某病假，钱某实际工作至2014年5月21日，之后病假。2014年12月22日，永乐公司通过快递向钱某发出《解除劳动合同通知函》，载明：“员工钱某：您的医疗期于2014年12月12日到期。根据相关法律规定，现公司依法与您解除劳动合同。请您于收函后立即至公司人力资源部办理相关离职手续。”2014年12月31日，钱某因本案诉请等内容向上海市普陀区劳动人事争议仲裁委员会申请仲裁，后诉至法院。

法院经审理后认为，根据《劳动合同法》的相关规定，劳动者患病或者非因工负伤，在规定的医疗期满后不能从事原工作，也不能从事由用人单位另行安排的工作，用人单位可以解除劳动合同。本案中，永乐公司系以钱某医疗期于2014年12月12日到期为由与钱某解除劳动合同，须具备劳动者不能从事原工作，也不能从事由用人单位另行安排的工作的条件，但是永乐公司并未举证证明钱某不能从事原工作，亦未针对钱某的实际情况为其另行安排工作，而直接与钱某解除劳动合同，显然违反了法律规定。因此，永乐公司须支付钱某违法解除劳动合同的赔偿金。[①]

● 律师提示

从以上案例可以看出，企业不仅不能在医疗期内随意解除合同，在医疗期满后解除劳动合同也是附条件的。员工只有在规定的医疗期满后不能从事原工作，也不能从事由企业另行安排的工作的，企业方可解除与其的劳动合同。那么，企业在实际操作层面遇到此种状况，具体应该怎样应对呢？

企业在员工就医期间，可以调查核实员工的就医情况，了解员工病假期间的动向。在员工医疗期届至前向其发送书面通知（如医疗期满通知书），通知其于医疗期满后可返岗工作，如果员工在医疗期满后不能从事原工作，则企业可以退而求其次另行给该员工安排与其身体素质相称的工作（以上程序公司均需保留证据）。如果在此情况下，员工仍然不返岗工作，企业方可解除与员工的劳动合同。否则，企业如果在医疗期内或者在医疗期届满就立即解除劳动合同，即属于违法解除劳动合同，需要承担支付经济赔偿金等不利后果。

对于企业来说，医疗期是限制企业行使劳动合同解除权的一段时期。因此，企业对于医疗期解除劳动合同的问题要慎之又慎，不可随意解除劳动合同。

● 法规速递

《中华人民共和国劳动合同法》

第四十条 有下列情形之一的，用人单位提前三十日以书面形式通知劳动者本人或者额外支付劳动者一个月工资后，可以解除劳动合同：

（一）劳动者患病或者非因工负伤，在规定的医疗期满后不能从事原工作，也不能从事由用人单位另行安排的工作的；

① 参见上海市第二中级人民法院民事判决书，（2016）沪02民终524号。

（二）劳动者不能胜任工作，经过培训或者调整工作岗位，仍不能胜任工作的；

（三）劳动合同订立时所依据的客观情况发生重大变化，致使劳动合同无法履行，经用人单位与劳动者协商，未能就变更劳动合同内容达成协议的。

第四十二条 劳动者有下列情形之一的，用人单位不得依照本法第四十条、第四十一条的规定解除劳动合同：

（一）从事接触职业病危害作业的劳动者未进行离岗前职业健康检查，或者疑似职业病病人在诊断或者医学观察期间的；

（二）在本单位患职业病或者因工负伤并被确认丧失或者部分丧失劳动能力的；

（三）患病或者非因工负伤，在规定的医疗期内的；

（四）女职工在孕期、产期、哺乳期的；

（五）在本单位连续工作满十五年，且距法定退休年龄不足五年的；

（六）法律、行政法规规定的其他情形。

64. 带刺的玫瑰

——约定竞业限制的法律风险与防范

随着市场经济的不断发展和完善，越来越多的企业家重视保护自己的商业秘密，为此，企业家通常在与员工签订合同时，会将竞业限制条款约定其中，通过对员工自由择业权利进行一定程度的制约，来保护企业商业秘密。但是，很多企业家却不知竞业限制是一朵“带刺的玫瑰”，其在限制了员工择业权的同时，也需要企业支付竞业限制补偿金。为更好地剖析竞业限制的法律问题，接下来，我们以案说法，看看约定了竞业限制条款以后企业是否就不会有法律风险了。

● 以案说法

2017 年 7 月 7 日，高某至腾讯公司处社交与效果广告部工作，双方签有期限自 2017 年 7 月 7 日至 2020 年 9 月 30 日的劳动合同。2018 年 7 月 18 日，高某与腾讯公司签订《竞业限制协议》，其中第 2 条约定，无论高某因何种原因从腾讯公司离职，在竞业限制期内不得与腾讯公司有竞争关系的公司或其他组织建立劳动关系、劳务关系、劳务派遣关系……与腾讯公司存在竞争关系的公司或其他组织，包括但不限于××公司等及其关联公司；第 4 条约定，竞业限制期限内，高某在满足竞业限制各项约定且按时告知其就业及任职情况的前提下，腾讯公司按月支付竞业限制补偿费，标准为离职前 12 个月平均工资的 1/2；第 5 条约定，高某承诺每月 15 日之前以电子邮件方式向腾讯公司人力资源部告知就业及任职情况，若未告知，则腾讯公司有权不予支付当月竞业限制补偿费。2019 年 4 月 25 日，高某提出辞职。双方劳动合同于 2019 年 5 月 17 日解除。2019 年 5 月 15 日，腾讯公司向高某出具《竞业限制通知书》，记载竞业限制期为2019年5月18日至11月17日。腾讯公司支付了6笔竞业限制补偿费，每笔金额为18,705.62元。后腾讯公司认为高某违反竞业限制义务，于是向上海市徐汇区劳动人事争议仲裁委员会申请劳动仲裁，仲裁委并未支持腾讯公司的请求。腾讯公司不服该裁决，向一审法院提起诉讼。一审庭审中，腾讯公司向一审法院提供广东省深圳市前海公证处于2019年12月3日作出的（2019）深前证字第051246号公证书，内容为2019年8月5日订单号56783392221880××××的订单详情记载收货地址为“高某，1502105××××，上海市闵行区××路××号××部”，订单状态为“已确认收货”，证明高某在上述地址工作。高某对公证书真实性无异议，但主张其未在上述地址工作。

一审法院认为，当事人对自己的主张有责任提供证据。腾讯公司主张高某违反竞业限制义务，但其提供的公证书显示的系订单号56783392221880××××的订单信息，该订单的收货地址、收货人及联系电话均为他人填写，不能证明该订单实际确由高某本人签收或授权他人签收，故无法证明高某实际在其订单中记载的收货地址，即上海市闵行区××路××号××部工作。高某与腾讯公司签订的《竞业限制协议》约定高某在竞业限制期内告知腾讯公司其就业等情况，高某实际未履行该告知义务，但腾讯公司主张未按约告知即构成违反竞业限制义务，缺乏法律依据，一审法院不予采信。

综上，腾讯公司未提供证据证明高某违反竞业限制义务，其两项诉讼请求，一审法院均不予支持。后腾讯公司上诉至上海市第一中级人民法院，但二审法院认为一审判决认定事实清楚，适用法律正确，应予维持，最终驳回了腾讯公司的上诉。[①]

律师提示

从上述案例可以看出，企业虽然可以通过竞业限制条款在一定期限内限制劳动者的择业权以期达到保护己方商业秘密或者其他利益的目的，但是竞业限制是把“双刃剑”，企业如若把握不当，则会作茧自缚。事实上，我国

① 参见上海市第一中级人民法院民事判决书，（2020）沪01民终11583号。

法律给予了员工倾斜性保护，而竞业限制对企业来说是一朵“带刺的玫瑰”，对此法律上有严格的限制，下面我们对此具体分析：

第一，有关竞业限制的法律规定。《劳动合同法》第24条规定了竞业限制的人员范围、限制的地域、期限以及解除或终止劳动关系后，限制上述人员到有竞争关系的单位经营同类产品、从事同类业务的期限等。竞业限制的人员一般限于单位高管、高级技术人员、其他知悉商业秘密的人员。对于限制的地域、期限等，一般由单位和劳动者在法律、法规规定的范围内进行约定。限制上述人员到有竞争关系的单位经营同类产品、从事同类业务的期限一般不得超过两年。上述案例中，企业约定员工未按约告知即构成违反竞业限制义务，缺乏法律依据，因此，承担了败诉的后果。所以，企业在约定竞业限制条款时须符合法律规定。

第二，竞业限制的具体内容。竞业限制，是指企业和知悉本企业商业秘密或者其他对本企业经营有重大影响的员工在终止或解除劳动合同后，一定期限内不得再生产同类产品、经营同类业务或在有其他竞争关系的企业任职，也不得自己生产与原企业有竞争关系的同类产品或经营同类业务。根据法律规定，企业与员工约定了竞业限制的，企业应依法向员工支付补偿金，员工若违反约定，则需向企业支付违约金。如果公司主张员工违反竞业限制的，需要承担举证责任，否则要承担不利后果。像上述案例中的腾讯公司虽然主张高某违反竞业限制义务，但其并未提供有利的证据，最终只能承担败诉的后果。

第三，竞业限制的人员范围。竞业限制的人员限于企业的高级管理人员、高级技术人员和其他知悉企业商业秘密的人员。竞业限制主要是保护企业的商业秘密不受侵害，很多时候，企业家辛辛苦苦培养出来的核心员工，一转身就成为竞争对手的干将，所以需要对这类人员设置竞业限制。因此，竞业限制的人员范围仅限于知悉企业商业秘密和核心技术的人员。

除此之外，用人单位应当对补偿金额、补偿期限、补偿主体进行明确约定，同时应采用银行转账的方式，并保存好员工的签收凭证。

上述就是对竞业限制的法律分析，竞业限制的约定是一朵“带刺的玫瑰”，企业家在与员工签订竞业限制条款及约定经济补偿金时需要多加注意，避免这朵“带刺的玫瑰”中伤自己。

● 法规速递

《中华人民共和国劳动合同法》

第二十四条 竞业限制的人员限于用人单位的高级管理人员、高级技术人员和其他负有保密义务的人员。竞业限制的范围、地域、期限由用人单位与劳动者约定，竞业限制的约定不得违反法律、法规的规定。

在解除或者终止劳动合同后，前款规定的人员到与本单位生产或者经营同类产品、从事同类业务的有竞争关系的其他用人单位，或者自己开业生产或者经营同类产品、从事同类业务的竞业限制期限，不得超过二年。

65. 灵活用工这么火，如何用好

——灵活用工的法律风险与防范

近年来，互联网和实体经济不断融合，逐步催生以互联网平台为基础的“灵活用工”的新型用工形态。所谓“灵活用工”，是指企业不再按照传统方式与员工单方面建立劳动关系，而是根据企业自身需要，通过兼职、劳务合作、自雇合作、劳务派遣、短期合同工、人力资源外包服务等多种用工形式来实现企业发展的战略目标。由于兼具灵活性和低成本性等优势，该种用工方式逐渐受到众多企业的青睐。但该种用工形式也存在一定的风险，比如，企业和员工之间的关系面临不确定的风险，业务外包可能会导致选择外包机构的服务质量及历史资质存在问题的风险等。接下来我们以案说法，看看企业“灵活用工”具体会面临怎样的法律风险。

● 以案说法

2017 年 12 月，乐店公司与慧恩公司签订《灵活用工协议书》，约定合同期限为 2017 年 12 月 1 日至 2019 年 11 月 30 日，慧恩公司按照乐店公司要求选派员工前往乐店公司指定服务场所以小时工的方式为乐店公司提供服务。2018 年 8 月，陈某经慧恩公司招聘，被安排到乐店公司旗下便利店番禺门店从事店员工作，后调至同属乐店公司的东海广场门店工作，其间陈某的工作由乐店公司店长安排、管理，平时还会将营业款通过其账户转账给乐店公司。2019 年 4 月底，乐店公司关闭东海广场门店，陈某在该门店实际工作至 4 月 30 日，工作期间的工资均由拓耘公司支付。后陈某申请劳动仲裁，要求乐店公司支付未签订劳动合同的双倍工资差额、解除劳动合同经济补偿金，劳动仲裁委对陈某的所有请求均不予支持。陈某遂将乐店公司诉至法院。

法院经审理后认为，乐店公司与慧恩公司虽签有《灵活用工协议书》，然该协议中约定的服务方式为小时工方式，劳动合同法对小时工的用工形式（如每周工作时间、工资报酬、工资结算期限等）有明确规定。根据本案查明的事实，陈某每月在乐店公司工作时间超过小时工的工作时间，其工作时间与标准工作时间相符，工资每月发放，并非半月结算，故陈某用工形式与小时工形式并不相符。乐店公司称陈某系慧恩公司选派至其处，慧恩公司对此予以否认，因乐店公司未提供其与慧恩公司就选派人员名单、每月工资数额、工作时间进行确认的依据，亦未提供陈某与慧恩公司签订劳动合同的依据，故其认为陈某的劳动关系在慧恩公司的意见，法院不予采纳。虽陈某的工资并非由乐店公司发放，然乐店公司未举证证明陈某与拓耘公司存有劳动关系。鉴于陈某实际在乐店公司工作，接受乐店公司管理，并需遵守乐店公司相应规章制度约束，故一审法院认定乐店公司与陈某存在劳动关系并无不妥。陈某基于双方劳动关系要求乐店公司支付未签订劳动合同双倍工资差额、解除劳动关系经济补偿金及代通金符合法律规定。①

律师提示

目前，灵活用工模式出现的纠纷多集中于财税不合规或用工关系不合规的公司，上述案例正是企业灵活用工关系不合规的案例。乐店公司希望与陈某建立民事合作关系（非劳动关系）的主观意图非常明显，但是由于具体用工操作及管理的不当，使双方之间的关系具有比较明显的劳动关系色彩，最终法院的判决不仅没能使乐店公司节省企业用工成本，还导致其需支付双倍工资及解除劳动关系经济补偿金的后果。可见，灵活用工虽然有其优势，但其对企业操作要求比较高，企业如果要利用灵活用工模式为自己“减负增值”，可以采取以下措施：

1. 选择靠谱的灵活用工合作机构或单位。灵活用工平台模式下，企业通常需要先把劳动者的报酬打给平台，平台再分发下去，这样可能会面临平台私自挪用客户资金或者平台账户资金被盗的风险，有的灵活用工平台甚至还

① 参见上海市第二中级人民法院民事判决书，（2020）沪02民终5059号。

存在偷偷挪用企业资金或由于管理不善导致客户资金被盗，给企业资金造成损失的现象。因此，专业性差的灵活用工平台或派遣单位提供的人才或服务不仅不会有效地支持企业，有时反而还会导致企业付出更多费用成本，并承担相应的用工风险。

2. 合理确定企业各岗位用工需求，调整灵活用工边界，以适应企业经营过程中的各种需求。企业切莫盲目跟风，在经常性、固定性岗位甚至核心岗位上使用劳务派遣或招录临时员工，此举容易产生管理混乱及企业生产效率低下等不良后果。

3. 若企业希望在“去劳动关系”的前提下与劳动者建立合作关系，则应当制定合适的文本及用工方式。企业不能按照传统劳动用工的方式管理劳动者，薪酬结算方式上也尽量采用按件计酬、即时结算的方式，不能打着“灵活用工”的旗号将正式员工变为临时员工，甚至将“核心员工合伙化”，否则很可能被认定为事实劳动关系。

相对于传统的劳动用工模式，灵活用工不仅可以令企业适应生产经营变化导致对人力资源需求的变化，还能降低企业的管理成本与用工成本。灵活用工模式虽有其优势，但也有其风险，企业应当本着正当合法的目的进行灵活用工，同时完善自身管理制度，最大限度地规避灵活用工制度带来的法律风险。

● 法规速递

《关于确立劳动关系有关事项的通知》

一、用人单位招用劳动者未订立书面劳动合同，但同时具备下列情形的，劳动关系成立。

（一）用人单位和劳动者符合法律、法规规定的主体资格；

（二）用人单位依法制定的各项劳动规章制度适用于劳动者，劳动者受用人单位的劳动管理，从事用人单位安排的有报酬的劳动；

（三）劳动者提供的劳动是用人单位业务的组成部分。

66. 经济性裁员，没那么简单

——经济性裁员的法律风险与防范

新冠肺炎疫情给许许多多的行业带来巨大冲击，餐饮、酒店、旅游及物流等行业迎来了前所未有的挑战。为减轻疫情带来的经营压力，一些企业选择经济性裁员。裁员好理解，那为什么叫经济性裁员呢？其实，经济性裁员是企业单方解除劳动合同的方式之一，之所以叫“经济性”，是因为裁员主要是企业因经营不善等经济性原因而一次性解雇多个员工。但是，经济性裁员的限制很多，《劳动合同法》对此规定了很高的门槛，稍有不慎，就会触碰法律的红线。接下来，我们以案说法，看看企业进行经济性裁员的风险。

● 以案说法

2011 年 6 月 22 日，田某入职新希望公司，双方签订《劳动合同书》，约定合同期限为 2011 年 6 月 22 日至 2014 年 6 月 21 日。2014 年 7 月 2 日，田某与公司续签劳动合同，约定合同期限为 2014 年 7 月 2 日至 2019 年 7 月 1 日。2019 年 5 月、6 月，新希望公司向田某发放了工资。2019 年 6 月 20 日，新希望公司以严重亏损、经营发生严重困难、经济性裁员为由与田某解除劳动关系。同时，将该裁员行为到劳动行政部门进行了备案。后田某申请劳动仲裁，要求仲裁委认定新希望公司属于违法解除劳动合同，并要求公司支付赔偿金。新希望公司主张其经营发生严重困难，并提交新希望公司 2017 年、2018 年审计报告。

本案经过劳动仲裁前置程序未果后，案件诉至法院，一审二审法院都认定新希望公司解除和田某的劳动合同属于违法解除劳动合同的行为，并判决赔偿田某工资差额。法院判决的主要观点为：新希望公司系以严重亏损、经营发生严重困难、经济性裁员为由与田某解除劳动关系，但新希望公司提交的审计报告等证据尚不足以证明其严重亏损及经营发生严重困难之事实；同时，新希望公司亦未就其依据履行经济性裁员的程序事项提交充分证据佐证，所以，其解除与田某劳动合同的行为属于违法解除劳动合同的行为。①

● 律师提示

从以上的案件可以看出，经济性裁员不是企业随意以“经营发生困难，公司亏损”为由就能随随便便把员工予以开除，法律对此规定极为严格，企业裁员除会面临违法解除劳动合同的风险外，还会面临支付经济补偿金的风险。公司在裁员的过程中给予员工的经济补偿通常包括“法定的经济补偿金”和“额外补偿”。但在实践中，公司往往会因为对补偿金计算标准的错误理解，而出现不能足额发放补偿金的情况，这种情况下，就要按照《劳动合同法》第 85 条的规定，受到劳动行政部门的处罚。

面临如此多的风险，很多企业其实也并不是明知故犯，而是因为不懂法、不知法，为了避免发生类似的情况，企业需要如何做呢？

第一，认识到经济性裁员需要很高的门槛，经济性裁员要符合法定的条件和程序，不能随性而为。根据《劳动合同法》规定，经济性裁员需要符合企业重整、经营发生严重困难、企业转产、重大技术革新以及客观经济情况发生重大变化等情形，且要履行提前向工会或全体员工说明情况，并向劳动行政部门报告的义务。从以上的规定可以看出，企业以经济性裁员为理由解除劳动合同的，需要满足以下几个条件：人员条件，程序条件和实质性条件等。

第二，依法向劳动者支付经济补偿金。法律规定企业和员工解除合同的时候要给予员工经济补偿金，同时企业要明确经济补偿金的计算标准，依法发放补偿金，不能因为误解补偿金的计算规则而被劳动行政部门处罚。

第三，要明确经济性裁员的禁止性规定和保留原则。根据《劳动合同法》的规定，裁减人员时，应当优先留用符合特定条件的人员，不能随意开

① 参见（2021）京 03 民终 13626 号。

除员工，且企业如果在6个月内重新招用人员的，应当通知被裁减的人员，并在同等条件下优先招用被裁减的人员，这就是经济性裁员中的优先留用原则和优先招用原则，企业必须遵循。同时要注意法律规定的禁止性裁员的情形，《劳动合同法》第42条规定，劳动者符合特定情形，用人单位不能以经济性裁员予以开除，这是裁员红线，企业在经济性裁员的过程中务必守好裁员底线，方能更好地规避风险。

企业实施经济性裁员可谓无奈之举，法律并不禁止，但是，为了保护被裁减人员的利益，法律也规定了相应的限制性条款。因此，企业在经济性裁员之前，需要慎之又慎，不能想裁就裁，任性而为。

• 法规速递

《中华人民共和国劳动合同法》

第四十一条 有下列情形之一，需要裁减人员二十人以上或者裁减不足二十人但占企业职工总数百分之十以上的，用人单位提前三十日向工会或者全体职工说明情况，听取工会或者职工的意见后，裁减人员方案经向劳动行政部门报告，可以裁减人员：

（一）依照企业破产法规定进行重整的；

（二）生产经营发生严重困难的；

（三）企业转产、重大技术革新或者经营方式调整，经变更劳动合同后，仍需裁减人员的；

（四）其他因劳动合同订立时所依据的客观经济情况发生重大变化，致使劳动合同无法履行的。

裁减人员时，应当优先留用下列人员：

（一）与本单位订立较长期限的固定期限劳动合同的；

（二）与本单位订立无固定期限劳动合同的；

（三）家庭无其他就业人员，有需要扶养的老人或者未成年人的。

用人单位依照本条第一款规定裁减人员，在六个月内重新招用人员的，应当通知被裁减的人员，并在同等条件下优先招用被裁减的人员。

第四十二条 劳动者有下列情形之一的，用人单位不得依照本法第四十条、第四十一条的规定解除劳动合同：

（一）从事接触职业病危害作业的劳动者未进行离岗前职业健康检查，或者疑似职业病病人在诊断或者医学观察期间的；

（二）在本单位患职业病或者因工负伤并被确认丧失或者部分丧失劳动能力的；

（三）患病或者非因工负伤，在规定的医疗期内的；

（四）女职工在孕期、产期、哺乳期的；

（五）在本单位连续工作满十五年，且距法定退休年龄不足五年的；

（六）法律、行政法规规定的其他情形。

第四十三条 用人单位单方解除劳动合同，应当事先将理由通知工会。用人单位违反法律、行政法规规定或者劳动合同约定的，工会有权要求用人单位纠正。用人单位应当研究工会的意见，并将处理结果书面通知工会。

67. 谁来证明我的“996”

——加班费争议中的举证责任分配

企业在生产经营过程中往往会根据生产经营的需要安排员工进行加班，员工加班后通常会向企业主张加班费，根据“谁主张，谁举证”的原则，员工主张加班费时应对加班事实承担举证责任，但考勤记录通常由企业保管，员工往往无法直接提供具体的考勤打卡记录来证明其加班的事实。那么，企业是否因员工无法证明其加班事实就无须支付员工加班费了呢？事实并非如此。法律规定员工对加班事实仅承担初步举证责任，即便其无法获取到加班证据，只要能证明加班事实存在的证据由企业掌握即可，这种情况下企业就对员工的加班事实负有举证责任，如企业不能提供，应当承担不利的法律后果。那么，在涉及加班事实的举证中，企业和员工的举证责任具体应当如何分配呢？接下来，我们以案说法，看看案例中如何分配企业和员工对加班事实的举证责任。

● 以案说法

林某于2020年1月入职某教育咨询公司，月工资为6000元。2020年7月，林某因个人原因提出解除劳动合同，并向劳动人事争议仲裁委员会申请仲裁，要求单位支付其加班费10,000元。林某主张：单位正常工作时间为每周五天，但公司要求其加班，其工作时间为每周6天。林某提交了某打卡App打卡记录和工资支付记录打印件。App打卡记录显示林某及某教育咨询公司均实名认证，林某每周一至周六打卡，每天打卡两次，第一次打卡时间为9时左右，第二次打卡时间为18时左右。打卡地点均为某教育咨询公司所在位置，存在个别日期未打卡情形，工资支付记录打印件显示曾因事假扣发工资，扣发日期及天数与打卡记录一致，未显示加班费支付情况。某教育咨询公司不认可上述证据的真实性，主张林某每周工作 5 天，但未提交考勤记录、工资支付记录。

仲裁委经审理后认为，案件的争议焦点是如何分配林某与某教育咨询公司的举证责任。根据《劳动争议调解仲裁法》的相关规定，主张加班费的劳动者有责任按照“谁主张，谁举证”的原则，就加班事实的存在提供证据，或者就相关证据属于用人单位掌握管理提供证据。用人单位应当提供而不提供有关证据的，可以推定劳动者加班事实存在。本案中，虽然林某提交的工资支付记录为打印件，但与实名认证的 App 打卡记录互相印证，能够证明某教育咨询公司掌握加班事实存在的证据。某教育咨询公司虽然不认可上述证据的真实性，但未提交证据或者作出合理解释，应承担不利后果。故仲裁委员会依法裁决某教育咨询公司支付林某加班费。仲裁委员会最后裁决：某教育咨询公司支付林某加班费 10,000 元（裁决为终局裁决）。

● 律师提示

正如上述案例，林某已经提供初步证据证明其存在加班的事实，该教育咨询公司如果不认可林某的加班事实，应当提供出勤记录、排班表等证据证明加班事实不存在，但该公司并未举证，故应承担不利后果。由此可见，关于加班事实是否存在的问题，企业在特定情况下也应当提供相应证据予以证明，这就要求企业在日常生产运营期间，对加班行为进行有效的管控和审核，并保留相应证据，以防因举证不能而败诉。尤其是在出现员工存在恶意加班以及虚报加班时间的情形时，加班的规章制度显得尤为重要。那么，企业家对员工加班事宜，具体应该注意哪些问题呢？

1. 在规章制度中明确规定加班的审批制度和程序

如果企业缺乏任何关于加班审批制度和程序的规定，一旦员工延长工作时间从事本职工作，在司法实践中，仲裁部门或法院就极有可能将考勤的统计记录作为认定加班的依据，考勤打卡时间超过正常工作时间，将视为企业对员工加班事实的默认，那么企业就需要支付员工加班费。因此，企业家须注意以下几个方面：首先，应当在企业的规章制度中明确加班的审批制度。

例如，员工加班需要审批，未经审批的加班不视为加班。其次，在企业的规章制度中规定员工申请加班的程序。例如，先由员工填写加班申请表，明确加班事由和需加班的时间，经部门领导审批后方可加班。最后，需要明确告知员工公司的加班审批制度和程序，确保员工知晓该制度。

2. 建立员工对考勤记录的定期签字确认制度

考虑到考勤记录，特别是电子考勤记录或由企业单方记录的考勤记录，系由电子设备直接生成或由企业自己掌握，如发生劳动争议，员工有合理理由怀疑企业有伪造或修改的可能，如考勤记录未经员工签字确认，企业提供的考勤记录可能不被采信。因此，企业家需建立员工对考勤表的确认签字制度，定期要求员工对打卡记录进行签字确认，以避免员工对考勤表不予认可时，由企业承担不利后果的结局。

3. 对员工加班的证据及加班工资的支付凭证，至少保留两年

根据相关规定，企业应当对员工工资的数额、支付时间、领取签名材料等凭证，保留两年备查。在两年期限内，企业具有法定的保留义务。因此，对两年内的加班工资发生争议的，因企业掌握着员工加班与否的证据及考勤记录，应由企业提供证据，否则，企业应承担举证不能的不利法律后果。所以，企业家需注意，对员工加班的书面证据及加班费支付凭证应至少保留两年，避免因未保留证据，员工重复索要加班费的情形。

综上，我国实行劳动者每日工作时间不超过8小时、平均每周工作时间不超过四十四小时的工时制度。取得劳动报酬是劳动者权利的核心内容。加班费是劳动者延长工作时间的工资报酬，用人单位应当按照劳动合同约定和国家规定，向劳动者及时足额支付，如果不支付加班工资，产生争议时，主张的劳动者往往只需履行初步的举证义务，企业对加班事实也须承担一定的举证责任。

法规速递

《中华人民共和国劳动争议调解仲裁法》

第六条 发生劳动争议，当事人对自己提出的主张，有责任提供证据。与争议事项有关的证据属于用人单位掌握管理的，用人单位应当提供；用人

单位不提供的，应当承担不利后果。

《工资支付暂行规定》

第六条 用人单位应将工资支付给劳动者本人。劳动者本人因故不能领取工资时，可由其亲属或委托他人代领。

用人单位可委托银行代发工资。

用人单位必须书面记录支付劳动者工资的数额、时间、领取者的姓名以及签字，并保存两年以上备查。用人单位在支付工资时应向劳动者提供一份其个人的工资清单。

68. 调休可抵加班费？

——法定节假日调休的法律风险与防范

有些企业每临法定节假日正好是公司业务最为繁忙的时候，所以会让全体员工加班，之后企业一般会安排补休。如果安排补休后员工仍要求企业支付加班费，那么企业是否需要支付呢？接下来，我们以案说法，看看案例中的企业在安排补休后是否仍需支付加班费。

● 以案说法

2017年10月8日，王某与广州尤美传媒有限公司签订了3年期的劳动合同，月工资人民币18,000元。合同期满后，公司向王某发出《劳动合同到期不续签通知书》，双方劳动合同于2020年10月7日到期终止。离职时，王某向公司表示，自己2019年法定节假日加班5天，公司以之前已安排过补休为由拒绝支付法定节假日加班费。于是王某向劳动人事争议仲裁委员会申请仲裁，要求公司支付法定节假日加班费。仲裁委员会裁决结果为：用人单位依法安排劳动者在法定休假日工作的，按照不低于劳动合同的劳动者本人日或小时工资标准的300%支付劳动者工资。申请人存在法定节假日加班之情形，用人单位不能自主决定通过安排补休的形式替代支付加班费，应按照法律规定支付法定节假日加班费。

● 律师提示

如上述案例所述，企业在安排补休后仍须支付加班费。对此，很多企业家都存在误解，认为在法定节假日加班给劳动者安排补休以后就不用另行支付加班费。前车之鉴，为了厘清我国法定节假日及法律对法定节假日工资报酬的相关规定，企业家须注意以下几点：

1. 我国法定节假日包括哪些

根据公布的国家法定节假日调整方案，国家法定节假日总天数为11天，分别是：元旦假日1天（放假3天）；春节假日3天（放假7天）；“五一”国际劳动节假日1天（放假3天）；“十一”国庆节假日3天（放假7天）；清明节、端午节、中秋节增设为国家法定节假日各1天（农历节日如遇闰月，以第一个月为休假日）。允许周末上移下错，与法定节假日形成连休。

2. 法律对法定节假日工资报酬的规定

根据《劳动法》第44条的规定，加班包含三种情形：延时加班、休息日加班和法定节假日加班，法定节假日安排劳动者工作的，单位应支付不低于工资的300%的工资报酬。

春节、清明节、端午节等节日是我国传统文化的重要组成部分，其具有不可替代的文化内涵和纪念意义。同时，法定节日也是人们走亲访友的重要时间段，在法定假期安排加班，不仅会影响劳动者的休息，还会影响其精神文化生活，这些均无法通过补休来弥补。因此，法定节假日加班不仅不能安排补休，还应当给予劳动者更高的工资报酬。

● 法规速递

《中华人民共和国劳动法》

第四十四条 有下列情形之一的，用人单位应当按照下列标准支付高于劳动者正常工作时间工资的工资报酬：

（一）安排劳动者延长工作时间的，支付不低于工资的百分之一百五十的工资报酬；

（二）休息日安排劳动者工作又不能安排补休的，支付不低于工资的百分之二百的工资报酬；

（三）法定休假日安排劳动者工作的，支付不低于工资的百分之三百的工资报酬。

69. 公司搬家了，员工怎么办

——企业单方面调整员工工作地点的法律风险与防范

在生产经营过程中，用人单位因为房屋租金、租约到期、税收政策、补贴以及发展规划等各种原因，不得不调整企业的办公地点。常见的有在同一市县范围内调整，但是少数用人单位也存在跨市县甚至跨省变更办公地址的情况，这种调整对劳动者的上下班及日常生活会产生较大的影响。那用人单位能否不经劳动者同意，单方调动其工作地点呢？接下来，我们以案说法，看看企业单方调整劳动者工作地点是否会面临法律风险。

• 以案说法

2011年4月18日，胡某进入甲公司工作，担任采购经理，劳动合同约定胡某的工作地点位于华东地区（实际工作地点在上海市杨柳青路），并约定公司有权调整胡某的工作地点。2017年，甲公司陆续向包括胡某在内的部分员工发送休职待岗通知。2018年8月3日，甲公司又向胡某寄送关于限期返岗上班的通知，要求胡某到位于江苏省南通市经济技术开发区复兴东路的工作地点报到。公司多次通知催告胡某后，其仍没有到新的办公地点报到，于是甲公司向胡某发出解除劳动合同的通知，以胡某严重违反单位规章制度为由，解除双方的劳动关系。胡某不服，向劳动人事争议仲裁委员会申请仲裁。后诉至法院。

法院经审理后认为，本案用人单位与劳动者签订的劳动合同约定劳动者的主要工作地点为华东地区，该约定地点范围较大，指向不明，约定内容并不明确，应当以劳动者实际提供劳动的地点即上海市杨柳青路作为劳动合同约定的工作地点。甲公司因经营的需要决定将原来的经营场所搬往异地，该工作地点的变化已经超出用人单位可以调整的合理区域范围，势必会对劳动者的工作、生活造成实质性影响。用人单位的上述行为属于变更劳动合同条款，应当建立在与劳动者协商一致的基础上，否则用人单位应承担相应责任。现用人单位未与劳动者协商，即以劳动者拒绝前往异地工作构成旷工、严重违纪为由，单方解除双方的劳动合同，该解除行为不合法。[①]

● 律师提示

从上述案例可以看出，当企业根据劳动合同约定，对员工行使单方调岗权时，法院会侧重分析该行为是否具有合理性。也就是说，是否会对原劳动合同的履行产生实质性影响。若产生实质性影响，则构成变更劳动合同条款，根据《劳动合同法》的相关规定，企业变更劳动合同条款应当与员工协商一致。由于“合理性”的定位并不清晰，加上个案间的差异，对于此类争议很难直接给出结论，需要具体案件具体分析。实践中，仲裁委员会或法院会通过以下角度认定企业对工作地点的调整是否具有合理性：（1）是否具有合理的原因（如工作区域列入征收范围、房租大幅涨价等）以及现实需求；（2）是否对劳动条件产生实质影响（如变更工作地点的距离远近等）；（3）企业是否给出合适的补偿或采取其他方式减小变更工作地点造成的影响（如是否提高劳动报酬，是否提供上下班免费接送，是否推迟上班时间等）。

因此，企业在对劳动者的工作地点进行调整前后，需要注意以下几个方面：

1. 企业应当在与员工签订劳动合同时明确约定工作地点。工作地点范围的约定不宜过宽，像上述案例中，甲公司和胡某约定的“华东地区”明显太过宽泛，容易被认定为“约定不明”。同时，工作地点范围的约定也不宜过窄，比如仅局限于城市的某条路的某个房间，这样容易给企业自身调整工作地点带来不利影响。

2. 调整工作地点前，企业应与员工进行协商。双方尽量能够达成一致意见，企业需以书面文件的形式让员工签名。

---

① 参见上海市第二中级人民法院民事判决书，（2019）沪02民终11343号。

3. 工作地点的调整不宜出现跨省、市的情况，否则容易被认定为不合理。假如确因调整工作地点给员工带来不便的，应当采取其他的措施尽量消除这些不利影响，比如发放交通补贴、提高工资、提供额外假期等。

综上，企业依法享有自主用人的权利，而根据自身的发展需要以及市场状况对工作地点进行调整则是企业行使用工自主权的重要内容。但是，用工自主权的行使不能滥用，更不能过分强调企业的需求而忽视员工的合法权益。因此，企业的岗位调整必须在相关法律和政策的框架内，在做到合法调岗的同时还应兼顾岗位调整的合理性。

法规速递

《中华人民共和国劳动合同法》

第十七条 劳动合同应当具备以下条款：

（一）用人单位的名称、住所和法定代表人或者主要负责人；

（二）劳动者的姓名、住址和居民身份证或者其他有效身份证件号码；

（三）劳动合同期限；

（四）工作内容和工作地点；

（五）工作时间和休息休假；

（六）劳动报酬；

（七）社会保险；

（八）劳动保护、劳动条件和职业危害防护；

（九）法律、法规规定应当纳入劳动合同的其他事项。

劳动合同除前款规定的必备条款外，用人单位与劳动者可以约定试用期、培训、保守秘密、补充保险和福利待遇等其他事项。

70. 怀孕女职工怎好“欺负”

——企业辞退怀孕女职工的法律风险与防范

企业家都知晓，女职工在孕期、产期、哺乳期这三个期间内，属于特殊的劳动群体，相关的法律法规都对这一劳动群体给予了特殊的保护，如女职工怀孕期间企业不能随意辞退等。但是，实务中有不少企业发现女职工怀孕后，基于单位利益考虑，会找各种理由辞退女职工。企业如辞退不当，将属于违法辞退，需要向女职工支付违法解除劳动关系的赔偿金。接下来，我们以案说法，看看案例中的企业违法辞退怀孕女职工面临的风险。

● 以案说法

2011 年 8 月 22 日，张某某与肯特公司签订劳动合同，合同期限为 2011 年 8 月 22 日至 2014 年 8 月 31 日，岗位为高级客户经理，实行不定时工作制。2014 年 3 月 28 日，张某某经镇江市第一人民医院检查已怀孕。2014 年 4 月 23 日，肯特公司向张某某发送邮件，邮件内容为张某某需于 2014 年 4 月 25 日 8 时到总部报到，接受销售技巧、客户沟通、营销策略的培训，张某某予以回复，表示因怀孕无法到总部培训，并附上 B 超单及请假条。2014 年 5 月 10 日，肯特公司工会委员会召开会议，同意肯特公司对张某某进行辞退处分。同月 13 日，肯特公司向张某某发出“张某某自动离职，公司给予除名”的通知。除名的理由是：张某某以怀孕为由提供病假资料要求休假，但提供的病假资料不符合公司休假要求，公司已明确告知病假资料不符合休假要求，张某某仍然拒不参加培训。根据公司《员工手册》第 12.7.5（i）条连续旷工三天或一年内旷工累计达六天者，第 12.7.5（l）条无正当理由拒绝领导的工作分配、调动者的规定，其行为严重违反了《员工手册》的管理规定，属于自动离职。根据以上规定给予张某某除名处分，劳动合同关系自2014年4月29日自动解除。

2014年5月16日，张某某申请劳动仲裁，要求肯特公司支付其违法解除劳动合同赔偿金26,400元。劳动人事争议仲裁委员会于2014年7月18日作出裁决：肯特公司支付张某某违法解除劳动合同赔偿金26,400元。肯特公司对裁决书不服，提起民事诉讼，请求判令不支付张某某违法解除劳动合同赔偿金。

法院经审理认为，肯特公司以张某某旷工并严重违反企业规章制度为由，解除了与张某某的劳动合同，则肯特公司应当提供张某某确有旷工并违反企业规章制度的证据，但企业未提供证据予以证明，无法证明张某某2014年4月25日前存在旷工的事实，应当承担不利后果。此外，张某某当时已经怀孕，医生亦建议其休息，肯特公司此时安排其进行培训，该行为并不妥当，张某某提供相应检查资料及请假单后，肯特公司虽对怀孕事实表示怀疑，但无证据予以证实，肯特公司在明知张某某怀孕的情况下，不但不批准张某某的请假，还坚持要求张某某到总部参加培训，不符合女职工权益保护的规定，张某某对此予以拒绝，不应当认定为旷工。故肯特公司在本次诉讼中认为张某某旷工的意见，法院不予采纳。最后法院判决：肯特公司支付张某某违法解除劳动合同赔偿金26,400元。①

律师提示

正如上述案例，肯特公司对怀孕女职工未进行特殊保护，违法解除与怀孕女职工之间的劳动合同，所面临的是支付怀孕女职工赔偿金的法律风险。除此之外，企业家还需注意怀孕女职工享有的其他特殊保护，如工资待遇、产假、劳动时间等。下面就对其他特殊保护内容进行分析，防止企业家陷入风险。

1. 关于怀孕女职工劳动时间的特殊保护

根据《女职工劳动保护特别规定》的规定，女职工怀孕期间，企业不能

① 参见上海市第一中级人民法院民事判决书，(2014)沪一中民三(民)终字第2117号。

延长劳动时间，通常不得安排其从事夜班劳动。怀孕女职工如不能适应原劳动，企业应根据医务部门的证明，减轻其劳动量或者安排其他劳动。怀孕7个月以上的，企业应给其安排一定的休息时间和适当减轻工作。怀孕女职工在劳动期间内进行产检，企业应算作劳动时间，不能按病假、事假、旷工处理。对哺乳未满1周岁婴儿的女职工，企业应每天为其安排1小时哺乳时间，如生育多胞胎的，每多哺乳一个，增加1小时。因此，企业家应注意遵守上述法律规定，对怀孕女职工给予劳动时间上的特殊保护。

2. 关于怀孕女职工生产假期的特殊保护

根据《女职工劳动保护特别规定》的规定，怀孕女职工的产假可分为五种情形：（1）基本产假98天，其中产前可以休假15天；（2）难产的，增加产假15天；（3）生育多胞胎的，每多生育1个婴儿，增加产假15天；（4）怀孕未满4个月流产的，享受产假15天；（5）怀孕满4个月流产的，享受产假42天。其中，上述法律未明确界定难产的范围，实践中一般认为，“难产是相对于顺产而言，如果无法顺产的，一般都属于难产”。例如，剖宫产一般可被认定为难产。因此，企业家应根据法律规定，依法保障怀孕女职工休产假的权益。

3. 关于怀孕女职工工资待遇的特殊保护

根据《女职工劳动保护特别规定》的规定，怀孕女职工享有不被降低工资的权利，企业不应因女职工怀孕降低其工资。女职工产假期间的生育津贴分两种情况：（1）已参加生育保险的，工资计算标准为上年度职工月平均工资，由生育保险基金支付；（2）未参加生育保险的，工资计算标准为女职工产假前工资标准，由企业支付。“女职工产假前工资”一般是指女职工享受产假前12个月的月平均工资。实践中，很多企业并没有按劳动者实际工资参加社会保险，而是按当地政府规定的最低参保基数为标准进行参保，当女职工实际工资高于参保基数时，社会保险基金支付给女职工的产假津贴则低于其实际工资，这种情况下，企业还应补足差额部分。

值得一提的是，上述规定为女职工保护的一般性规定。实践中，不同省份或地区也均发布有相应的规定或办法，对孕期、产期、哺乳期的女职工的保护进行细化，如上海就有出台《上海市女职工劳动保护办法》《上海市人口与计划生育条例》《上海市实施〈中华人民共和国妇女权益保障法〉的办法》等一批地方性规定，对孕期、产期、哺乳期的女职工的合法权益予以充分保护。但充分保护并不意味着“三期”女职工的任何行为企业都只能默默接受，企业在符合特定条件下亦可解除与孕期、产期、哺乳期女职工的劳动合同，如怀孕女职工严重违反单位规章制度、严重失职、营私舞弊给企业造成重大损害、兼职并影响了本职工作、被追究刑事责任。

法规速递

《中华人民共和国劳动合同法》

第三十九条 劳动者有下列情形之一的，用人单位可以解除劳动合同：

（一）在试用期间被证明不符合录用条件的；

（二）严重违反用人单位的规章制度的；

（三）严重失职，营私舞弊，给用人单位造成重大损害的；

（四）劳动者同时与其他用人单位建立劳动关系，对完成本单位的工作任务造成严重影响，或者经用人单位提出，拒不改正的；

（五）因本法第二十六条第一款第一项规定的情形致使劳动合同无效的；

（六）被依法追究刑事责任的。

第四十二条第四项 劳动者有下列情形之一的，用人单位不得依照本法第四十条、第四十一条的规定解除劳动合同：

（四）女职工在孕期、产期、哺乳期的；

《女职工劳动保护特别规定》

第五条 用人单位不得因女职工怀孕、生育、哺乳降低其工资、予以辞退、与其解除劳动或者聘用合同。

第六条 女职工在孕期不能适应原劳动的，用人单位应当根据医疗机构的证明，予以减轻劳动量或者安排其他能够适应的劳动。

对怀孕7个月以上的女职工，用人单位不得延长劳动时间或者安排夜班劳动，并应当在劳动时间内安排一定的休息时间。

怀孕女职工在劳动时间内进行产前检查，所需时间计入劳动时间。

第七条 女职工生育享受98天产假，其中产前可以休假15天；难产的，增加产假15天；生育多胞胎的，每多生育1个婴儿，增加产假15天。

女职工怀孕未满4个月流产的，享受15天产假；怀孕满4个月流产的，享受42天产假。

第八条第一款 女职工产假期间的生育津贴，对已经参加生育保险的，按照用人单位上年度职工月平均工资的标准由生育保险基金支付；对未参加生育保险的，按照女职工产假前工资的标准由用人单位支付。

第九条 对哺乳未满1周岁婴儿的女职工，用人单位不得延长劳动时间或者安排夜班劳动。

用人单位应当在每天的劳动时间内为哺乳期女职工安排1小时哺乳时间；女职工生育多胞胎的，每多哺乳1个婴儿每天增加1小时哺乳时间。

71. 招聘录用员工宝典

——企业招聘录用员工的注意事项

对于企业来说，优秀人才不仅能优化企业的人员结构，增强公司发展的活力，还能激发企业创新，提升企业的竞争力。因此，如何找到适合公司发展的人才是每个企业发展的必修课。但是招聘员工时需注意的事项有很多，如果不谨慎极有可能踩“坑”。“患生于所忽，祸发于细微”，如果不注意这些“隐形炸弹”，一旦被引爆，损失的必然是企业。接下来，我们以案说法，看看如果招聘录用员工不审慎，会给企业带来怎样的法律风险。

以案说法

上海艾贝广告有限公司（以下简称艾贝公司）起诉称徐某于2014年6月18日入职艾贝公司，担任文案编辑，双方签订了一年的劳动合同。艾贝公司主张，徐某在试用期内，工作数量及工作质量均无法满足艾贝公司对文案编辑岗位的要求。由于徐某的拖延，经常影响到整个项目的进度，其他同事多次投诉徐某。为此，艾贝公司多次与徐某沟通，但徐某却屡教不改，符合“试用期不符合录用条件”的法定情形。另外，徐某向艾贝公司提供的应聘简历中，其填写的工作经验存在虚假陈述，徐某在职期间亦曾多次出现最后下班不锁公司大门的情况，造成公司重大安全隐患。徐某的上述行为严重违反公司规章制度，因此，艾贝公司有权依法解除其劳动合同。现艾贝公司对仲裁裁决、一审和二审的判决均不服，诉至上海市高级人民法院请求判令不予恢复艾贝公司、徐某的劳动关系。

法院经审查认为，艾贝公司主张其解除双方劳动合同的理由为徐某在试用期内不符合录用条件、应聘简历中存在虚假陈述、未按照规定提交劳动手册和退工单、下班不锁公司大门等严重违反公司规章制度的行为。但艾贝公司在原审中未能提供充足证据证明其规章制度已经向其员工公示告知，其提供的证据亦无法证实其在招聘时存在录用条件并告知徐某。原审据此判令艾贝公司与徐某恢复劳动关系并无不当。法院最终裁定：驳回艾贝公司的再审申请。①

● 律师提示

根据法律规定，因公司作出的开除、除名、辞退、解除劳动合同、减少劳动报酬、计算劳动者工作年限等决定而发生的劳动争议，由公司承担举证责任。正如上述案例，艾贝公司提供的证据无法反映其在招聘徐某时存在录用条件，并将此录用条件告知徐某，故艾贝公司以徐某试用期不符合录用条件为由解除劳动合同，缺乏事实依据，应承担举证不能的后果。

很多企业家会错误地以为试用期内可以随意解除劳动合同，只要自己认为劳动者“不符合录用条件”即可，其实不然，试用期以“不符合录用条件”为由解除劳动合同通常需要满足以下几个方面条件：一是公司要举证录用条件的存在及已经将该条件告知了劳动者；二是有足够的证据证明劳动者不符合单位的录用条件；三是解除劳动合同通知应当在试用期内作出并送达劳动者。在上述案件中，艾贝公司并未在徐某入职时明示录用条件，当然也不能证明徐某不符合录用条件，故公司以“不符合录用条件”为由解除劳动合同明显违反了法律规定。

根据法律规定，劳动者在试用期内被证明不符合录用条件的，公司可以解除劳动合同，由此可见录用条件的重要性。那么，公司在招聘录用过程中到底应该注意哪些方面才能不踩雷呢?

1. 公司在招聘时一定要明确自己的录用条件。比如，对工作经验、学历要求、英语水平等条件进行明确化。

2. 录用条件必须经过公示。比如，在劳动合同、聘用函件中明确录用条件；完善规章制度，将录用条件写进规章制度中，当然规章制度要向员工公

---

① 参见上海市高级人民法院民事裁定书，(2016) 沪民申841号。

示；也可以通过招聘公告来公示，并采取一定的方式留存证据。

3. 保留好面试时的简历、入职申请表等材料，让劳动者签字确认。确保不出现像案例中的情况，即使员工存在简历造假、欺骗的情况，单位也不会因为举证不能而丧失胜诉权。

4. 公司要尽可能了解劳动者的各方面情况。除了解劳动者健康状况外，还要了解其是否与前单位签署过竞业限制协议，如果劳动者违反竞业限制协议，公司也可能会承担一定责任，甚至有可能被起诉为不正当竞争，面临巨额赔偿。所以，公司在招聘时，尤其是招聘管理人员、高级技术人员，一定要明确劳动者是否还在竞业限制期限内。通常了解是否在竞业限制期间内，最基础的工作就是核实简历的真实性，通过员工的背景信息调查，了解劳动者竞业限制及相关履历真实性问题，最大限度规避公司的用人风险。

5. 在试用期内，要全方面考察劳动者是否符合录用条件。如果经考核不符合录用条件，公司可以单方解除劳动合同，同时也要保留好相关证据，如劳动者走法律流程，公司也可以从容应对。

现代企业管理下，招聘优秀员工，实施人才经营战略，减少人才管理风险是十分重要的工作，企业在招聘员工时，只有谨慎采取如上措施方能最大限度地避“坑”踩“雷”。

法规速递

《中华人民共和国劳动合同法》

第三十九条　劳动者有下列情形之一的，用人单位可以解除劳动合同：

（一）在试用期间被证明不符合录用条件的；

（二）严重违反用人单位的规章制度的；

（三）严重失职，营私舞弊，给用人单位造成重大损害的；

（四）劳动者同时与其他用人单位建立劳动关系，对完成本单位的工作任务造成严重影响，或者经用人单位提出，拒不改正的；

（五）因本法第二十六条第一款第一项规定的情形致使劳动合同无效的；

（六）被依法追究刑事责任的。

《最高人民法院关于审理劳动争议案件适用法律问题的解释（一）》

第四十四条 因用人单位作出的开除、除名、辞退、解除劳动合同、减少劳动报酬、计算劳动者工作年限等决定而发生的劳动争议，用人单位负举证责任。

72. 团建虽欢乐，安全隐患多

——团建隐藏的法律风险与防范

不论是温情和睦的聚会，还是惊险刺激的漂流，抑或是新潮时尚的室外拓展，团建活动正逐渐成为企业增强公司凝聚力、加强团队了解和合作的不二之选。但是，觥筹交错与欢乐嬉笑的背后却是安全问题的频发不止，这也导致部分员工对公司团建活动望而却步。例如，新闻曾经报道的，“公司团建掰手腕，员工手臂被扭断”“南宁一餐饮公司搞团建聚餐，员工回程途中发生意外死亡”。作为这些事件的旁观者，我们在替受伤员工示以同情之余，也会思考这些组织团建活动的企业是否应当承担法律责任。那么，员工团建过程中受伤甚至死亡是否应当被认定为工伤呢?

很多企业都认为员工团建不属于在工期间，即使员工意外受伤或死亡也不会被认定为工伤，团建过程中产生的问题与公司无关。接下来，我们以案说法，看看法院对员工团建过程中受伤甚至死亡的认定。

● 以案说法

2016 年 6 月 24 日，途悦公司通过微信发布信息“大家上午好，星期天搞团队活动，聚餐漂流游玩，地点暂定浏阳凤凰峡，费用公司出，希望大家积极参与”。两天后的团队活动中，刘某与同事两人一组乘船漂流，在漂流过程中刘某所乘船只与后船发生碰撞致其受伤，随后被送往医院治疗。2016 年 9 月 22 日，刘某向市人社局申请工伤认定，市人社局作出不予认定工伤的决定，刘某诉至法院。后案件经过法院一审和二审审理，都认定人社局作出不予认定工伤的决定处理不当，应当予以撤销。二审法院认为，刘某在参加公司组织的团队活动中受伤，该团队活动虽然不是为了直接完成工作任务，但是属于企业文化建设组成部分，目的是增强员工工作积极性，提升员工企业归属感，可以视为“与工作相关”的活动。刘某在团队活动中所受之伤被认定为工伤的话，公司就要对此负法律责任，并进行赔偿。

类似上述案例的情况还有很多，不少法院判决也都予以支持。如最高人民法院在公报案例“郎毅娜诉北京市朝阳区劳动和社会保障局社会保障行政确认案”裁判要旨中明确指出：职工在参加单位组织的团队建设活动中受伤，如果该活动系由单位组织安排，且单位鼓励或要求职工积极参加，那么应属工伤认定范畴。江西省萍乡市中级人民法院在类似案件中也有公司组织在户外拓展活动中（团建活动中）员工发生意外死亡，公司被判赔 72 万余元。[①]

• 律师提示

如此多鲜活的案例都向企业家们敲响了警钟：团建一时爽，问题也不少。如果公司没有为员工购买工伤保险，员工团建受伤一旦被认定为工伤，公司还需要承担相应的赔偿。此外，如果团建活动的组织者所策划的团建活动内容违反公序良俗的，可能会面临治安管理处罚。

员工在团建中受伤甚至是死亡绝非公司所愿，很多情况下，公司可能是好心办了坏事。那么，公司如何在团建活动中规避风险，避免弄巧成拙，事与愿违呢?

第一，公司在进行团建之前要准备充分。充分了解员工的健康状况，尽量选择安全性较高的项目和场所，同时要考虑天气，路线等情况，还要谨慎选择为团建提供服务的商家，避免因第三方提供服务不过关导致员工受伤甚至危及生命安全。

第二，团建项目要正面积极，具有建设意义，不能违反公序良俗。坚决对拉练式、强制式、填鸭式、侮辱式的团建活动说不！否则极有可能被行政机关给予治安处罚。

第三，工伤保险很重要。公司一定要及时为员工缴纳工伤保险。如果条

① 参见湖南省长沙市中级人民法院行政判决书，（2017）湘01行终306号。

件具备，可根据团建项目的具体情况，为员工购置意外伤害险、雇主责任险等商业保险作为补充。

团建活动本来就是公司给予员工的福利，初心是为了缓解大家的工作压力，同时增强员工之间的凝聚力。但确实有存在安全隐患的可能，企业家一定要增强风险意识，在团建之前把握风险所在，加强员工的安全教育和预防措施，不可好心办坏事。

法规速递

《最高人民法院关于审理工伤保险行政案件若干问题的规定》

第五条 社会保险行政部门认定下列情形为“因工外出期间”的，人民法院应予支持：

（一）职工受用人单位指派或者因工作需要在工作场所以外从事与工作职责有关的活动期间；

（二）职工受用人单位指派外出学习或者开会期间；

（三）职工因工作需要的其他外出活动期间。

职工因工外出期间从事与工作或者受用人单位指派外出学习、开会无关的个人活动受到伤害，社会保险行政部门不认定为工伤的，人民法院应予支持。

《人力资源和社会保障部关于执行〈工伤保险条例〉若干问题的意见（二）》

四、职工在参加用人单位组织或者受用人单位指派参加其他单位组织的活动中受到事故伤害的，应当视为工作原因，但参加与工作无关的活动除外。

73. 无“民主”不“制度”

——企业未经民主程序制定规章制度的法律风险

企业的规章制度是体现企业与员工在工作中所必须遵守的劳动行为规范，也是企业行使劳动用工管理权的依据。根据相关法律规定，企业的规章制度必须符合三个要件：内容合法、经过民主程序制定、向企业职工公示。而很多企业的规章制度要么是企业家一拍脑门作出的决定，要么就是没有履行公示程序，规章制度只存在于企业人事的脑海里，要么就是规章制度的内容本身就违反法律法规，导致企业费时费力制作的规章制度无法对员工产生具有法律效力的约束。接下来，我们以案说法，看看企业在未经民主程序及公示程序等情况下制定的规章制度会有什么风险。

● 以案说法

李某于2018年9月入职A公司，担任业务经理。2021年7月，A公司向李某送达关于解除李某劳动合同的通知函，该函载明，“因李某未经批准擅自不上班，其行为符合《公司各种假期管理规定》中‘视为旷工’的情形。根据《员工奖惩管理规定》，旷工半个工作日以上记严重过失，公司经研究决定给予李某记严重过失一次并解除劳动合同”。李某却认为，该公司提交的《公司各种假期管理规定》和《员工奖惩管理规定》并没有经过公告程序，他完全不知道两项规定的具体内容。现A公司根据两项他不知道的规定解除双方的劳动关系，不具有法律效力。

法院经审理后认为，根据《劳动合同法》第4条的规定，用人单位应当依法建立和完善劳动规章制度，保障劳动者享有劳动权利、履行劳动义务……用人单位应当将直接涉及劳动者切身利益的规章制度和重大事项决定公示，或者告知劳动者。从性质看，A公司提交的《员工奖惩管理规定》本质上属于公司规章制度的范畴，且其内容直接关乎员工的切身利益，所以，应当根据法律规定对《员工奖惩管理规定》是否经过民主程序制定以及公示程序进行审查。根据法庭调查的事实，A公司并未提交相应证据证明《员工奖惩管理规定》已经民主程序制定并告知过李某或者向李某公示过的有效证据，也未对此进行合理的说明。故法院认为A公司将《员工奖惩管理规定》作为解除双方劳动合同的规章制度，依据不足，其据此作出的解除劳动合同决定因缺乏制度依据，应认定构成违法解除劳动合同。

律师提示

由上述案例可知，企业制定的规章制度应当经过民主程序制定以及公示程序进行公开，这是规章制度对员工产生效力的前提条件，A公司不能举证已经民主程序制定并公示过上述规章制度，所以，其主张没有被法院支持。那么，如果企业要使规章制度生效，应当采取哪些方法呢?

1. 确保规章制度的内容合法

内容是否合法是规章制度的基础，也是规章制度生效的首要条件。企业在制定规章制度的过程中，不仅应当考虑到其可操作性、合理性，更应当考虑其合法性。鉴于国家的法律法规及政策较为繁杂，企业在制定规章制度时不可能涵盖所有的法律法规，故原则上企业只需要参考涉及企业自身业务领域的常用法律法规以及劳动关系领域常用的法律法规，如《劳动合同法》《劳动法》《女职工特殊保护规定》《社会保险法》《企业职工带薪年休假实施办法》。除此之外，企业在制定规章制度时还应当保证内容的合理性，不能严重背离普遍的价值标准，不能脱离企业的客观事实，也不能明显地超过标准进行处罚，尽量不要出现诸如“员工上厕所时间超过20分钟，企业可以解除劳动合同”等规定。

2. 将规章制度经由民主程序讨论通过

企业家在制定规章制度时，不能搞“一言堂”，要摒弃企业老板可以随意制定、修改规章制度的错误观念。为确保规章制度生效，在规章制度生效前，企业应当将规章制度交由职工代表大会或全体职工讨论，提出方案或意见。在获悉职工们的意见后，企业还需再次与工会或者职工代表大会平等协商，最终确定规章制度内容。需要注意的是，在民主程序开展的整个过程中，企业最好录音录像，并制作会议纪要让与会人员签字，以防后续仲裁、诉讼时举证不能。

3. 履行公示告知程序

（1）由员工本人书面签名

所谓最有效的证据莫过于“白纸黑字”，企业可以将整理好的各项规章制度作为劳动合同的附件，同时在规章制度内设置类似“劳动者已详细阅读并自愿遵守单位所制定的规章制度”的条款，并让员工在规章制度中签字。此外，企业还可以将全部规章制度进行汇总，编纂成员工手册，并让员工在签字页上签字。另外，企业在员工的入职登记表中也可以标明“乙方确认已收到甲方依法制定的下列规章制度文件，确认已经充分阅读并愿意遵照执行”的注意条款。

（2）召开职工大会进行公开宣读

企业可以召开职工大会，就企业制定的规章制度进行公开宣读，会议召开期间，企业应当注意进行录音录像，并保留会议记录，让全部在场人员签字。

（3）在公告栏进行公示

企业可以将规章制度以公告的形式张贴于企业的醒目位置，如办公室大门口、饮水机旁等，并对张贴情况进行拍照、摄像取证。

（4）对员工进行集中培训、考核

企业可以定期举办入职前培训、分享大会、早会、部门会议等会议，对规章制度进行集中的分享、学习、培训，并保存好培训的时间、地点的现场照片以及员工签到表。另外，企业可以组织入职前考核、试用期结束考核等考试，设置相应的规章制度的考题，考核结束后完整保留员工的答题试卷。

（5）网络公告方式

企业也可以在公司官方网站或者 OA 管理系统上设置“规章制度”专栏，供员工上网浏览，同时在员工手册、劳动合同或规章制度网上公示告知书上签名确认，确认已在网上认真阅读并知晓规章制度的内容。此外，通过微信群、钉钉、QQ群将规章制度作为公示文件也可以达到同样的效果。

（6）电子邮件方式

企业在入职前获取到每个员工的个人邮箱，通过电子邮件的方式，将规章制度直接发送到员工个人邮箱（最好避免使用企业邮箱）里，并保留电子邮件发送的记录。

企业公示规章制度的途径还有很多，这里不再一一列举。需要强调的是，上述公示方法中的公告栏公示、网络公告及电子邮件公示均有其相应的局限性。例如网络公告，企业的员工可能不会上网，或者没有上网的习惯，公示的范围会受到限制；电子邮件公告，若时间过长，邮件的附件可能被删除；公告栏公告，可能会被员工撕掉或者时间过长被污染，不利于举证。所以建议采用“由员工本人书面签名”的方式为首选，再辅以其他的方式作为保障。

综上，企业在制定规章制度时，既要考虑到规章制度的内容，又不能忽视程序的作用。此外，企业在制定规章制度时，无论是民主程序还是公告、告知程序，都需要做好证据固定的工作，以免后续发生劳动争议时，企业无法举证。

法规速递

《中华人民共和国劳动合同法》

第四条 用人单位应当依法建立和完善劳动规章制度，保障劳动者享有劳动权利、履行劳动义务。

用人单位在制定、修改或者决定有关劳动报酬、工作时间、休息休假、劳动安全卫生、保险福利、职工培训、劳动纪律以及劳动定额管理等直接涉及劳动者切身利益的规章制度或者重大事项时，应当经职工代表大会或者全体职工讨论，提出方案和意见，与工会或者职工代表平等协商确定。

在规章制度和重大事项决定实施过程中，工会或者职工认为不适当的，有权向用人单位提出，通过协商予以修改完善。

用人单位应当将直接涉及劳动者切身利益的规章制度和重大事项决定公示，或者告知劳动者。

第五章

企业家的财富管理

74. 企业家出轨的代价

——企业家“家外有家”的法律风险

企业家事业成功以后，面临的外界诱惑往往会非常多。在众多诱惑之中，出轨甚至“家外有家”也变得较为常见。但是，这一行为具有很大的法律风险，甚至可能会将企业家推向刑事犯罪的深渊。接下来，我们就案说法，看看企业家出轨将会面临怎样的法律风险。

● 以案说法

青梅竹马的小辉和小微在历经8年的恋爱长跑后，终于在一个鸿雁归来、草木萌动的雨水时节办理了结婚登记。结婚之初，两人如胶似漆，大有此情可流转，千载永不渝之感！感情日益加深的同时，事业也逐渐有了起色，小辉在艰苦卓绝的奋斗之下创立了自己的建筑公司，前途不可限量。小微看小辉非常辛苦，为了保证其能全身心在前线冲锋陷阵没有后顾之忧，自愿辞掉工作，照顾家里的老人和小孩。

但是，时间久了，二人越走越远，共同语言也越来越少，最终小辉婚内出轨。他对公司刚来的实习生小慧一见倾心，并送了大量贵重物品，二人很快交往并开始同居，“家里红旗不倒，外面彩旗飘飘”，小辉活得相当快活。

但是纸终究包不住火，小微知道小慧的存在后无法忍受丈夫的背叛，于是她决定告两人重婚罪，并起诉离婚，其要拿起法律的武器维护自己的合法权益。

● 律师提示

行不义者，天亦厌之，正如上述案例，企业家小辉接下来可能会面临被妻子状告重婚罪和起诉离婚的风险。具体来看，企业家小辉会面临哪些风险呢？

1. 企业家小辉会面临的风险

（1）小辉在离婚案件中可能被认定为过错方，小微可能会多分得财产并获得损害赔偿金。

根据《民法典》第1087条和第1091条的规定，离婚时，对夫妻共同财产的处理，法院将按照照顾无过错方的原则进行分割；如对方与他人同居，无过错方有权请求对方赔偿。本案中，小辉在婚内与他人同居，如果小微有证据证明小辉属于婚姻中的过错方，那作为无过错方的小微如起诉离婚，可适当多分财产，并且有权请求损害赔偿。

（2）小辉和小慧的行为有可能构成重婚罪。概况来讲，重婚包含两种情况：

①法律重婚：指之前婚姻未解除，又与他人办理结婚登记。在实行单一登记婚姻的中国，只要双方办理了结婚登记，无论是否同居，重婚就已经构成。

②事实重婚：指之前婚姻未解除，又与他人以夫妻名义共同生活，但未办理结婚登记手续。只要双方公开以夫妻名义共同生活，虽未办理结婚登记，也已构成重婚。

随着我国婚姻管理制度的完善，第一种情况发生的概率越来越小，第二种情况相对多见。实践中认定“以夫妻名义共同生活”难度较大，实践中最终构成重婚罪的案例并不多，但如果用对方法取证，构成重婚罪的概率依然存在。所以，重婚罪必须引起重视。

（3）有可能牵出其他犯罪。

假如本案中的妻子小微对公司的情况比较了解，她也有可能利用公司在运营过程中存在的不规范之处，如偷税、漏税、挪用资金等让小辉锒铛入狱，失去人身自由，这种大义灭亲的案例在新闻中也比比皆是。

（4）可能会影响公司的正常经营与管理，乃至影响公司上市。

小辉作为公司创始人，持有大量公司股权，如果离婚诉讼中小微诉请对股权进行分割，法院可能会冻结公司股权，如此可能影响公司的正常经营。

同时因为分割夫妻共同财产，还会造成公司股权结构发生变化，甚至导致公司控制权旁落或陷入公司治理僵局。如果公司要上市，也会因为股权分割受到极大的不利影响。

2. 作为企业家面对众多诱惑该如何做？

（1）要树立正确的婚姻观和爱情观

对待婚姻要严肃认真、感情专一，感情里容不得第三个人的插足。因为婚姻和爱情都不是儿戏，彼此都要真诚对待，如果夫妻双方感情不复存在，也建议双方多沟通，理性解决双方的婚姻问题，不能见异思迁、三心二意。

（2）一定要懂法，知道法律的底线在哪里

法律是最低限度的道德，如果只是偶尔出轨，涉及更多的是道德问题，但如果符合重婚罪的构成要件，则需承担刑事责任。对此，企业家不仅要知法，也要守法。

（3）做好企业和家庭的风险隔离

第一，转变思维。企业家一定要转变家企不分的观念，严格地区分个人财产与公司财产的界限；第二，完善企业财务制度。家企不分最有力的证据，就是财务证据，企业家应当在财务上清晰地将公司财产和股东财产进行区分，明确记载到财务账册中，以免有财务乃至法律风险；第三，搭建好公司的股权架构，隔离商业风险，同时通过股权架构设计进行个人所得税、企业所得税的税务规划，进行合法的税务筹划，避免触发法律风险。

回想少时多欢聚，说笑之间情悠悠。当年山盟又海誓，哪料反目竟成仇。不管当初如何情真意切，感情没了就是没了，作为企业家，最重要的是要做好风险防范，不能赔了夫人又折兵。

● 法规速递

《中华人民共和国民法典》

第一千零八十七条 离婚时，夫妻的共同财产由双方协议处理；协议不成的，由人民法院根据财产的具体情况，按照照顾子女、女方和无过错方权益的原则判决。

对夫或者妻在家庭土地承包经营中享有的权益等，应当依法予以保护。

第一千零九十一条 有下列情形之一，导致离婚的，无过错方有权请求损害赔偿：

（一）重婚；

（二）与他人同居；

（三）实施家庭暴力；

（四）虐待、遗弃家庭成员；

（五）有其他重大过错。

《中华人民共和国刑法》

第二百五十八条 有配偶而重婚的，或者明知他人有配偶而与之结婚的，处二年以下有期徒刑或者拘役。

75. 忠诚协议能否保你周全

——夫妻间的忠诚如何守护

不少人在物质财富得到充分满足后，情感的欲望就会逐渐蔓延。但正所谓“常在河边走，哪有不湿鞋”，当婚外情一旦暴露，忠诚协议往往就会“潇洒亮相”，双方通常会在协议中约定出轨方如果再次出轨则净身出户等内容。但法律实践中，如果一方真的再次出轨，出轨方不愿意履行协议，诉至法院后，法院会如何判决呢？事实上，关于忠诚协议的效力各地法院曾经有过不同的观点，接下来我们就以案说法，看看法院如何认定忠诚协议的效力。

● 以案说法

王某是个成功的企业家，在20世纪，他抓住了房地产雄起的大浪潮，经过20多年的打拼，成为富甲一方的人物。但“家家有本难念的经”，事业成功的背后他也有自己的烦恼。妻子小梦是他抛弃结发妻子不顾一切娶到的小娇妻，是个小明星，人长得非常漂亮。结婚初期，两人你侬我侬，王某仿佛回到了青葱年代。但好景不长，在王某忙于工作之时，小梦不甘寂寞，与前男友再续前缘了。王某知道后气得火冒三丈，但看到哭哭啼啼求自己谅解的小梦，他决定再给小梦一个机会。当然，王某也不傻，他要求小梦写下了忠诚协议，协议内容是：如果小梦再出轨，则无权分割夫妻共同财产，必须净身出户。但协议签订后小梦并未悔改，仍与前男友继续交往。王某得知此事后，毅然决定与小梦离婚。双方协议离婚无果，王某忍无可忍向法院提起诉讼，要求判决离婚，并按忠诚协议要求小梦净身出户。

法院审理后认为，王某与小梦订立的忠诚协议应由当事人本着诚实信用的原则自觉履行，法律虽不禁止夫妻之间签订类似协议，但亦无法律对此赋予强制执行力。故王某主张按忠诚协议让小梦净身出户无法律依据，法院不予支持。

律师提示

关于忠诚协议的效力，各地法院观点不尽相同。对此，最高人民法院给出了明确意见，认为夫妻之间签订的忠诚协议，当事人应当以诚信原则自觉自愿履行。法院不禁止夫妻签订忠诚协议，但是也不会赋予此类协议法律强制力，对于此类纠纷，一般以不受理为宜。由此可见，法律对忠诚协议的态度是既不禁止也不倡导，当事人凭着忠诚协议要求对方履行，法院是不会受理的。为什么最高人民法院认为不宜受理忠诚协议纠纷呢？最高人民法院给出以下几点理由：

第一，忠诚协议是身份协议，有关身份的协议不受《民法典》调整。尽管忠诚协议的大部分内容涉及财产处分，但该协议是以夫妻双方特定的婚姻关系和身份关系为前提的，无法纳入《民法典》的调整范围。

第二，《民法典》关于“夫妻应当相互忠实”的规定属于宣誓性、倡导性的规定，本身不具有可诉性。忠实义务本质上不是法律义务，而是一种道德义务。夫妻一方以此道德义务作为对价与另一方进行财产交换而订立的忠诚协议，是将道德义务以合同的形式予以设定，不能认定是确定具体民事权利义务的协议。

第三，法律介入忠诚协议所可能引发的社会风险比较大。如果赋予此类协议以法律约束力，可能产生不少负面社会效应，增加家庭的不稳定因素。

综合以上三点，最高人民法院认为目前暂不宜赋予忠诚协议强制执行力。因此，夫妻一方只能向法院提起离婚诉讼，依法对夫妻共同财产进行分割，而法院通常也不会判决另一方净身出户，因为这样违反了法律的公平原则。当然，若双方均自愿自觉履行忠诚协议，法院也不会干涉。

看到这里，有人不禁会想，如果对方确实存在出轨情形，又不能签订忠诚协议，应采取怎样的措施才能通过法律约束对方呢？其实法律在关上一扇门的时候，也开了一扇窗，这扇窗就是用“保证书/认错书＋婚内财产协议”进行替代。无过错方在抓到对方出轨时，分析双方局势，如果自己对婚姻依然有所期待，对方也愿意真诚悔过，可以在恰当的时机让对方签下这两份协议。其中，保证书/认错书一方面是明确对方有真心悔过的态度，另一方面，如果对方依然不改变，保证书/认错书也可以作为后续诉讼离婚时的证据使用，保证书/认错书一般需要写明出轨的事实及改过的态度。而婚内财产协议则可以按照有利于无过错方的原则，对现有财产及未来财产进行分配。同时，签订协议后最好尽快完成物权变更手续或进行公证，这样才能更好地把协议约定的内容固定下来，防止过错方反悔。

综上所述，法律对忠诚协议采取的是既不禁止也不鼓励的态度，夫妻双方当婚姻关系出现状况的时候，最好还是选择“保证书/认错书+婚内财产协议”等形式才能更好地保障权利。

● 法规速递

《中华人民共和国民法典》

第一千零四十三条 家庭应当树立优良家风，弘扬家庭美德，重视家庭文明建设。

夫妻应当互相忠实，互相尊重，互相关爱；家庭成员应当敬老爱幼，互相帮助，维护平等、和睦、文明的婚姻家庭关系。

76. 企业由盛转衰，可能只差一场离婚

——企业家或公司股东离婚对公司的影响

幸福的婚姻千篇一律，不幸的婚姻各有各的不幸，不能一概而论。其中，有一类人的婚姻除了一地鸡毛以外，还会牵涉事业，这一类人的典型代表就是企业家。企业家的“后院”一旦起火，殃及的不仅是“屋内人”，众多的“屋外人”也不能幸免。接下来，我们以案说法，看看企业家后院起火将会带来怎样的风险。

● 以案说法

2011年被网友们戏称为上市公司股东的“离婚年”。这一年间，不少全国知名公司大股东的离婚纠纷在网上引发了公众的持续关注。如“土豆网”创始人王微被前妻杨蕾起诉，要求分割其持有的76%的股权，因双方就股权问题陷入持续的拉锯战之中，“土豆网”并未能如期在美国上市，最终沦落到被竞争对手“优酷”吞并的下场；又如“真功夫”董事长蔡达标于2011年被前妻潘敏峰起诉分割其持有的50%股权，或折价补偿其4.7亿财产，导致蔡达标等人被查出涉嫌经济犯罪而被捕，“真功夫”的品牌形象也因此大为受损；再如，“蓝色光标”董事长孙陶然因与前妻胡凌华离婚，其所拥有的股权也被分割，最终导致“蓝色光标”的股价在分割当日和公告发布日分别下跌1.53%和1.01%。

● 律师提示

上述实例引发网友对中国式富豪离婚的关注与热议。由此可见：对于普通民众而言，婚姻变动造成的影响可能仅限于双方家庭或朋友圈等较小的范

围；但对于企业家或公司股东而言，婚姻变动所造成的影响还涉及持股公司的股权变动问题及自身财产安全问题，甚至还可能殃及众多的股民。因此，企业家若不知晓其中的法律风险，可能会对公司的运营和发展前途造成重大影响，甚至拖垮整个公司！

下面我们来分析企业家及公司股东离婚，对公司及个人可能造成的影响到底有哪些：

1. 公司控制权的转移。若自然人股东离婚时对所持公司股权进行分割，其股份极有可能被配偶分走，此种情况可能导致该股东丧失对公司的实际控制权。此时，一旦第三人贸然改变公司现有的发展理念、战略规划以及经营方式，公司将陷入转型的阵痛期或逐步走向衰弱的处境。

2. 公司陷入治理僵局。如股东和配偶共同持有公司的股权，很有可能会把双方的私人情感牵涉到公司运营管理环节，造成矛盾的升级，甚至造成无法召开股东会，不能作出有效的决议等情形，最终导致公司出现治理僵局。

3. 公司财产被保全。股东和配偶离婚诉讼期间，配偶为防止股东恶意出售股权，可能会向法院申请保全。对股东所持公司股权进行冻结，这无疑会对公司的运营造成不良影响，尤其是对公司股权融资行为影响巨大。

4. 上市失败。根据证监会发布的《首次公开发行股票并上市管理办法》显示，公司申请上市时，实际控制人不能发生变更。因此，若因股东离婚导致公司实际控制人的变更，会直接影响到首次公开募股的审查结果。

5. 陷入刑事犯罪。所谓“最熟悉你的人，就是你的枕边人”，夫妻之间往往对彼此的各种情况非常熟悉。如果企业家在经营过程中存在如偷税漏税、挪用资金等不为人知的经济违法犯罪情形，有可能会被配偶提交给公安机关，此时企业家就可能会陷入刑事犯罪的风险中。

面对离婚可能造成的各类不利后果，企业家应当采取怎样的措施才能尽量让“后院”不起火，或者即使“后院”起火也不殃及“池鱼”呢？我们有以下建议可供参考：

1. 签订婚前协议、婚内财产协议。企业家可以与配偶签订婚前协议、婚内财产协议，明确约定公司股权属于其个人财产而非夫妻共同财产，并进行公证。或者夫妻双方可以约定：如果离婚，公司股权归股东个人所有，配偶可以获得股权价值相对应的其他资产。这样离婚时，不仅可以避免双方就股权问题陷入争执，更可以保护公司的稳定。

2. 设置公司章程条款。章程约定股东对外转让股权（转移给配偶也属于对外）时必须经过其他股东的一致同意，其他股东享有优先购买权，以此降低股东离婚给公司股权带来的风险。此外，还可在章程中约定股东资格不能继承。

3. 如果双方经营理念不一致，尽量避免配偶实际经营管理公司。如果夫妻双方持股比例相当，配偶又实际参与公司的经营管理，那么离婚时，可能会造成公司管理僵局，甚至双方互相争夺公司管理权的纠纷。所以企业家应尽量避免配偶实际管理公司，保证公司的经营状况稳定有序地运行。

爱情是美好的，但并非一定能够携手白头。当爱已成往事，夫妻之间缘分已尽之时，企业家应当谨慎处理夫妻之间的离婚事宜，在离婚前把对企业的各种风险降到最低，不要让企业为自身的离婚买单。

法规速递

《首次公开发行股票并上市管理办法》

第十二条 发行人最近3年内主营业务和董事、高级管理人员没有发生重大变化，实际控制人没有发生变更。

77. “名称”定乾坤

——离婚协议和婚内财产协议的正确打开模式

最近几年，随着人们婚姻观念的悄然改变，离婚率越来越高，企业家的婚姻尤显脆弱。实践中，不少企业家在面临婚姻危机或即将离婚时，往往会通过签署《离婚协议》《婚内财产协议》等各种协议来给自己增加一份保障。但其实很多企业家对这些协议的性质及适用情形并不清楚，所以，经常会出现混用甚至错用的现象。接下来，我们以案说法，看看不懂“婚姻类协议”区别的企业家在婚姻出现问题时会承担什么不利后果。

- **以案说法**

企业家李某和韩某是一对夫妻，随着李某的生意越做越大，他和妻子感情逐渐有了隔阂，李某觉得韩某无法跟上自己前进的步伐，无法融入自己的世界，而韩某觉得李某脾气暴躁，不再像以前那般温柔体贴，终于双方都无法忍受对方。在一次激烈打斗之后，两人签署了一份离婚协议，并且对双方的财产以及子女抚养等问题进行了详细约定。后来两人都念及孩子年幼，并没有去办理离婚登记。但最终，李某和韩某夫妻感情还是彻底破裂了，李某主张按照以前签订的离婚协议进行财产分割，但是韩某不同意之前离婚协议里约定的财产分割方案。无奈，李某只能向法院起诉韩某，要求离婚并按照离婚协议约定的内容分割财产和处理孩子抚养问题。但法院显然不会支持企业家李某的诉请（将离婚协议作为分割财产的依据）。理由很简单，李某签订的是离婚协议而不是婚内财产协议。

律师提示

正如上述案例，企业家李某因对离婚协议的效力及适用情形不了解，从而导致法院未支持其诉请。那么，离婚协议和婚内财产协议的区别到底在哪里呢?

1. 离婚协议生效的前提是双方在民政局办理了离婚手续。

根据《最高人民法院关于适用〈中华人民共和国民法典〉婚姻家庭编的解释（一)》第69条的规定，当事人达成的以协议离婚或者到人民法院调解离婚为条件的财产以及债务处理协议，如果双方离婚未成，一方在离婚诉讼中反悔的，人民法院应当认定该财产以及债务处理协议没有生效。由此可见，离婚协议从性质上属于夫妻双方签订的附条件生效的合同，生效的前提是双方已经离婚，即双方在民政局婚姻登记处办理完成离婚登记手续。正如上述案例，关于双方事先约定的离婚协议，只要李某和韩某没有办理离婚手续，他们之中任何一方都有权反悔，法院也不会将其作为确定夫妻财产份额的依据。

2. 婚内财产协议在不违反法定情形下，双方签订后生效。

与离婚协议不同，婚内财产协议并未附生效条件。根据《民法典》第1065条的规定，男女双方可以约定婚姻关系存续期间所得的财产以及婚前财产归各自所有、共同所有或部分各自所有、部分共同所有；夫妻对婚姻关系存续期间所得的财产的约定，对双方具有约束力。可以看出，婚内财产协议只要符合法律规定的形式要件，且夫妻双方签订协议时具有真实意思表示，签订后该协议即告生效，夫妻双方都应当按照协议约定的内容来履行。正如上述案例，如果李某和韩某在此之前只是对夫妻财产进行约定，签订了一份婚内财产协议而没有涉及离婚条件的话，那么，双方在任何时候，只要产生离婚纠纷，就可以请求法院按照协议约定的内容来进行财产分割。

有企业家可能会问，如果夫妻双方所签协议的标题是“协议书”和“声明”等，而非“离婚协议”或“婚内财产协议”，协议的性质如何认定呢?面对这种情况，法官往往会从协议签订的原因、双方之间的关系、协议内是否提及离婚事宜、是否包含对子女抚养的处置等客观事实进行综合认定。

现实生活中，仍有众多已婚企业家因为缺少婚姻法律法规的相关常识，错误利用离婚协议来保证夫妻间的忠诚，确定双方的财产份额，却没有想到，这样的离婚协议可能根本就没有任何约束力，一旦对方反悔，只能追悔莫及。因此，夫妻双方在签订协议时，一定要擦亮眼睛，仔细阅读条款，弄清楚是婚内财产协议还是离婚协议。

● 法规速递

《最高人民法院关于适用〈中华人民共和国民法典〉婚姻家庭编的解释（一）》

第六十九条 当事人达成的以协议离婚或者到人民法院调解离婚为条件的财产以及债务处理协议，如果双方离婚未成，一方在离婚诉讼中反悔的，人民法院应当认定该财产以及债务处理协议没有生效，并根据实际情况依照民法典第一千零八十七条和第一千零八十九条的规定判决。

当事人依照民法典第一千零七十六条签订的离婚协议中关于财产以及债务处理的条款，对男女双方具有法律约束力。登记离婚后当事人因履行上述协议发生纠纷提起诉讼的，人民法院应当受理。

《中华人民共和国民法典》

第一千零六十五条 男女双方可以约定婚姻关系存续期间所得的财产以及婚前财产归各自所有、共同所有或者部分各自所有、部分共同所有。约定应当采用书面形式。没有约定或者约定不明确的，适用本法第一千零六十二条、第一千零六十三条的规定。

夫妻对婚姻关系存续期间所得的财产以及婚前财产的约定，对双方具有法律约束力。

夫妻对婚姻关系存续期间所得的财产约定归各自所有，夫或者妻一方对外所负的债务，相对人知道该约定的，以夫或者妻一方的个人财产清偿。

78. 企业家财富传承的密码

——遗嘱在财富传承中的重要作用

因受中国传统文化的影响，多数中国人对于生前立遗嘱等事一直讳莫如深，不愿提及，觉得生前便议亡后之事过于晦气，思想上一直过不去这道坎。但是随着我国民众私人财富的快速增长，社会老龄化不断严重，如不提前对需被继承的财富进行统筹规划，则极易造成遗产的不当分割和争产纠纷。如此不仅不利于继承人权利的保障，还会造成社会资源的浪费，更不利于社会经济的平稳发展。企业家资产庞杂，遗产众多，如果不提前做好财富规划会造成更多不利影响。接下来我们就以案说法，看看企业家如果没有提前做好财富统筹会带来怎样的法律风险。

● 以案说法

2020年12月23日，游族网络（002174. SZ）实控人林奇被前高管投毒的消息在网上吵得沸沸扬扬。随后游族网络董事会发布公告表示，当日已收到公司董事长林奇先生家属的通知，林奇先生因救治无效于2020年12月25日逝世。

逝者安息，死者为大，该悲剧背后发生的原因我们不做过多的探讨和深究。需要和大家讨论的是，林奇的巨额财产在没有遗嘱、遗赠扶养协议以及遗嘱信托等的情况下应该如何发生继承？2020年12月25日，游族网络最新的上市公告称，林奇直接持有公司股票219,702,005股，占公司总股本23.99%，为公司控股股东、实际控制人。林奇的遗产除了上述上市公司控制权，即市值达30亿元的A股以外，还有地产等25家非上市公司股权，同时还有游族置业旗下的上海游族大厦等。林奇走得突然，其生前并没有立好遗嘱或遗赠抚养协议等，因此林奇的众多遗产大概率是走法定继承的程序，由其法定继承人按照法律规定依法继承，即像公告显示遗产由其未成年子女林小溪、林芮璟及林漓三人共同继承，林小溪、林芮璟各继承其中的73,234,002股，林漓继承其中的73,234,001股，其余继承人均自愿表示放弃继承权。原本一切可以盖棺定论，各继承人可以顺利继承，但是事情并没有想象中的那么顺利。2021年1月12日，微博账户名为“糖醋个里脊”的用户发文《三问游族网络》，声称其姐姐和林奇在2019年通过共同朋友介绍认识，当时林奇已离婚多年，两人在林奇去世前育有一子，而游族网络有意忽略了该子的继承权。

• 律师提示

事情发展到这里就没有那么简单了，如果“糖醋个里脊”用户所言属实，那么按照《民法典》第1071条的规定，非婚生子女享有与婚生子女同等的权利，林奇的遗产中必定有该非婚生子的一份。斯人已去，我们已无法探知林奇对于遗产分配的真实想法，按照法定继承分配遗产是否会违背其真实的意思表示，我们也无从得知，但为了公司的持续发展，为了家族的财富传承，我们可以说林奇没有提前对财产进行统筹规划和分配其实存有一定遗憾，因为如今的遗产继承方式可能并不能如他所愿。

明天和意外不知道哪一个先到来，为了避免突发情况发生时无所适从，提高企业家的风险防范意识，企业家们可以采取什么办法规避这种风险呢?

企业家可以选择提前订立遗嘱，在法律允许的范围之内提前对自身的财产和个人事务进行处分和安排。提前订立遗嘱，有诸多利好之处：

1. 可以避免家族内部纠纷。从法律实践来看，因为没有订立遗嘱而引发的继承纠纷多如牛毛，但一份合法妥善的遗嘱却能起到定纷止争的作用，可以极大地减少家庭内部纠纷。

2. 可以明晰遗产范围。如果没有遗嘱的话，继承人对被继承人到底有多少财产其实是不太清楚的，遗产范围只有被继承人本人最为清楚。如果其生前能提早订立遗嘱，则可以避免因为财产缺漏而引起的诸多不必要的麻烦。

3. 能够充分真实地体现被继承人自己的真实意愿。如本文的案例所示，如果没有遗嘱、遗赠或者遗赠抚养协议的话，遗产就会按照法定继承来处理，但是法定继承不一定能够体现被继承人的真实意愿。林奇的遗产按照法定继承处理是否是其心之所想我们是不得而知的，但有点是肯定的，自己的家事闹得人尽皆知一定不是他所想见到的。

随着我国民众私人财富的增长，以及社会老龄化的加速，人们对于财富的传承，要提早规划和设计，而提前设立遗嘱就是众多企业家以及高净值人士的财富传承密码。

法规速递

《中华人民共和国民法典》

第一千零七十一条 非婚生子女享有与婚生子女同等的权利，任何组织或者个人不得加以危害和歧视。

不直接抚养非婚生子女的生父或者生母，应当负担未成年子女或者不能独立生活的成年子女的抚养费。

79. 转让股权需要配偶同意吗

——婚后股权转让的法律风险与防范

企业家与另一半结婚不仅意味着二人成了合法的夫妻，也意味着二人成为关系密切的利益共同体。夫妻双方如无特别约定，在婚姻关系存续期间所得的大部分财产都为夫妻的共同财产，归夫妻共同所有。对于夫妻共同财产，一方不得擅自处分。以婚姻存续期间取得的股权为例，只要双方没有财产分别制的约定，股权的出资款和因转让该股权而取得的收益均属于夫妻共同财产。但是实践中，经常会出现登记在一方名下的股权在另一方不知情的情况下被转让的情形，那此种不经配偶同意转让股权的行为是否有效呢？接下来，我们以案说法，看看转让股权不经配偶同意的行为效力如何。

• 以案说法

原告胡某（男）与被告李某（女）系夫妻关系，被告李一系李某与其前夫所生之子。胡某与李某婚姻关系存续期间，李某和其父亲注册成立了海洋食品公司，租赁了雨花区高桥大市场的两间门面从事食品批发零售，注册资金为 50 万元。而后李某与胡某因感情不和产生纠纷，遂诉至法院要求离婚。随后，李某与其子李一签订了海洋食品公司的《股权转让协议》，将其名下的海洋食品有限公司的股份以 46.8 万元的价格转让给了李一，但实际上并没有交付价款。随之法定代表人也变更成李一。原告认为，海洋食品公司系夫妻共同投资成立的，也是夫妻共同经营发展起来的，应属于夫妻共同财产。被告李某为转移、侵占财产，与被告李一恶意串通，签署虚假文件，进行虚假交易，严重损害了原告的合法权益。为维护自己的合法权益，其请求人民法院判决确认海洋食品有限公司《股权转让协议》无效。

本案中，法院经审理后认为，根据《民法典》的规定，夫妻关系存续期间一方生产、经营的收益应归夫妻共同所有。海洋食品公司的设立时间是在原告与李某婚姻关系存续期间，故李某在该公司93.6%的股权系夫妻双方共同财产。李某在与胡某婚姻关系存续期间，在没有征得其丈夫胡某同意的情况下擅自与其儿子李一签订了《股权转让协议》，且李某本人也在案件庭审过程中承认协议签订后李一并没有按协议约定支付相应的对价。故法院认为李某与李一签订的《股权转让协议》系恶意串通转移夫妻共同财产的行为，应认定为无效。①

律师提示

企业家李某的行为在法律实践当中并不少见，这种恶意串通来损害夫妻一方合法权利的行为是法律明确禁止的，而且一方如若被法院认定为恶意串通损害另一方的合法权益，则其在夫妻财产分割过程中将处于不利地位。

上面案例中提到的是与案外第三人恶意串通，擅自转让股权的行为。实践中还有另外一种情况：在婚姻关系存续期间，以夫妻共同财产认缴有限责任公司出资但登记在夫妻一方名下的股权，登记方未经另一方同意擅自将股权转让给第三人，如果该第三人是善意的，则该转让行为有效吗？

有众多法院判例认为此种转让行为有效。例如，有法院认为，婚姻存续期间取得的股权在夫妻间没有特别约定的情况下，该出资款项应属夫妻共同财产，但在出资行为转化为股权形态时，现行法律没有规定股权为夫妻共同财产，其也不具有“夫妻对共同所有的财产，有平等的处理权”这样的属性。而且，现在也没有法律规定股东转让股权需经股东配偶的同意，所以即使乙方转让股权未经其配偶同意，也没有法律依据确认其转让无效。② 在受让人属于善意第三人，且股权转让协议不存在恶意串通，显失公平等导致合同无效或可撤销之情形时，该转让行为有效。

综上所述，转让股权需不需要配偶同意，需要视情况而定，例如本案中

---

① 参见（2011）芙民初字第2779号。

② 参见辽宁省高级人民法院民事判决书，（2015）辽民二终字第00341号。

出现恶意串通损害配偶利益的行为绝非法律所能容忍，企业家务必引以为鉴，不要搬起石头砸自己的脚。

● 法规速递

《中华人民共和国民法典》

第一千零六十二条 夫妻在婚姻关系存续期间所得的下列财产，为夫妻的共同财产，归夫妻共同所有：

（一）工资、奖金、劳务报酬；

（二）生产、经营、投资的收益；

（三）知识产权的收益；

（四）继承或者受赠的财产，但是本法第一千零六十三条第三项规定的除外；

（五）其他应当归共同所有的财产。

夫妻对共同财产，有平等的处理权。

80. “子承父业”适用于股权吗

——股东资格继承的相关法律问题

众所周知，当人死亡后，其遗留的个人合法财产会作为遗产发生继承，而股权在被继承人去世后能否发生继承，很多企业家却不甚了解。事实上，股权本质上是一种集人身权和财产权为一体的权利综合体，它既有财产权的性质，又兼具人身权的特性。根据《公司法》的规定，自然人股东死亡后，其合法继承人可以继承股东资格；但是，公司章程另有规定的除外。其实，单看法律规定，除了章程另有规定外，股东资格是可以继承的，但在实践中，股东资格的继承却并不是一帆风顺。基于有限责任公司的人合性和封闭性特征，很多公司不愿意接纳去世股东的继承人作为新股东，因为这样会对公司的股东结构和高度人合性带来挑战。接下来，我们以案说法，看看股东资格的继承应当注意哪些要点。

● 以案说法

嘉房公司注册资本 1021.50 万元，沈某甲是该公司的股东和法定代表人，沈某甲出资额为 333.50 万元，工商登记信息中载明其股权份额为 32.65%。沈某甲于 2016 年因病去世，其妻张某和其女沈某乙（除此之外，无其他继承人）请求继承登记于沈某甲名下的嘉房公司 32.65% 的股权财产，并向嘉房公司两次发函，但是嘉房公司一直推迟，后回函暂缓处理股权继承事宜。于是张某和沈某乙一纸诉状将嘉房公司诉至法院，请求嘉房公司至工商行政管理部门将沈某甲名下的股权变更至张某、沈某乙名下。

一审法院判决张某和沈某乙为嘉房公司股东，并判决嘉房公司应于判决生效之日起 15 日内协助张某、沈某乙将原登记于沈某甲名下的股权变更至张某、沈某乙名下。嘉房公司不服，提起上诉。

二审法院经审理后认为，沈某甲为嘉房公司原股东，现其离世，其妻张某，其女沈某乙，要求继承在嘉房公司的股权，于法有据，应予支持。股权，既包括股东的财产权，也包括身份权即股东资格。依据相关法律规定，二者都可以被继承。故二审法院驳回上诉，维持原判。

● 律师提示

通过上述案例可以看出，即使公司百般阻挠，不愿意让继承人股东加入，其反抗也无效，因为法律已有明确规定。那是不是对于继承人股东的加入，公司一点拒绝的权利都没有呢？其实并不然，接下来就进行详细分析，企业家股东关于股东资格的继承需要注意的点：

1. 可提前在章程中对股东资格继承问题进行明确

有限责任公司与股份有限公司不同，其强调股东之间的信任和合作，具有高度的人合性和封闭性。因此，如果企业不想继承人股东打破原有的股东结构，企业家可以求助于章程。需要提醒作为大股东的企业家们，如果不愿意因继承人股东的加入破坏公司的人合性，可以提前在章程中对股东资格继承问题进行约定，如限制或者拒绝股东资格继承。同时需注意此类条款属章程除外条款，最好在初始章程中就有所规定，也可以在章程修正案中予以明确，但该章程修正案要形成于股东去世前。如果公司章程本来规定了股权可以继承，股东去世后，公司不可以通过股东会决议修改章程废除股权可继承条款的方式限制股东的继承人继承股权。因为从原股东死亡的那一刻，家属就当然地享有了股东资格，对其股权进行变更只是程序性的工作。如果公司不配合变更工作，继承人可以通过诉讼途径要求变更。

2. 公司股东会决议不可限制股东的继承人继承股权

如果章程中没有对股东资格继承作除外规定，公司的股东会决议可否对抗法律的明文规定来限制继承人继承股东资格呢？答案是否定的，根据《最高人民法院公司法司法解释（四）理解与适用》一书显示，在不存在公司章程另有规定的前提下，公司的股东会决议不能对抗法律的明文规定来限制继承人继承股东资格；公司在股东死亡后对继承人继承的限制，不当然发生效力。

3. 未成年人可成为继承股东资格的当事人

《公司法》对未成年人能否成为公司股东没有作出限制性规定。因此，未成年人可以成为公司股东，其股东权利可以由法定代理人代为行使。

股东资格的继承并非易事，其中有很多隐性的陷阱需要提防，希望今天的建议能引起企业家股东们重视，提前预防未来存在的风险。

法规速递

《中华人民共和国公司法》

第七十五条 自然人股东死亡后，其合法继承人可以继承股东资格；但是，公司章程另有规定的除外。

第六章

刑事风险

81. “机遇”还是“陷阱”?

——企业如何有效防范诈骗

合同签订是企业日常商业活动的重要环节，该环节也是风险的高发地带。企业的风控与法务等部门尽管在合同签订前都会就可能存在的各类风险进行严格审查，但难免会存在疏忽。尤其是在合同诈骗手法纷繁复杂的今天，企业或企业家可能“一不小心就入坑”。那么，该如何有效防范合同诈骗的风险呢？接下来以案说法，看看企业家该如何避免陷入合同诈骗的旋涡。

● 以案说法

企业家李四是闻达公司的法定代表人，因巧合结识驰强公司的实际经营者张三。2020年8月10日，张三向李四提出购买铝棒的意愿，并带李四参观其声称持股的富通公司，虚构其经营能力，以取得李四的信任。8月20日，张三在明知自己无履约能力的情况下，以驰强公司的名义向闻达公司采购铝棒并签订合同，约定：闻达公司3个工作日内将铝棒运至张三指定工厂并提供增值税专用发票，张三在收到铝棒后7个工作日内付清货款。8月24日，李四将10吨铝棒发货至张三指定的地点，张三应支付货款人民币20万元。张三收到铝棒后，于8月25日将上述铝棒以人民币15万元的价格往外抛售，将所得货款用于个人支出。后李四多次催讨，张三以各种理由拖延付款。后李四向公安机关报案，张三被公安机关抓获归案。

法院经审理后认为，张三以非法占有为目的，在签订、履行合同过程中，骗取对方当事人财物，数额较大，其行为已触犯刑律，构成合同诈骗罪，应予依法惩处。[①]

律师提示

从上述案例可以看出，企业家李四在同张三签订合同时，并未对张三的身份进行深入调查，以至于在不清楚张三是否是富通公司的股东、是否具有履约能力的情况下，就贸然签订销售合同。最终发现张三诈骗的事实后为时已晚。因此，企业及企业家在签订合同时，应当采取哪些措施方能防范可能出现的风险呢？

1. 进行详细的背景调查

现实生活中，不法分子为获取被害人的信任，惯常采用的套路就是虚构身份或者冒用他人名义进行合同诈骗，部分企业家因为防范意识不强，轻信对方的花言巧语以及制造的假象，最终惨遭被骗。因此，企业家在与对方签订合同前，有必要利用网上公开的工商信息以及自己掌握的各类社会关系，全方位获取对方的经济状况、信用状况等基本信息，做好背景调查工作。如果合同相对方是个人的，应当核实对方的身份信息是否真实、其任职的单位名称、其是否具有履行能力、此前是否有涉诉判决以及是否被列为失信被执行人等情况。如果合同相对方是企业的，则要核实企业是否真实存在、企业实际经营情况、企业涉诉情况、对接人员是否获得单位的有效授权、对方提供的文件是否真实等。当对方提供的信息与我们经过调查所获得信息存在差异时，企业家应当慎重签订合同。值得一提的是，背景调查不仅能够防范合同诈骗，还可预防发生民事纠纷，减少损失。

2. 提高警觉意识

即便再高明的骗术，也会存在漏洞。首先，企业家在合同签订期间要提高警觉意识，尤其要注意对方的反常行为，比如，对方提供的合同非常不规范、签约程序设置不合常理、对合同内容明显不在意、合同条款明显利于我方等。面对这些反常现象，企业家要慎重考虑对方签约的意图。又如，对方在合同签订前高调吹捧自己，大肆承诺项目的盈利，但又迟迟不提供资质证

① 参见浙江省东阳市人民法院刑事判决书，(2021) 浙0783刑初1129号。

书、文件等资料进行佐证，企业家就要慎重考虑合作对象的履约能力。其次，虽然部分企业的合作关系离不开朋友互相介绍，但相信朋友的人品并不意味着要盲目信任朋友介绍的第三人，否则稍有不慎，满盘皆输。最后，面对未曾涉足过的领域、特殊时期的经济项目、异地业务，企业家也应当保持高度警觉。

3. 严格把握合同审查关卡

不法分子在实施合同诈骗时，为逃避刑事责任，往往企图通过设计合同条款，将犯罪行为民事化或合法化。为防止对方利用合同条款弄虚作假，企业家应当严格审查合同各项条款的内容，弄清对方合同条款设置的背后目的。对于关键条款，应当清晰、明确地约定，不能存在歧义或者模棱两可的情形。另外，当合同相对方的资信确实无法全面掌控，但又不想丧失签订合同的机会时，企业家可以要求对方提供相应的财产作抵押、质押，或者提供资信状况良好的第三人提供担保。这样，若发现对方涉嫌合同诈骗时，可以就抵押、质押的财产受偿或向第三人主张责任，挽回损失。

4. 建立健全合同管理审批制度

企业家作为公司经营控制者，不可能对每份合同的签订都一一过目。因此，不仅其自身需要掌握预防诈骗的能力，公司负责合同审查的部门也需要提高这方面的意识和素养。因此，企业家应当建立一支谨慎、懂法的优质团队，或者聘请专业律师负责合同审查。此外，公司内部也应当建立一套严格、完备的合同保管、审查、评估的制度，尽可能降低被骗的风险。

5. 摒弃“天上会掉馅饼”的思维

现阶段市场竞争非常激烈，企业的腾飞和倒闭往往不过一两年时间。在此情况下，少数企业家会滋生出投机心理，急于求成，渴望能赚一波快钱。不法分子正是利用企业家的这种心理，虚构巨大的利润空间，让其落入圈套。故而企业家要摒弃“天上会掉馅饼”的思维，不让不法分子有机可乘。

为防止合同诈骗，企业家们要紧跟合同的履行情况，一旦发现可能受骗时，应当立即向公安机关报案。如果不确定是合同诈骗还是民事纠纷，也可以直接向人民法院起诉，在法院审理过程中逐步完善相关证据，若确认符合诈骗的构成要件，可以及时要求法院将案件移送到公安机关处理。

法规速递

《中华人民共和国刑法》

第二百二十四条 有下列情形之一，以非法占有为目的，在签订、履行合同过程中，骗取对方当事人财物，数额较大的，处三年以下有期徒刑或者拘役，并处或者单处罚金；数额巨大或者有其他严重情节的，处三年以上十年以下有期徒刑，并处罚金；数额特别巨大或者有其他特别严重情节的，处十年以上有期徒刑或者无期徒刑，并处罚金或者没收财产：

（一）以虚构的单位或者冒用他人名义签订合同的；

（二）以伪造、变造、作废的票据或者其他虚假的产权证明作担保的；

（三）没有实际履行能力，以先履行小额合同或者部分履行合同的方法，诱骗对方当事人继续签订和履行合同的；

（四）收受对方当事人给付的货物、货款、预付款或者担保财产后逃匿的；

（五）以其他方法骗取对方当事人财物的。

82. “借款”还是“非法集资”?

——企业融资中的刑事法律风险与防范

充足的资金和现金流是企业发展和扩大经营的持续推动力，因此，融资问题对企业生存发展至关重要。在现今的金融体制下，部分大型公司或者有政府背书的企业，可以轻易获得融资，但部分中小企业以及民营企业通过正常的方式却难以融资到位。因此，很多企业及企业家不得不绕过监管，另辟蹊径地筹措资金。殊不知，很多筹集资金的方式一旦操作不当，控制不了风险，就极有可能将企业拖入万劫不复之地，高管也有可能会锒铛入狱。接下来，我们以案说法，看看企业不当融资的法律风险。

● 以案说法

随着就业形势愈发严峻，越来越多的人选择自主创业，在解决自己就业难题的同时，还可以为国家创造大量的就业机会。于是，潘某和妻子金某也加入了创业大军，成立了大麻子食品连锁有限公司，经营起了食品生意。创业初期顺风顺水，企业规模日益扩大，然而事非经历不知难，很快二人就感觉到经营企业的难处：公司现金流不够，资金短缺严重。从正规渠道融资确属不易，潘某打起了小算盘，认为自己可以另辟蹊径筹措资金。于是夫妻二人未经金融主管部门批准，以大麻子食品连锁有限公司需要资金为由，承诺支付年息14.4%，并通过口口相传等宣传形式向社会不特定公众吸收资金共计800多万元，所吸收资金均被夫妇二人用于企业生产、投资。但约定清偿日到来之际，两人除已归还本息55万元左右外，其他均未能归还，造成被害人实际损失700多万元。最后，夫妇二人以及大麻子食品连锁有限公司资金链断裂，无法归还借款，后被害人报警，最后他们被指控触犯了《刑法》，应当以非法吸收公众存款罪追究其刑事责任。潘某辩称他并没有非法吸收公众存款，他也并不知道自己的行为会构成犯罪，因为附近村民对他比较信任，主动要求提供借款，其中部分本金、利息已经归还，所以，他认为该行为属于民间借贷，而不构成犯罪。但是，法院认为以口口相传等途径向社会公众传播吸收资金的信息，及明知吸收资金的信息向社会公众扩散而予以放任的行为均属于“向社会公开宣传”的情形，符合非法吸收公众存款罪的构成要件。最终二人都被判处有期徒刑并处罚金。①

律师提示

像上述案例中潘某这样的企业家不在少数，他们自以为打着民间借贷的旗号就可以大张旗鼓地融资。殊不知，有些事不上秤没有4两，上了秤1000斤也顶不住，没有“东窗事发”，你可以暗暗窃喜；但一旦被追究，等待你的可能就是牢狱之灾。

俗话说，“不能谋万世者不能谋一时，不能谋全局者不能谋一隅”。我们如何全面地把控企业融资的法律风险，避免出现因为单纯的融资问题而毁了一整个企业的“悲剧”呢？下面就给大家支着，以求全面防范企业家在融资过程中遇到的刑事风险：

1. 加强刑事合规审查制度建设

企业在融资之前要建立完备的风险防控方案，提前预判风向，即企业经营应该有良好的资金规划和发展规划，根据规划进行融资是一个正常的商业行为，但应排除在无目的或未充分研究的情况下乱融资。比如，企业应提前假设当企业的资金链断裂以后，该如何偿还融资款，企业是否对此有储备方案；再比如倘若实在偿还不了融资款，企业是否会面临刑事处罚，如果是，该如何解决等。同时要对融资的方式，融资提供的全部材料进行合规检查，以确保融资方式合法，融资材料真实。还要建立对融资资金的监管制度，确保融资来的款项要花在刀刃上（用于企业的经营），不能用于挥霍，更不能用作其他违法犯罪活动。

---

① 参见浙江省兰溪市人民法院刑事判决书，(2020) 浙0781刑初150号。

2. 企业应对于融资的行为做好知识储备

(1) 充分了解融资类犯罪

企业在融资的过程中，如果不注意风险防范，可能会触犯非法吸收公众存款罪、贷款诈骗罪、集资诈骗罪、骗取贷款罪等各种融资类犯罪。企业融资之路并非康庄大道，而是荆棘满布、险象丛生，稍不留神，就有可能触犯刑法，将企业拖入深渊。因此，企业家在融资之前一定要格外谨慎，了解融资类犯罪包括哪些。现在早已不是无知者无罪的时代，企业家唯有树立风险意识，才能建好企业的护城河。

(2) 了解非法吸收公众存款罪的构成要件

非法吸收公众存款罪作为打击非法集资类犯罪的“兜底罪名”，不少企业在融资过程中容易触犯该罪。所以，企业要了解其构成要件以及特点，避免自己往枪口上撞。

非法吸收公众存款罪主要是指非法吸收公众存款或者变相吸收公众存款的行为。根据《最高人民法院关于审理非法集资刑事案件具体应用法律若干问题的解释》的规定，非法吸收公众存款罪具有非法性、公开性、利诱性和社会性这四个特征。该罪侵犯的是金融机构吸收资金的专营权，核心是要厘清是否向社会不特定对象进行公开宣传。像上述案件中的潘某辩称他没有向不特定对象宣传，是熟悉的村民自发借款给他的，但是法院认定以口口相传等途径向社会公众传播吸收资金的信息，及明知吸收资金的信息向社会公众扩散而予以放任的行为均属于“向社会公开宣传”的情形。同时还要注意在亲友或者单位内部针对特定对象吸收资金的，不属于非法吸收或者变相吸收公众存款，但明知亲友或单位员工以口口相传的方式向社会扩散而持放任态度的，仍构成非法吸收公共存款罪。这一点企业家要引起重视。

资金是企业经营的命脉，现金流更是企业能否正常运转的核心。企业融资行为很重要，是企业经营永恒的主题，但是刑事风险防范更是重中之重。希望上述建议能帮助企业家厘清融资“红线”，降低企业刑事风险。

法规速递

《中华人民共和国刑法》

第一百七十六条 非法吸收公众存款或者变相吸收公众存款，扰乱金融秩序的，处三年以下有期徒刑或者拘役，并处或者单处罚金；数额巨大或者有其他严重情节的，处三年以上十年以下有期徒刑，并处罚金；数额特别巨大或者有其他特别严重情节的，处十年以上有期徒刑，并处罚金。

单位犯前款罪的，对单位判处罚金，并对其直接负责的主管人员和其他直接责任人员，依照前款的规定处罚。

有前两款行为，在提起公诉前积极退赃退赔，减少损害结果发生的，可以从轻或者减轻处罚。

《最高人民法院关于审理非法集资刑事案件具体应用法律若干问题的解释》

第一条 违反国家金融管理法律规定，向社会公众（包括单位和个人）吸收资金的行为，同时具备下列四个条件的，除刑法另有规定的以外，应当认定为刑法第一百七十六条规定的“非法吸收公众存款或者变相吸收公众存款”：

（一）未经有关部门依法许可或者借用合法经营的形式吸收资金；

（二）通过网络、媒体、推介会、传单、手机信息等途径向社会公开宣传；

（三）承诺在一定期限内以货币、实物、股权等方式还本付息或者给付回报；

（四）向社会公众即社会不特定对象吸收资金。

未向社会公开宣传，在亲友或者单位内部针对特定对象吸收资金的，不属于非法吸收或者变相吸收公众存款。

83. 莫把企业当成“提款机”

——挪用企业资金的法律风险

都说爱是盲目的，情到浓时，恨不得为对方掏心掏肺，甚至甘愿铤而走险，只为博红颜一笑。但殊不知如此不顾后果地求爱，等来的有可能是法律的惩处与冰冷的镣铐。在现实生活中，也经常会有法律意识淡薄的企业家，挪用企业资金供美人奢侈消费、进行短期投资甚至是赌博，但最终美人跑路，而企业家却因“东窗事发”而“锒铛入狱”。接下来，我们以案说法，谈谈企业家挪用公司资金可能涉及的刑事犯罪——挪用资金罪。

● 以案说法

2019年年初，陈某白手起家，创立新客传媒有限公司，并担任公司的董事长。工作期间，陈某通过网上某婚介机构认识了年轻貌美的常某，两人虽素未谋面，但常某经常向陈某表达关心与爱慕之意，致使陈某在短短半个月时间里就陷入爱情旋涡，无法自拔。

2019年10月，常某向陈某袒露自己的身份是某博彩网站的维护人员，近期网站系统有漏洞，通过钻系统的漏洞可以赚钱，并怂恿陈某筹集资金投注。陈某出于谨慎，不想投注太多，但随着常某多轮的哄骗，陈某开始利用董事长职位的便利，将公司的60万元资金挪用到赌博网站，心想赚到钱就还回去，不会有人知道。但投注后没过几天，陈某发现先前投资的资金竟然全部赔光了。陈某便质问常某，常某回应是陈某运气差，并安抚道，“你再投100万，这次肯定能赚，等赚到钱，咱们就领证”。陈某听到对方要跟他结婚，没有考虑太多，便再次将公司的100万元资金投注到赌博网站。几天后，陈某再次查看投注网站余额时，发现账户被清零，投注信息也被篡改。陈某终于发现自己被骗，因此，不得不向公司坦白，并向公安机关报案。

法院经审理后认为，陈某利用职务上的便利，挪用公司资金进行非法活动，数额较大未退还，其行为已构成挪用资金罪，应予惩处。但陈某犯罪以后自动投案，如实供述自己的罪行，属于自首，依法对其从轻处罚。

律师提示

看完案例，企业家们可能会有疑问，是不是只要挪用了公司的钱，就构成挪用资金罪呢？事实并非如此。根据《刑法》的相关规定，以下三种情况构成挪用资金犯罪：（1）挪用资金用于个人生活消费使用或者借贷给他人使用，数额较大、超过三个月未还；（2）挪用本单位资金，虽未超过三个月，但数额较大、进行营利活动；（3）挪用本单位资金归个人使用或者借贷给他人，进行非法活动的。

可以看出，挪用资金犯罪除了要满足“挪用资金归个人使用”以外，还需再结合“期限、数额以及用途”进行综合判断。上面案例中陈某的情况，就与上述第三类行为特征完全符合。所以，法院结合案件的事实，最终认定其构成挪用资金罪。

除此之外，认定构成挪用资金罪还需要考虑下面这几个因素：

1. 犯罪的主体。非国有公司、企业、其他单位中的非国家工作人员挪用资金的才构成挪用资金罪；国有企业、其他国有单位中从事公务的人员和国有企业或者其他国有单位委派到非国有企业以及其他单位从事公务的人员有相同行为的，则构成挪用公款罪。

2. 是否利用职务便利。挪用资金罪要求员工挪用公款利用的是自己在职务上所具有的主管、管理或者经手本单位资金的便利条件，如上述案例中，陈某作为董事长，利用的就是其职务所带来的便利。

3. 挪用的目的。挪用资金罪要求员工是以暂时使用为目的，后续还有归还的想法，如果员工的目的就是拿钱跑路或是侵占公司的资金，那就不属于挪用资金犯罪，而是职务侵占犯罪了。

陈某的案件给企业家们敲响了警钟，作为企业家，无论你拥有的是上市公司也好，还是初创的小微企业也罢，都不能把公司财产混同为个人财产，仗着自己在公司的地位随意挪用公司资金。企业家不仅要以身作则，不随意挪用公司资金，更要完善公司的财务监督管理制度，避免他人挪用公司资金。例如，需要对财务结算或者支出流程进行合理的设置，避免资金支出使用时被一人把控操作。企业账户资金的支付也可以与企业家的手机进行绑定，并开通短信提醒功能，如有异常交易，可以及时发现制止。

● 法规速递

《中华人民共和国刑法》

第二百七十二条 公司、企业或者其他单位的工作人员，利用职务上的便利，挪用本单位资金归个人使用或者借贷给他人，数额较大、超过三个月未还的，或者虽未超过三个月，但数额较大、进行营利活动的，或者进行非法活动的，处三年以下有期徒刑或者拘役；挪用本单位资金数额巨大的，处三年以上七年以下有期徒刑；数额特别巨大的，处七年以上有期徒刑。

国有公司、企业或者其他国有单位中从事公务的人员和国有公司、企业或者其他国有单位委派到非国有公司、企业以及其他单位从事公务的人员有前款行为的，依照本法第三百八十四条的规定定罪处罚。

有第一款行为，在提起公诉前将挪用的资金退还的，可以从轻或者减轻处罚。其中，犯罪较轻的，可以减轻或者免除处罚。

84. 欠薪还能坐牢?

——企业拒不支付劳动报酬之刑事风险

近年来，经常能看到企业拖欠工资的新闻，尤其是到了年底，此类矛盾更是越发激烈。企业欠薪的原因有很多：有的企业因经营不善濒临破产而无力发放工资，有的企业因资金周转困难而暂时无法发放工资，有的企业或企业家与员工有矛盾而拒付工资，还有一种就是恶意欠薪。可能在部分企业家的认知里，公司拖欠员工的薪酬并不是什么大不了的事情，却不知道拖欠工资的行为如果严重的话还有可能涉嫌刑事犯罪。接下来，我们以案说法，谈谈欠薪的刑事法律风险。

以案说法

李某系上海某服装有限公司的股东及法定代表人。2019 年 5 月 18 日，因经营不善等原因，李某在未结清工人工资且未告知工人的情况下，清空公司设备，逃离上海，拖欠 18 名员工工资人民币 10 万余元。上海市松江区劳动保障局要求李某配合调查处理欠薪事宜未果，遂于 6 月 11 日发出责令整改通知书。李某收到通知后仍未在规定的时间内支付所欠薪酬。同年 6 月 24 日，松江区人民检察院根据“两法衔接”机制收到松江区劳动保障局案件信息通报后，会同劳动保障部门、公安机关研讨，针对犯罪金额认定存在的证据问题提出取证意见。6 月 26 日，松江区劳动保障局将该案移交公安机关立案侦查，松江区人民检察院提前介入，与公安机关会商抓捕和追回欠薪的方案。12 月 25 日，案件移交松江区人民检察院审查起诉。在审查起诉期间，松江区人民检察院对李某释法说理，李某将拖欠的工人工资结清，取得工人们的谅解。松江区人民检察院经审查认为，李某以逃匿等方法逃避支付劳动报酬，数额较大，经劳动保障部门责令支付仍不支付，已构成拒不支付劳动报酬罪。李某在提起公诉前支付了拖欠的全部劳动报酬，取得被害人谅解，松江区人民检察院依法对李某适用认罪认罚从宽制度，对其作出不起诉决定。

● 律师提示

看到上述案例，企业家们估计会觉得很惊讶，怎么欠薪还会涉及刑事犯罪？事实上，这不是危言耸听，因为《刑法》明文规定，逃避支付劳动报酬或者有能力支付而不支付劳动报酬，数额较大，经政府有关部门责令支付还不支付的，构成拒不支付劳动报酬罪。实务中，构成本罪需要注意以下几个问题：

1. 行为人必须有主观故意，实施了以转移财产、逃匿等方法逃避支付劳动者的劳动报酬或者有能力支付而不支付劳动报酬的行为。其中包括直接故意和间接故意两种，即行为人明知自己不支付劳动者的劳动报酬会导致危害后果，却希望或放任这种后果的发生。像在上述案例中的李某清空公司设备，逃离上海的行为就明显属于直接故意。

2. 犯罪主体既可以是单位也可以是自然人。一般而言，该罪的犯罪主体为用工单位或者用工个人。

3. 必须有前置程序，经政府有关部门责令支付后仍不支付。像上述案例中上海市松江区劳动保障局就要求李某配合调查处理欠薪事宜未果，之后又发出责令整改通知书，这就是法定的前置程序。而李某不知道事情的严重性，未在规定的时间支付薪水，也是导致后续刑事程序启动的直接原因。

4. 需要达到数额较大或造成严重后果。上述案例中的公司拖欠 18 名员工工资人民币 10 万余元，已经达到数额较大的标准。

虽然在审查起诉期间，李某将拖欠的工人工资结清，取得了工人们的谅解，检察院最终对其作出了不予起诉的决定，但如果他一开始就有法律意识，就不会任由事态发展到这般地步。所以，作为企业家，要积极履行劳动报酬支付义务，完善企业薪资发放制度，尤其是企业中具体核定发放薪酬的部门，应该增强这方面的法律风险防范意识，严格按照法律规定及合同约定支付劳动报酬。这样一方面有利于员工人心稳定，另一方面也能有效规避此方面的法律风险。

法规速递

《中华人民共和国刑法》

第二百七十六条之一 以转移财产、逃匿等方法逃避支付劳动者的劳动报酬或者有能力支付而不支付劳动者的劳动报酬，数额较大，经政府有关部门责令支付仍不支付的，处三年以下有期徒刑或者拘役，并处或者单处罚金；造成严重后果的，处三年以上七年以下有期徒刑，并处罚金。

单位犯前款罪的，对单位判处罚金，并对其直接负责的主管人员和其他直接责任人员，依照前款的规定处罚。

有前两款行为，尚未造成严重后果，在提起公诉前支付劳动者的劳动报酬，并依法承担相应赔偿责任的，可以减轻或者免除处罚。

《最高人民法院关于审理拒不支付劳动报酬刑事案件适用法律若干问题的解释》

第三条 具有下列情形之一的，应当认定为刑法第二百七十六条之一第一款规定的“数额较大”：

（一）拒不支付一名劳动者三个月以上的劳动报酬且数额在五千元至二万元以上的；

（二）拒不支付十名以上劳动者的劳动报酬且数额累计在三万元至十万元以上的。

各省、自治区、直辖市高级人民法院可以根据本地区经济社会发展状况，在前款规定的数额幅度内，研究确定本地区执行的具体数额标准，报最高人民法院备案。

85. 商业贿赂红线碰不得

——商业贿赂之法律风险与防范

在“打虎拍蝇”反腐案件中落马的各级贪腐官员日渐增多，部分企业和企业家可能会错误地认为只有国家机关工作人员收受贿赂才有构成犯罪的风险，而在业务交往中，送点“小钱”和“薄礼”是生意所需，无伤大雅。如果企业家们有此想法，说明你已经掉进法律的认知误区，如不及时纠正思维，可能会带来无法估量的损失。“正风反腐利剑高悬”，反的不仅是国家工作人员中的贪腐人员，更是所有挑战国家法治底线的人，其中当然也包括实施商业贿赂的企业家们。接下来我们就以案说法，看看商业贿赂到底会给企业带来多大的损失。

● 以案说法

允升吉公司系朗视公司长期合作的SMT钢网供货商，交易结算习惯一般是允升吉公司出货，次月朗视公司与允升吉公司对账并结算款项。郑某在2014年4月至2019年1月系朗视公司的工作人员，由朗视公司委派与允升吉公司对接。曾某系允升吉公司的工作人员。2015年11月至2018年10月，朗视公司共向允升吉公司采购了26批激光模板。允升吉公司出具的对账单中确认的工程师均为郑某，涉及的货款金额合计121,880元。2016年至2018年，曾某名下尾号为4265和尾号为9786的两个银行账户陆续向郑某名下尾号为6903的中国建设银行账户转入金额合计46,560元。本案的争议焦点之一为：允升吉公司是否实施了商业贿赂行为。

法院经审理后认为，允升吉公司在与朗视公司的案涉业务合作期间向朗视公司的郑某实施了商业贿赂。主要理由如下：（1）从个人银行流水转账主体看，曾某是允升吉公司工作人员，郑某是朗视公司派出的主要业务对接人。郑某陈述其与曾某的银行转账往来系代理个人消费品销售所得，但并未提供证据予以证明，也未能详细描述代理过程详情。（2）从公司结算金额与个人转账数额看，曾某向郑某的转账金额与本案中朗视公司向允升吉公司供货的货款金额、货物数量相对应，总体呈现“2016 年成交抽成 30%，2017 年以后成交抽成 40%”的规律性。根据《反不正当竞争法》第 7 条规定，经营者在交易活动中为获取交易机会向交易相对方的工作人员支付佣金并未如实入账的，应视为商业贿赂；经营者的工作人员进行贿赂的，应视为经营者的行为。本案中，允升吉公司工作人员曾某于 2016～2018 年向朗视公司原工作人员郑某的转账与朗视公司向允升吉公司 2015～2018 年由郑某负责的成交业务的付款时间、付款金额、对应成交数量均存在规律性和对应性，可印证允升吉公司原工作人员曾某向朗视公司原工作人员郑某实施了商业贿赂，允升吉公司理应向朗视公司赔偿经济损失。①

• 律师提示

根据《反不正当竞争法》的相关规定，商业贿赂行为主要指的是经营者采用财物或者其他手段贿赂单位或者个人（①交易相对方的工作人员；②受交易相对方委托办理相关事务的单位或者个人；③利用职权或者影响力影响交易的单位或者个人），以谋取交易机会或者竞争优势。本案就是典型的贿赂“交易相对方工作人员”的情形。随着我国反腐力度以及行政执法力量的不断加强，商业贿赂的风险越来越大，主要风险包括：

1. 行政风险。商业贿赂行为被行政机关查处以后，不仅会被没收违法所得，还会被处罚款。

2. 刑事风险。商业贿赂情节严重的，将构成犯罪。如果贿赂对象为国家工作人员，则可能构成行贿罪。如果贿赂对象为非国家工作人员，则可能构成对非国家工作人员行贿罪。

3. 民事风险。大多数人印象中贪污受贿的刑事风险比较大，而民事责任

① 参见福建省厦门市湖里区人民法院民事判决书，（2019）闽 0206 民初 9784 号。

很少引起注意。《反不正当竞争法》第 17 条规定："经营者违反本法规定，给他人造成损害的，应当依法承担民事责任。经营者的合法权益受到不正当竞争行为损害的，可以向人民法院提起诉讼。"由此可见，商业贿赂行为除了有刑事风险和行政风险外，还有民事风险。

企业家应采取以下措施才能防范这些法律风险：

1. 要明晰商业贿赂的多种表现形式。商业贿赂不仅是给予个人或者单位金钱，还包括给付其他形式的财产（奢侈品、收藏品、房子、车子等）或非财产性利益（减免债务、帮助子女升学、旅游等）。

2. 重视企业内控制度建设。企业只有优化内控环境，加强内控制度建设，建立商业贿赂行为的预防措施才能防患于未然，把商业贿赂行为扼杀在摇篮里。

3. 对商业伙伴进行合规管理。不光要加强企业内部的管理，还要对交易对象、合作伙伴在内的上下游企业等进行有效的合规管理。"物必先腐，而后生虫"，只有建立一整套的合规体系才能防微杜渐。

企业家务必对商业贿赂行为说"不"，一旦触碰商业贿赂的高压线，轻则招致经济损失，重则令人身陷囹圄。

● 法规速递

《中华人民共和国反不正当竞争法》

第七条 经营者不得采用财物或者其他手段贿赂下列单位或者个人，以谋取交易机会或者竞争优势：

（一）交易相对方的工作人员；

（二）受交易相对方委托办理相关事务的单位或者个人；

（三）利用职权或者影响力影响交易的单位或者个人。

经营者在交易活动中，可以以明示方式向交易相对方支付折扣，或者向中间人支付佣金。经营者向交易相对方支付折扣、向中间人支付佣金的，应当如实入账。接受折扣、佣金的经营者也应当如实入账。

经营者的工作人员进行贿赂的，应当认定为经营者的行为；但是，经营者有证据证明该工作人员的行为与为经营者谋取交易机会或者竞争优势无关的除外。

第十七条 经营者违反本法规定，给他人造成损害的，应当依法承担民事责任。

经营者的合法权益受到不正当竞争行为损害的，可以向人民法院提起诉讼。

因不正当竞争行为受到损害的经营者的赔偿数额，按照其因被侵权所受到的实际损失确定；实际损失难以计算的，按照侵权人因侵权所获得的利益确定。经营者恶意实施侵犯商业秘密行为，情节严重的，可以在按照上述方法确定数额的一倍以上五倍以下确定赔偿数额。赔偿数额还应当包括经营者为制止侵权行为所支付的合理开支。

经营者违反本法第六条、第九条规定，权利人因被侵权所受到的实际损失、侵权人因侵权所获得的利益难以确定的，由人民法院根据侵权行为的情节判决给予权利人五百万元以下的赔偿。

第十九条 经营者违反本法第七条规定贿赂他人的，由监督检查部门没收违法所得，处十万元以上三百万元以下的罚款。情节严重的，吊销营业执照。

86. “阴阳合同”真能瞒天过海?

——“阴阳合同”的法律风险与防范

一些企业家对“阴阳合同”可能了解不多，但自从2018年某影视明星因为通过“阴阳合同”偷税、漏税被罚缴8.8亿元后，“阴阳合同”这个词语几乎是妇孺皆知、家喻户晓了。那么，到底什么是“阴阳合同”呢？从法律角度讲，“阴阳合同”一般是指合同当事人就同一事项订立两份以上内容不相同的合同。其中一份可以对外公开，合同名目与合作事项吻合，被称为“阳合同”；而另一份只由合同签订方之间保存，不对外披露，或是冠以与合作事项不吻合的其他合同名目，被称为“阴合同”。不仅是影视界，在商业界，也有很多企业家青睐于签订“阴阳合同”，以偷逃大量税款。这些出于侥幸心理的企业家认为只要把那个不见天日的“阴合同”藏好，就不会有任何风险。这种想法是不可取的，如若像他们想得这么简单，就不会出现大量的纠纷了。接下来以案说法，看看案例中企业家是如何陷入“阴阳合同”风险的。

● 以案说法

2011年，天成公司计划将益和公司的股权以4280万元转让给张某某的鑫拓公司。为了逃避税款，2012年3月15日，企业家林某甲以天成公司的名义将该公司控股益和公司的100%股权以50万元转让给张某某控制的鑫拓公司，该合同用于入账和办理工商登记手续。而后，天成公司与鑫拓公司另外签订补充协议，约定：天成公司将益和公司的100%股权和益和公司名下的16万平方米土地以4280万元的价格随股权一起转让给鑫拓公司。张某某前后共支付给林某甲和天成公司4400万元（包含120万元滞纳金），其中天成公司仅入账50万元，其余4350万元的股权转让收入由天成公司原法定代表人林某甲个人收取，未在天成公司账上显示。但是纸包不住火，很快，事情就败露了，广东省云浮市国家税务局稽查局发现了未在天成公司账上显示的4350万元，认为天成公司未按规定申报缴纳企业所得税，从而逃避企业所得税10,869,431.36元。广东省云浮市国家税务局稽查局于2017年3月17日对天成公司作出税务处理决定，决定追缴天成公司应缴税款10,869,431.36元，并处罚款10,869,431.36元，从滞纳税款之日起，按日加收滞纳税款万分之五的滞纳金，15日内到云浮市国家税务局缴纳上述税款、罚款及滞纳金。至2017年4月7日，天成公司超过15日仍未缴交上述税款、罚款及滞纳金。2017年6月23日，公诉机关提起公诉，认为其犯有逃税罪。

法院经审理后认为，天成公司在转让益和公司的股权、土地等资产过程中，为逃避税款，在林某甲的策划、指挥下，采取欺骗、隐瞒手段与资产受让方签订“阴阳合同”，将其中的4350万元资产转让收入不入账，也不申报纳税，从而逃避企业所得税10,869,431.36元。天成公司的行为已构成逃税罪。最终相关企业家都被判处刑罚并处罚金，对此付出了沉重的代价。①

律师提示

法律实践当中，由于“阳合同”并不是双方当事人的真实意思表示，因而是无效的，但背后的“阴合同”却是当事人的真实意思表示，如果不存在合同瑕疵的情形，那么“阴合同”是受到法律的保护的。但是如果有人利用“阴阳合同”实施了违法行为，或者以合法形式掩盖非法目的，不仅“阳合同”无效，“阴合同”也会无效。

“阴阳合同”确实可能会为当事人带来“巨额利润”，但是使用“阴阳合同”不仅会面临行政处罚，甚至会面临牢狱之灾。“前事不忘，后事之师”，企业家们须注意以下几点：

---

① 参见广东省云浮市云城区人民法院刑事判决书，(2017) 粤5302刑初236号。

1. 必须要摒弃侥幸心理。很多人之所以通过签订“阴阳合同”偷税逃税，是因为他们抱着能“大事化小，小事化了”的侥幸心理，特别是自己偶然尝到逃税的“甜头”之后侥幸心理愈发膨胀。但是“偶然是例外，必然是常态”“若想人不知，除非己莫为”，签订合同的时候绝不应抱有任何侥幸心理，实事求是、遵纪守法才是保护自身权益的最好方式。

2. 被税务机关依法下达追缴通知后，一定要及时补缴应纳税款，缴纳滞纳金。如果你被金钱冲昏了头脑，“一不小心”触碰了偷税、漏税的“高压线”，你还没有彻底“凉凉”。此时，你一定要及时补缴税款、缴纳罚金。按照刑法规定，纳税人或者扣缴义务人涉嫌逃税犯罪的，经税务机关依法下达追缴通知后，补缴应纳税款，缴纳滞纳金，已受行政处罚的，不予追究刑事责任；但是，5 年内因逃避缴纳税款受过刑事处罚或者被税务机关给予二次以上行政处罚的除外。

3. 企业家要对“阴阳合同”说不。现实生活中，企业自然人股东伪造《股权交易合同》，虚假申报，偷逃股权转让个人所得税的违法案件不在少数。企业家要引以为鉴，坚决“不踩雷，不跳坑”，对“阴阳合同”坚决说不。

4. 制订合法的税收规划，依法履行纳税义务、降低税务风险。欠税不缴，终尝恶果，企业家们要合理纳税，坚决不碰偷税漏税“高压线”。

签订“阴阳合同”避税，不仅违法还有可能构成犯罪，企业家们要守住底线，不能被金钱冲昏头脑，落得个“快意事孰不喜为，往往事过不能后悔”的“凉凉”结局。

● 法规速递

《中华人民共和国刑法》

第二百零一条 纳税人采取欺骗、隐瞒手段进行虚假纳税申报或者不申报，逃避缴纳税款数额较大并且占应纳税额百分之十以上的，处三年以下有期徒刑或者拘役，并处罚金；数额巨大并且占应纳税额百分之三十以上的，处三年以上七年以下有期徒刑，并处罚金。

扣缴义务人采取前款所列手段，不缴或者少缴已扣、已收税款，数额较大的，依照前款的规定处罚。

对多次实施前两款行为，未经处理的，按照累计数额计算。

有第一款行为，经税务机关依法下达追缴通知后，补缴应纳税款，缴纳滞纳金，已受行政处罚的，不予追究刑事责任；但是，五年内因逃避缴纳税款受过刑事处罚或者被税务机关给予二次以上行政处罚的除外。

87. 虚开增值税发票，害人害己

——虚开增值税专用发票罪

“营改增”之后，增值税的地位水涨船高，一跃成为我国第一大税种。与此同时，虚开增值税专用发票罪的犯罪率也居高不下。《2019—2020 企业家刑事风险分析报告》指出，“2020 年企业家触犯频次最高的前五个罪名分别为：非法吸收公众存款罪、职务侵占罪、拒不支付劳动报酬罪、虚开增值税专用发票罪（167 件，占 7.61%）以及合同诈骗罪”。近年来，国家持续形成对虚开增值税发票等涉税违法行为严厉打击的高压态势，严打涉税违法行为。但是很多企业家依然明知故犯，对虚开增值税专用发票骗取国家税款的行为不以为意，不加忌惮地“薅国家羊毛”，甚至有的企业经营者专门注册“空壳公司”“皮包公司”用于虚开增值税专用发票，赚取非法收益。最终，很多人为此付出了沉重的代价，甚至有些名噪一时的企业家为此锒铛入狱。接下来，我们以案说法，看看企业家赵某某目无法纪，逾越虚开增值税发票的“雷池”，会面临怎样的后果。

● 以案说法

企业家赵某某在经营上海某贸易有限公司（以下简称 A 公司）等企业的过程中，为牟取非法利益，在无实际货物交易的情况下，以收取开票费的方式，通过 A 公司及与 A 公司有合作关系的上海某医疗器械有限公司（以下简称 B 公司）等企业虚开增值税专用发票 2000 余份，价税合计人民币约 2.7 亿元，涉及税款 3900 余万元，且均已申报抵扣。其中 A 公司虚开增值税专用发票共计 700 余份，价税合计 6000 余万元，涉及税款共计 900 余万元。案发后，部分涉案企业已补缴涉案税款。2020 年 4 月 15 日，企业家赵某某被公安机关抓获。

本案中，法院认定A公司在无实际交易的情况下，为他人虚开增值税专用发票，涉及税款900余万元，数额巨大，其行为已构成虚开增值税专用发票罪。企业家赵某某作为涉案单位直接负责的主管人员，在经营其他公司过程中为他人虚开增值税专用发票，共计涉及税款3000余万元，数额巨大，亦构成虚开增值税专用发票罪。最后法院判决：（1）被告单位A公司犯虚开增值税专用发票罪，判处罚金人民币45万元（罚金于判决生效之日起1个月内缴纳）。（2）被告人赵某某犯虚开增值税专用发票罪，判处有期徒刑13年6个月。①

律师提示

虚开增值税专用发票罪，是企业家最易触犯的罪名，被很多人戏称为“企业家的十宗罪”之一。以上案例中的赵某某就被判了13年6个月的有期徒刑。因此，企业家们要吸取前车之鉴，提前做好风险防范，方能防患于未然，具体的防范措施包括：

第一，要提高刑事合规意识，转变公司治理理念。很多企业家并非有意忽视虚开增值税专用发票的严重性，而是从内心深处认为虚开增值税专用发票的行为在社会中非常普遍，认为“法不责众”。但是，从逐年攀升的虚开增值税发票打击率来看，国家对这类犯罪采取的是高压态势。尤其是在大数据时代，这类犯罪更容易被查处发现。因此，企业家们要转变理念，充分认识到虚开增值税专用发票的危害性。

第二，要知晓虚开增值税专用发票的行为包括哪些，避免撞上虚开增值税专用发票罪的“枪口”。根据最高人民法院印发《关于适用〈全国人民代表大会常务委员会关于惩治虚开、伪造和非法出售增值税专用发票犯罪的决定〉的若干问题的解释》的通知，企业在没有货物购销或者没有提供、接受应税劳务而开具增值税专用发票，抑或即使有货物购销或者提供、接受了应税劳务，但开具数量或者金额不实的增值税专用发票等行为都属于虚开增值值

① 参见上海市金山区人民法院刑事判决书，（2021）沪0116刑初153号。

税专用发票的行为。因此，企业家们务必提高风险防范意识，确保全部业务的真实性，不要心存侥幸、随意虚开，务必做到既不为自己虚开、为他人虚开，也不介绍他人虚开，让他人为自己虚开。

第三，建立严格的发票管理制度。合理的发票管理制度能帮助企业守住虚开发票红线，不碰虚开高压线。具体的措施包括拒收不合规发票，严格审核发票，建立发票使用登记制度，完善内控制度和定期审计等。

第四，对于已经虚开增值税发票的企业和个人要高度重视和配合相关机关的工作。如要积极与侦查机关和检察机关保持沟通，及时补缴税款，退赔退赃，妥善利用认罪认罚制度争取检察官作出不起诉的决定，以避免给公司和企业家个人带来重大不利影响和损害。

财政乃庶政之母，税收为国家之命脉。企业务必要做好税收风险防控，提高依法纳税的意识，不可通过虚开增值税专用发票等耍小聪明的方式逃税漏税，以免在殃及自己的同时把企业拖入万丈深渊。

● 法规速递

《中华人民共和国刑法》

第二百零五条 虚开增值税专用发票或者虚开用于骗取出口退税、抵扣税款的其他发票的，处三年以下有期徒刑或者拘役，并处二万元以上二十万元以下罚金；虚开的税款数额较大或者有其他严重情节的，处三年以上十年以下有期徒刑，并处五万元以上五十万元以下罚金；虚开的税款数额巨大或者有其他特别严重情节的，处十年以上有期徒刑或者无期徒刑，并处五万元以上五十万元以下罚金或者没收财产。

单位犯本条规定之罪的，对单位判处罚金，并对其直接负责的主管人员和其他直接责任人员，处三年以下有期徒刑或者拘役；虚开的税款数额较大或者有其他严重情节的，处三年以上十年以下有期徒刑；虚开的税款数额巨大或者有其他特别严重情节的，处十年以上有期徒刑或者无期徒刑。

虚开增值税专用发票或者虚开用于骗取出口退税、抵扣税款的其他发票，是指有为他人虚开、为自己虚开、让他人为自己虚开、介绍他人虚开行为之一的。

《最高人民法院印发〈关于适用《全国人民代表大会常务委员会关于惩治虚开、伪造和非法出售增值税专用发票犯罪的决定》的若干问题的解释〉的通知》

具有下列行为之一的，属于“虚开增值税专用发票”：(1) 没有货物购销或者没有提供或接受应税劳务而为他人、为自己、让他人为自己、介绍他人开具增值税专用发票；(2) 有货物购销或者提供或接受了应税劳务但为他人、为自己、让他人为自己、介绍他人开具数量或者金额不实的增值税专用发票；(3) 进行了实际经营活动，但让他人为自己代开增值税专用发票。

88. “滥竽充数”要当心

——企业制假售假的刑事风险

企业家创业无论是对个人还是社会都极为利好，但是有部分企业家却在制假、售假的高利润驱动下，打起了卖假货的主意。虽然现在国家为打假也出台了不少法规政策，但是很多商家却不以为然，依然我行我素地制造“假货”“山寨货”，消费者只要稍不留神就会买到假货。很多中小企业家总以为制假售假并没有什么问题，大不了向消费者赔偿。殊不知，生产、销售假货可不仅仅是经济赔偿的问题，很有可能涉及刑事风险。接下来，我们以案说法，看看企业生产、销售假货会面临怎样的刑事风险。

● 以案说法

2020 年 1 月，因新冠肺炎疫情暴发，口罩使用量激增，甲公司法定代表人李某联系王某采购口罩。王某在明知口罩来路不明的情况下，依然和甲公司进行数次交易，将 60 万只假冒的“飘安一次性使用医用口罩”出售给甲公司。甲公司收到口罩后，发现口罩质量较差，但仍然接收了口罩，并把这些口罩销售给多家便利店。后公安机关接到群众举报，对涉案的口罩进行查处，共扣押口罩近 16 万只。经查，公安机关认定王某销售假冒口罩价值 34 万元，甲公司销售假冒口罩 43 万元。2020 年 5 月，检察院以甲公司、李某、王某构成销售伪劣产品罪为由，向法院提起公诉。

法院经审理后认为，甲公司在疫情期间，销售细菌过滤效率不符合要求的伪劣口罩的金额共 43 万元，李某作为甲公司主管负责人，其行为已经构成销售伪劣产品罪。在预防、控制突发传染病疫情期间，甲公司、李某、王某销售伪劣的防护产品，依法从重处罚。最终，法院判处甲公司罚金人民币 30

万元；判处李某有期徒刑3年，并处罚金25万元；判处王某有期徒刑4年，并处罚金20万元。

律师提示

《刑法》明确规定了生产、销售伪劣产品罪。由此可见，针对伪劣产品犯罪不仅仅局限于生产端，销售伪劣产品同样构成犯罪。并且触犯该罪的刑罚不可谓不重，如果销售金额超过200万元的，最高可以判处无期徒刑。上述案例中，甲公司在明知口罩质量存在问题的情况下，仍然把该“问题口罩”投向市场销售，属于典型的销售伪劣产品的行为。这里，企业家可能会有疑问，既然是销售伪劣产品罪，那认定伪劣产品具体有什么标准呢？

其实，《刑法》第140条并没有对“伪劣产品”的概念进行认定，而是通过“在产品中掺杂、掺假”“以假充真”“以次充好”“以不合格产品冒充合格产品”来进行高度概括。对此，相关司法解释作出了明确解释，详情如下：

1. 在产品中掺杂、掺假是指：在产品中掺入杂质或者异物，致使产品质量不符合国家法律、法规或者产品明示质量标准规定的质量要求，降低、失去应有使用性能的行为。

2. 以假充真是指：以不具有某种使用性能的产品冒充具有该种使用性能的产品的行为。

3. 以次充好是指：以低等级、低档次产品冒充高等级、高档次产品，或者以残次、废旧零配件组合、拼装后冒充正品或者新产品的行为。

4. 不合格产品是指：不符合《产品质量法》规定的质量要求的产品，也就是不具备产品应当具备的使用性能；但是，对产品存在使用性能的瑕疵作出说明的除外。

销售伪劣产品罪，除必须符合伪劣产品的特征外，还须同时符合以下条件：

1. 要求有故意。明知是伪劣产品而出售，常见的是行为人具有售假非法牟利的目的。

2. 销售金额要达到一定标准。其中，销售金额是指生产者、销售者出售伪劣产品后所得和应得的全部违法收入。销售金额往往可以反映行为人相对应的生产、销售伪劣产品的规模、数量、生产销售的时间及危害程度，所以以销售金额来衡量犯罪的严重程度，也是比较合理的。

司法实践中，销售伪劣产品的行为可能并不仅仅构成销售伪劣产品罪，还有可能涉及销售假冒注册商标的商品罪、非法经营罪等罪名。因此，切莫以为卖假货不会有什么严重的问题，如果企业生产、销售假货被追究责任，轻则要赔偿损失，被行政处罚，重则还会面临刑事处罚的风险。

● 法规速递

《中华人民共和国刑法》

第一百四十条 生产者、销售者在产品中掺杂、掺假，以假充真，以次充好或者以不合格产品冒充合格产品，销售金额五万元以上不满二十万元的，处二年以下有期徒刑或者拘役，并处或者单处销售金额百分之五十以上二倍以下罚金；销售金额二十万元以上不满五十万元的，处二年以上七年以下有期徒刑，并处销售金额百分之五十以上二倍以下罚金；销售金额五十万元以上不满二百万元的，处七年以上有期徒刑，并处销售金额百分之五十以上二倍以下罚金；销售金额二百万元以上的，处十五年有期徒刑或者无期徒刑，并处销售金额百分之五十以上二倍以下罚金或者没收财产。

89. “天灾易躲人祸难逃”

——企业安全生产领域的法律风险与防范

安全无小事，但是，近年来我国企业安全事故频发不止。根据中华人民共和国应急管理部于2021年8月19日的工作动态统计，2021年上半年，全国共发生化工事故62起、死亡81人，其中6起较大事故，比2020年和2019年同期均增加3起。这些事故暴露出一些地方部门和企业安全发展理念不牢、安全管理缺失等突出问题。安全生产一直是企业生产经营的重中之重，但是很多企业家或者企业的直接负责人员心存侥幸，没有真正把安全生产摆在突出位置，才造成了一次又一次悲剧的发生。这种侥幸心理不仅会把无数的家庭推入火海，也会把企业家自身送入监狱。接下来，我们以案说法，看看企业安全生产领域的风险点以及相关防范措施。

● 以案说法

提及2019年最令人震惊的安全生产事故，莫过于3月21日江苏省盐城市响水县化工园区江苏天嘉宜化工有限公司化学储罐发生的爆炸事故。该特大爆炸事故直接导致78人死亡，76人重伤，640人住院治疗，直接经济损失将近20亿元。那么，到底是什么样的原因造成了如此骇人听闻的死伤结果？江苏省盐城市中级人民法院和所辖响水、射阳、滨海等7个基层人民法院为我们揭开了事件的真相。2019年11月30日，上述法院分别对江苏天嘉宜化工有限公司“3·21”特大爆炸事故所涉22起刑事案件进行一审公开宣判。

法院经审理后认为，江苏天嘉宜公司企业管理混乱，无视国家环境保护和安全生产法律法规，长期违法违规贮存、处置硝化废料，是事故发生的主要原因。对此次重大安全事故，相关公司的主要负责人等负有不可推卸的责任。该案中，倪家巷集团与天嘉宜公司共同决策实施不法行为，为了自身利益，在天嘉宜公司技术、设备不过关的情况下仍同意上马间苯二胺项目生产线和硝化工段，明知硝化废料有毒、易燃易爆且储存地点不符合安全条件，仍未加强安全管理，未对硝化废料大量、违法贮存予以制止或提出合理处置方案，放任天嘉宜公司非法储存危险物质，最终造成重大人员伤亡和财产损失，倪家巷集团和天嘉宜公司相关责任人应依法对事故后果承担刑事责任。天嘉宜公司还违反国家规定，非法焚烧危险废物，严重污染环境，后果特别严重，应依法追究相关人员刑事责任。原公司总经理、法定代表人张某为谋取本公司不正当利益向国家工作人员贿送财物，亦应承担相应刑事责任。

● 律师提示

“昭昭前事，惕惕后人。”处罚相关企业和负责人不是最终目的，而是要让其他企业及企业家从事故中总结经验教训，保证安全生产。为此，企业家们务必：

第一，明晰企业安全生产的刑事法律风险。许多企业家在安全生产方面心存侥幸，法律意识淡薄，没有意识到企业在安全生产方面存在的高危刑事风险。根据《刑法》的规定，在生产、作业中违反有关安全管理的规定，因而发生重大伤亡事故或者造成其他严重后果的，构成重大责任事故罪。同时，在生产、作业中违反有关安全管理的规定，存在相关情形，具有发生重大伤亡事故或者其他严重后果的现实危险的，可构成危险作业罪。由此可见，对于安全生产类犯罪，不是只有造成严重后果才会构成犯罪，即使没有发生安全生产事故，但是存在发生重大事故和严重后果风险的，也会构成犯罪。

第二，跟安全生产领域的形式主义说“不”。很多企业发生重大安全事故的原因是重形式、轻实质，安全防控领域的形式主义和官僚主义氛围浓厚。比如口号喊得震天响，重视安全只在口头；安全监督走马观花，只查不督；官本位思想严重，上下级之间互相踢皮球，推诿扯皮。这些导致安全决策周期被拉长，落实不够等。安全生产重要的是落实，而不是停留在表面，企业家们必须对形式主义说“不”。

近些年来安全生产领域乱象丛生，我们只能把安全警钟越敲越响，希望所有企业家引以为鉴，将安全生产防控放在企业经营的突出位置，守好安全生产红线，不越“雷池”半步。

法规速递

《中华人民共和国刑法》

第一百三十四条 在生产、作业中违反有关安全管理的规定，因而发生重大伤亡事故或者造成其他严重后果的，处三年以下有期徒刑或者拘役；情节特别恶劣的，处三年以上七年以下有期徒刑。

强令他人违章冒险作业，或者明知存在重大事故隐患而不排除，仍冒险组织作业，因而发生重大伤亡事故或者造成其他严重后果的，处五年以下有期徒刑或者拘役；情节特别恶劣的，处五年以上有期徒刑。

第一百三十四条之一 在生产、作业中违反有关安全管理的规定，有下列情形之一，具有发生重大伤亡事故或者其他严重后果的现实危险的，处一年以下有期徒刑、拘役或者管制：

（一）关闭、破坏直接关系生产安全的监控、报警、防护、救生设备、设施，或者篡改、隐瞒、销毁其相关数据、信息的；

（二）因存在重大事故隐患被依法责令停产停业、停止施工、停止使用有关设备、设施、场所或者立即采取排除危险的整改措施，而拒不执行的；

（三）涉及安全生产的事项未经依法批准或者许可，擅自从事矿山开采、金属冶炼、建筑施工，以及危险物品生产、经营、储存等高度危险的生产作业活动的。

90. “洗”不尽的诱惑

——洗钱的法律风险与防范

企业经营行为及企业人员履职行为的涉刑风险不断升高。本文将分析一个近几年企业家们极易触犯的罪名——洗钱罪。什么是洗钱？洗钱其实就是将非法手段得到的收入，通过各种手段，转化成合法来源的收入所得。洗钱犯罪看似遥远，实则危机四伏。接下来就以案说法，看看案例中法院如何认定企业家构成洗钱罪。

● 以案说法

2012 年 12 月至 2018 年 4 月，曹某先后成立并实际控制南京华越健康咨询有限公司、江苏爱晚投资股份有限公司、福晚投资控股（上海）有限公司等“爱晚系”公司。其以“爱福家”为品牌，以年化收益率 8% ~36% 为诱饵，以签订《居家服务合同》《艺术品交易合同》等合同，提供居家养老服务、进行艺术品投资等为由，成立众多关联公司，通过散发传单、口口相传等方式进行宣传，向社会公众累计吸收资金共计人民币约 132.07 亿元，造成 55,169 名集资参与人共计人民币 46.98 亿余元未归还。2018 年 5 月，被告人徐某在明知其丈夫曹某向社会公众非法集资且资金链断裂的情况下，为规避法律责任，在短期内与曹某办理离婚手续，协助曹某出售二人名下的两处房产和四辆汽车，并将售得款项、存款等资金归集至其银行卡中，通过网银转账 2098 万元人民币至赵某（另案处理）的银行卡上，用于其女儿在美国的生活、学习开支。

本案中，法院经审查认定，徐某虽然不在华晚集团公司上班，但曾参加过华晚公司的年会，曹某也曾告知其公司可能涉嫌犯罪的情况；而且在曹某非法集资后，徐某的银行账户多次转巨额的资金。故其应当明知前述资金来源是曹某通过非法手段集资的款项。徐某明知涉案钱款是曹某非法集资犯罪所得及其产生的收益，仍提供资金账户，并按照曹某的指令转移相关资产、资金，其行为符合洗钱罪的犯罪构成，应当认定为洗钱罪。①

律师提示

2021年3月1日实施的《刑法修正案（十一）》对原刑法规定的洗钱罪进行了调整：将“自洗钱”的行为（自己犯罪自己清洗）纳入规范范畴，扩大了洗钱罪上游犯罪的范围；删除了罚金数额的限制；加重了“洗钱罪”的刑罚力度和扩大了其适用范围等。这充分说明了我国打击洗钱罪的决心。洗钱行为不仅侵害国家利益，扰乱国家市场秩序，也损害了公民利益。因此，国家近年来对其打击力度加大，通过“自洗钱”入罪，使未来我国洗钱罪的司法适用，将呈现“井喷式”增长趋势。为了避免因洗钱罪所受的牢狱之灾，企业家们需要注意以下几个方面：

第一，明确哪些行为属于洗钱行为。根据《刑法修正案（十一）》的规定，为掩饰、隐瞒毒品犯罪、黑社会性质的组织犯罪、恐怖活动犯罪、走私犯罪、贪污贿赂犯罪、破坏金融管理秩序犯罪、金融诈骗犯罪的所得及其产生收益的来源和性质，有为其提供资金账户的，将财产转换为现金、金融票据、有价证券等的，通过转账或者其他支付结算方式转移资金的，跨境转移资产和以其他方式掩饰、隐瞒犯罪的违法所得及其收益的性质和来源的行为，都会被认定为洗钱行为。因此，企业家务必谨慎防范。

第二，拒绝和地下钱庄或其他不正规的金融机构合作，拒绝将银行账户出租、出借给他人使用。《刑法修正案（十一）》细化了洗钱的行为方式，将地下钱庄等的“支付”结算行为也规定为洗钱方式之一。因此，企业家们务必和地下钱庄划清界限，避免涉及洗钱犯罪。

从《刑法修正案（十一）》的相关规定来看，我国刑事立法日趋“活性化”，企业家若想在纷繁复杂的法律风险中独善其身，一定要提高刑事合规

---

① 参见（2020）苏01刑终366号。

意识，以免触犯刑法“高压线”。

法规速递

《中华人民共和国刑法修正案（十一）》

十四、将刑法第一百九十一条修改为：“为掩饰、隐瞒毒品犯罪、黑社会性质的组织犯罪、恐怖活动犯罪、走私犯罪、贪污贿赂犯罪、破坏金融管理秩序犯罪、金融诈骗犯罪的所得及其产生的收益的来源和性质，有下列行为之一的，没收实施以上犯罪的所得及其产生的收益，处五年以下有期徒刑或者拘役，并处或者单处罚金；情节严重的，处五年以上十年以下有期徒刑，并处罚金：

“（一）提供资金帐户的；

“（二）将财产转换为现金、金融票据、有价证券的；

“（三）通过转帐或者其他支付结算方式转移资金的；

“（四）跨境转移资产的；

“（五）以其他方法掩饰、隐瞒犯罪所得及其收益的来源和性质的。

单位犯前款罪的，对单位判处罚金，并对其直接负责的主管人员和其他直接责任人员，依照前款的规定处罚。”

91. “绿水青山”才是“金山银山”

——企业污染环境罪的法律风险与防范

经济发展和环境保护似乎难以两全，随着我国工业化的加速发展，生态环境问题日益突出。近年来，打击污染环境罪的法网日益严密，各级司法机关对破坏环境资源保护类犯罪一直保持高压打击态势。但是，仍有不少企业家的思维并没有随着政策形势的变化而转变，一直停留在以牺牲环境为代价来换取企业发展的陈旧思维中。接下来，我们以案说法，看看企业家不顾环境保护谋取私利会面临怎样的法律风险。

以案说法

蓝天有限责任公司从事钢材喷塑加工、销售，其法定代表人为高某。2017 年 12 月至 2018 年 1 月 11 日期间，高某以污水处理设备故障无法使用为由，指使蓝天公司某厂的厂长王某等人使用水泵和软管，将公司生产的废水从污水收集池直接排向厂区东南侧市政污水井内。后经当地环境保护监测站检测，厂区污水收集池东南侧污水井中总锌含量为 2400mg/l，通往污水井的水泵软管出水口总锌含量为 182mg/l，均超过《污水综合排放标准》（GB 8978—1996）规定。2018 年 2 月 1 日，公安机关对此展开立案侦查。2019 年 4 月 11 日，检察机关向法院提起公诉，认为被告单位蓝天公司违反国家规定，排放重金属超标的污水，严重污染环境，被告人高某作为直接负责的主管人员，被告人王某作为直接责任人员，均已触犯刑法，应当以污染环境罪追究刑事责任。

法院经审理后认为，被告单位蓝天公司、被告人高某、被告人王某违反国家规定，排放含重金属锌的污水，超过国家排放标准 10 倍，严重污染环境，侵犯了国家对危险废物的安全管理制度，其行为均已构成污染环境罪。被告人高某身为被告单位法定代表人，被告人王某作为被告单位直接责任人员，授意或实施排放超标污水，严重污染环境，亦应当以污染环境罪追究刑事责任。公诉机关指控的犯罪事实清楚，证据确实、充分，指控的罪名成立，本院予以支持。因涉案污水已经排放至阜溪等开放水域，以当前情势无法回收处理，致使阜溪水体污染，造成了生态环境破坏，被告单位蓝天公司应依法承担赔偿责任。①

● 律师提示

近年来，国家不断加大对环境资源的保护，全国污染环境案件的数量呈现明显的上升趋势。那些认为《刑法》“大棒”不会打到自己头上的企业家切莫心存侥幸。保护环境，人人有责，作为企业家更要承担起社会责任，为“绿水青山”贡献自身的力量，因此企业家需要：

第一，完善企业的环保合规内控制度。合规已是企业健康持续发展的必由之路。刑事合规也成为各个行业、各个领域的企业都绕不开的一个问题。企业环保合规自查的制度化建设，有利于企业防患于未然，避免进入刑事雷区。

第二，加强环保宣传教育，开展员工内部培训，增强环保守法意识。例如《刑法修正案（十一）》对污染环境犯罪做了重大修改，进一步加大对污染环境犯罪的打击、处罚力度。这些都需要企业予以充分关注和学习，企业一定要紧跟法治动态，及时开展内部培训，提升公司各级人员保护环境的法治意识和水准。

第三，改良生产设备和工艺技术，做到绿色生产。通过绿色清洁技术的使用不仅可以做到从源头上避免环境污染，还可以推进企业科技革新，是一举两得的举措。

企业家们作为社会财富和资源的集大成者，应该承担起更大的环境保护等社会责任。企业在发展的同时，也要保护好绿水青山，这才是颠扑不破的

① 参见浙江省德清县人民法院刑事附带民事判决书，（2019）浙0521刑初161号。

真理。

法规速递

《中华人民共和国刑法》

第三百三十八条 违反国家规定，排放、倾倒或者处置有放射性的废物、含传染病病原体的废物、有毒物质或者其他有害物质，严重污染环境的，处三年以下有期徒刑或者拘役，并处或者单处罚金；情节严重的，处三年以上七年以下有期徒刑，并处罚金；有下列情形之一的，处七年以上有期徒刑，并处罚金：

（一）在饮用水水源保护区、自然保护地核心保护区等依法确定的重点保护区域排放、倾倒、处置有放射性的废物、含传染病病原体的废物、有毒物质，情节特别严重的；

（二）向国家确定的重要江河、湖泊水域排放、倾倒、处置有放射性的废物、含传染病病原体的废物、有毒物质，情节特别严重的；

（三）致使大量永久基本农田基本功能丧失或者遭受永久性破坏的；

（四）致使多人重伤、严重疾病，或者致人严重残疾、死亡的。

有前款行为，同时构成其他犯罪的，依照处罚较重的规定定罪处罚。

92. 骗取贷款，当心入罪
——企业骗取银行贷款的法律风险与防范

资金和现金流是一个企业存在的基石，因此，融资问题对于企业发展至关重要。企业融资中最常见的方式莫过于向银行贷款，但是，银行基于偿还能力、资信状况等因素的考量，并不会将贷款提供给每一个企业，特别是很多中小企业。于是，很多中小企业家或者公司为了获取贷款开始走旁门左道，比如，通过向银行提供虚假材料等方式来骗取贷款。而且，很多企业家骗取贷款的时候心存侥幸，认为“我骗取贷款只是手段不正当而已，并不会将贷款用于非法用途，因此不会产生什么严重后果”。但事实并非如此，即使企业家不是将贷款用于非法目的，只要其以欺骗手段获取贷款，给金融机构造成重大损失，就依然可能入罪。接下来，我们以案说法，看看企业家使用虚假材料骗取贷款将会带来哪些法律风险。

- **以案说法**

2011 年 1 月 10 日，阳谷博旺达标志服装有限公司（以下简称阳谷公司）成立，注册资本 700 万元，从事服装加工、销售及进出口业务，法定代表人为孙某，孙某也是公司直接负责的主管人员。

2015 年 1 月 21 日，阳谷公司以购买布料等原材料流动资金不足的名义，与交通银行股份有限公司聊城分行签订借款 600 万元的合同，期限 1 年，同时提供了虚假的购销合同及财务报表。后该行按约将 600 万元发放，由阳谷公司支配使用。山东鼎泰融资担保有限公司为上述借款提供连带责任担保。由于阳谷公司未按时还款，山东鼎泰融资担保有限公司于 2015 年 3 月 19 日代为偿还 100 万元，于 2016 年 4 月 7 日偿还 79, 561. 45 元，剩余款项由该行予以核销。

2015年3月17日、18日、20日，阳谷公司以购买原材料流动资金不足的名义，与恒丰银行股份有限公司聊城分行（以下简称恒丰银行）签订了借款400万元、300万元、300万元的合同，期限均为1年，同时提供了虚假的购销合同及财务报表。后该行按约将上述款项发放，由阳谷公司支配使用。山东国盛电缆有限公司、孙某、王某为上述借款提供连带责任担保。由于阳谷公司未按时还款，恒丰银行于2017年6月9日就阳谷公司贷款1000万元起诉，东昌府区人民法院于同年9月13日作出判决，由阳谷公司、孙某、山东国盛电缆公司及王某共同承担还款责任。恒丰银行已申请强制执行，但未执行到财产。

后阳谷公司骗取贷款的行为东窗事发，公安机关迅速介入侦查，案件移送检察机关后，检察机关向法院提起公诉。法院经审理后认为，原审被告阳谷公司以欺骗手段取得银行贷款，给银行造成特别重大损失，其行为构成骗取贷款罪。孙某作为该单位直接负责的主管人员，亦构成骗取贷款罪。[①]

律师提示

从以上案例可以看出，以欺骗手段获取银行贷款，给银行造成重大损失的，构成骗取贷款罪，因此，企业家切莫对此心存侥幸。那么，为了避免重蹈覆辙，企业家对此应该采取哪些防范措施呢？

1. 明确骗取贷款罪的法律规定。根据《刑法修正案（十一）》第11条的规定，以欺骗手段取得银行或者其他金融机构贷款，给银行或者其他金融机构造成重大损失的，即可达到骗取贷款罪的入罪标准。诚然，《刑法修正案（十一）》已将骗取贷款罪的入罪门槛予以提高，仅处罚以欺骗手段获取贷款，给银行或者其他金融机构造成重大损失的行为，但是企业家依然不能心存侥幸，以身试法，否则面临的可能是牢狱之灾。

2. 明确何种行为属于给金融机构造成重大损失的行为。《刑法修正案（十一）》对骗取贷款罪的犯罪构成作出修改，删除了“或者有其他严重情

① 参见山东省聊城市中级人民法院刑事判决书，（2021）鲁15刑终239号。

节”，将追诉标准规定为“给银行或者其他金融机构造成重大损失”。因此，明确什么行为属于给金融机构造成重大损失至关重要。根据相关司法判例可以得出，这种重大损失应为终局性、现实性、实质性的损失。因此，如果贷款已经得到清偿，在案发时未到期或者有足额担保等情况均不属于能给银行造成重大损失的行为。

近年来，部分企业为了获得银行贷款，向银行或者其他金融机构提交虚假的购销合同等贷款材料。其一旦经营不善，资金链断裂，无法正常还贷，就有可能涉嫌犯罪，帮助出具虚假材料的企业、部门和直接责任人也在劫难逃。因此，虽然法律提高了骗取贷款罪的入罪门槛，企业依然不能掉以轻心。

● 法规速递

《中华人民共和国刑法修正案（十一）》

十一、将刑法第一百七十五条之一第一款修改为：“以欺骗手段取得银行或者其他金融机构贷款、票据承兑、信用证、保函等，给银行或者其他金融机构造成重大损失的，处三年以下有期徒刑或者拘役，并处或者单处罚金；给银行或者其他金融机构造成特别重大损失或者有其他特别严重情节的，处三年以上七年以下有期徒刑，并处罚金。”

第七章

解散清算与执行

93. 公司未经清算即注销，股东难辞其咎

——股东在公司解散中的责任及法律风险

法律赋予公司独立的人格，其在某种意义上也可称为“人”。人有生老病死，公司也不例外，其破产解散注销即谓之“死”。公司注销需要履行清算程序。根据《公司法》的规定，公司因特定情况解散的，应当成立清算组进行清算。但是，很多企业家对此不以为然，认为公司运行不下去，把公司注销，企业资产搬空便可万事大吉，但殊不知，如此行事，会面临极大的法律风险。接下来，我们以案说法，看看公司未经清算就被注销，股东可能存在的风险。

● 以案说法

杨某、曾某和吴某都是天中公司的股东，梅某是天中公司的实际控制人。天中公司因不能清偿到期债务，且资产不足以清偿全部债务而陷入破产。杨某、曾某和吴某作为天中公司的股东，在未经对天中公司依法清算的情况下，即办理注销登记。公司债权人得知后，提起诉讼，要求杨某、曾某和吴某对公司的债务承担清偿责任。法院一审、二审均判决杨某、曾某和吴某对公司的债务承担清偿责任。杨某、曾某和吴某不服原审判决，向最高院申请再审。

最高院经审理后认为，根据法律规定，公司解散应当在依法清算完毕后，申请办理注销登记。公司未经清算即办理注销登记，导致公司无法进行清算，债权人主张有限责任公司的股东、股份有限公司的董事和控股股东，以及公司的实际控制人对公司债务承担清偿责任的，人民法院应当依法予以支持。本案中，天中公司未经依法清算即办理注销登记，而目前该公司已不具备清算条件，杨某、曾某和吴某分别作为公司股东，因负有法定清算义务而应当

对公司债务承担清偿责任，杨某、曾某和吴某再审中并不否认其未对该公司组织清算，亦未提供证据证明该公司目前具备清算条件，因此，杨某、曾某和吴某应对天中公司的债务承担清偿责任。法院最终裁定：驳回杨某、曾某和吴某的再审申请。[①]

律师提示

《公司法》规定公司具有独立的法人人格，并以公司全部的财产独立对外承担责任。股东如非恶意利用自身的有限责任去损害公司以及债权人利益的话，其自身的安全系数是非常高的，但是如果出现股东滥用法人独立人格以及股东的有限责任去损害公司或者债权人的利益或者出现本书中应该清算而未清算就注销公司的情况，那么有限责任制度就不再是股东的“保护伞”。当公司出现不良状况时，股东们应如何正确采取措施才能防范此种法律风险呢？

其一，当公司资能抵债，也就是公司的财产能够清偿债务的情况下，公司应在法定期间内尽快组成清算组进行清算（根据《公司法》的规定，有限责任公司的清算组由股东组成，股份有限公司的清算组由董事或者股东大会确定的人员组成。逾期不成立清算组进行清算的，债权人可以申请人民法院指定有关人员组成清算组进行清算。人民法院应当受理该申请，并及时组织清算组进行清算），清理债权债务，分配剩余资产，及时办理注销登记。

其二，当公司资不抵债，也就是公司财产不足以清偿债务的情况下，公司应及时向法院申请破产。根据法律规定：（1）有限责任公司的股东以其认缴的出资额为限对公司承担责任。因此，法院受理有限责任公司破产申请后，若股东已向公司缴纳出资，履行了出资义务，则由公司以自己的全部资产对公司债务承担责任；若股东尚未向公司缴纳出资，未履行出资义务，股东要及时向公司补足认缴的出资。（2）股份有限公司的股东以其认购的股份为限对公司承担责任。股份有限公司的设立方式有发起设立和募集设立两种，采取发起设立的，公司注册资本实行认缴制，为全体发起人认购股本总额；采

---

① 参见（2017）最高法民申4771号。

取募集设立的，公司注册资本为实收股本总额。因此，法院受理发起设立的股份有限公司破产申请后，若发起人股东已向公司实缴认购的出资，则由公司以自己的全部资产对公司债务承担责任；若发起人股东尚未向公司实缴认购出资，则要及时向公司补足认购的出资。法院受理募集设立的股份有限公司破产申请后，由公司以自己的全部资产对公司债务承担责任。故有限责任公司和股份有限公司依法破产，股东不存在滥用公司法人独立地位和股东有限责任逃避债务情形时，股东无须担责。

因此，为了避免自己陷入被动地位，在法定情形出现时，公司及股东务必履行法定程序，方可避免己方陷于不利地位。

• 法规速递

《中华人民共和国公司法》

第三条 公司是企业法人，有独立的法人财产，享有法人财产权。公司以其全部财产对公司的债务承担责任。

有限责任公司的股东以其认缴的出资额为限对公司承担责任；股份有限公司的股东以其认购的股份为限对公司承担责任。

第八十条 股份有限公司采取发起设立方式设立的，注册资本为在公司登记机关登记的全体发起人认购的股本总额。在发起人认购的股份缴足前，不得向他人募集股份。

股份有限公司采取募集方式设立的，注册资本为在公司登记机关登记的实收股本总额。

法律、行政法规以及国务院决定对股份有限公司注册资本实缴、注册资本最低限额另有规定的，从其规定。

第一百八十条 公司因下列原因解散：

（一）公司章程规定的营业期限届满或者公司章程规定的其他解散事由出现；

（二）股东会或者股东大会决议解散；

（三）因公司合并或者分立需要解散；

（四）依法被吊销营业执照、责令关闭或者被撤销；

（五）人民法院依照本法第一百八十二条的规定予以解散。

第一百八十三条 公司因本法第一百八十条第（一）项、第（二）项、第（四）项、第（五）项规定而解散的，应当在解散事由出现之日起十五日内成立清算组，开始清算。有限责任公司的清算组由股东组成，股份有限公司的清算组由董事或者股东大会确定的人员组成。逾期不成立清算组进行清算的，债权人可以申请人民法院指定有关人员组成清算组进行清算。人民法院应当受理该申请，并及时组织清算组进行清算。

《最高人民法院关于适用〈中华人民共和国公司法〉若干问题的规定（二）》

第十八条 有限责任公司的股东、股份有限公司的董事和控股股东未在法定期限内成立清算组开始清算，导致公司财产贬值、流失、毁损或者灭失，债权人主张其在造成损失范围内对公司债务承担赔偿责任的，人民法院应依法予以支持。

有限责任公司的股东、股份有限公司的董事和控股股东因怠于履行义务，导致公司主要财产、账册、重要文件等灭失，无法进行清算，债权人主张其对公司债务承担连带清偿责任的，人民法院应依法予以支持。

上述情形系实际控制人原因造成，债权人主张实际控制人对公司债务承担相应民事责任的，人民法院应依法予以支持。

94. 破产管理人报酬谁来承担

——破产管理人处置担保物的报酬问题

当企业家作为有担保权的债权人，遇到债务人企业破产时，会向破产管理人申报债权。在债务人破产过程中，破产管理人可能会对担保物进行维护、变现、交付等。根据法律规定，管理人为维护、变现、交付担保物如付出合理劳动，担保权人应向管理人支付一定报酬，该报酬往往会从担保权人应分得的债权款项中扣除。这时担保权人的债权就少一部分，那么，担保权人是否可将其支付的管理人报酬作为破产债权向管理人补充申报且获得优先受偿呢？接下来，我们以案说法，看看案例中法院对该问题如何认定。

● 以案说法

2015 年 10 月 8 日，中行太仓分行与高氏公司签订担保合同，其中约定高氏公司以其所有的一批苗木向中行太仓分行的借款提供担保，担保的债权额包括主债权本金及其所发生的利息、实现债权的费用（包括诉讼费用、律师费用等）。高氏公司同日办理了前述苗木抵押登记。后高氏公司因欠付借款利息而被中行太仓分行诉至法院，法院经审理判决其向中行太仓分行支付借款利息及律师费，同时中行太仓分行有权在高氏公司抵押的苗木处置所得价款中获得优先受偿。

2016 年 12 月 12 日，法院裁定受理高氏公司破产清算并指定了破产管理人。2017 年 7 月 20 日，管理人将高氏公司抵押的苗木通过司法拍卖获款 7, 246, 173 元。管理人根据《最高人民法院关于审理企业破产案件确定管理人报酬的规定》（以下简称《管理人报酬规定》）第 2 条、第 13 条的规定向中行太仓分行收取管理人报酬 17, 642 元。

中行太仓分行对支付管理人17,642元报酬无异议，但认为需要就该报酬向管理人补充申报债权（优先债权）。其理由是：管理人收取上述报酬在性质上与法院及中介机构等收取的诉讼费用、律师费用等一样，均属于债权人实现债权的费用。因此，中行太仓支行支付的管理人报酬，属于破产债权且为担保债权，有权在抵押物拍卖款中优先受偿。但是，管理人对中行太仓分行补充申报的17,642元债权不予确定。双方就此发生争议，中行太仓分行遂向法院提起破产债权确认诉讼。

法院经审理认为，在破产案件中，抵押物处置的成本应由担保债权人承担。如果该成本也从债务人财产中支付，必然会影响无担保普通债权人等的利益，使无担保的普通债权人等为管理人的这部分劳动支付报酬。而管理人的这部分劳动更多的是给享有优先受偿权的担保权人带来利益，并不会给普通债权人等带来利益。因此，根据《管理人报酬规定》第13条的规定，该17,642元的费用应当由中行太仓分行承担，现中行太仓分行要求高氏公司确认17,462元为有担保的优先债权的诉讼请求，无相应的法律依据，本院不予支持。①

律师提示

如上述案例所示，当企业家作为担保债权人，遇到债务人破产时，要想实现债权，需要向管理人额外支付一笔报酬费用，此时担保债权人的债权就面临无法全部实现之风险。那么，该如何避免该风险呢？下面就对风险防范进行分析：

1. 在担保合同中明确约定管理人报酬属于担保债权的范围。企业家作为担保债权人在与债务人签订担保合同时，通常会把为实现债权产生的诉讼费、律师费约定在担保的债权范围中，但是往往会忽视管理人报酬。当遇到债务人破产时，法院基于担保合同未约定及考虑到其他普通债权人利益等方面因素，往往会认为破产管理人报酬应由担保债权人自己承担，此时担保债权人之债权即得不到完全实现。因此，企业家作为担保债权人时要在担保合同中

① 参见江苏省太仓市人民法院民事判决书，(2019) 苏0585民初1853号。

将管理人报酬约定在担保的债权范围中。

2. 在签订担保合同的同时要求其他担保人提供担保。企业家作为担保债权人时，为了确保债权完全实现，可要求债务人提供其他的担保人来担保债权，例如，可与其他保证人签订保证合同，约定对债务人的债务及管理人报酬等费用承担连带责任保证。这种情况下，如遇到债务人破产，对于不能通过破产程序获得清偿的债权部分，企业家还可继续向其他担保人主张。

实践中，很多享有担保权的债权人都不知晓其会承担债务人因破产而产生的管理人报酬，未预先约定，企业家在承担该笔费用后再次补充申报债权往往得不到支持，所以，企业家应注意对管理人报酬进行提前约定以及要求其他担保人承担连带责任等方可大大降低债权无法全部实现之风险。

● 法规速递

《最高人民法院关于审理企业破产案件确定管理人报酬的规定》

第二条 人民法院应根据债务人最终清偿的财产价值总额，在以下比例限制范围内分段确定管理人报酬：

（一）不超过一百万元（含本数，下同）的，在12%以下确定；

（二）超过一百万元至五百万元的部分，在10%以下确定；

（三）超过五百万元至一千万元的部分，在8%以下确定；

（四）超过一千万元至五千万元的部分，在6%以下确定；

（五）超过五千万元至一亿元的部分，在3%以下确定；

（六）超过一亿元至五亿元的部分，在1%以下确定；

（七）超过五亿元的部分，在0.5%以下确定。

担保权人优先受偿担保物价值，不计入前款规定的财产价值总额。

第十三条 管理人对担保物的维护、变现、交付等管理工作付出合理劳动的，有权向担保权人收取适当的报酬。管理人与担保权人就上述报酬数额不能协商一致的，人民法院应当参照本规定第二条规定的方法确定，但报酬比例不得超出该条规定限制范围的10%。

《中华人民共和国企业破产法》

第四十四条 人民法院受理破产申请时对债务人享有债权的债权人，依照本法规定的程序行使权利。

95. 莫让判决成为“一纸空文”

——执行中的法律风险及防范

很多企业家都认为拿到了胜诉判决案件就圆满终结了，事实真的是这样吗？其实不然，只有胜诉判决执行完毕，一个案件才算真正意义上的结束。但是，执行并没有想象中那么容易，并不是只要向法院申请了执行，就万事大吉。有这种想法说明企业家没有意识到执行中存在的诸多风险。接下来，我们以案说法，看看案件中的企业家忽略了执行风险会面临怎样的不利后果。

● 以案说法

企业家尹某诉通泰汽车交通事故纠纷一案。2012 年 7 月 5 日，台州市椒江区人民法院作出（2011）台椒民初字第 1395 号民事判决书，尹某胜诉，通泰汽车需在法定期间内履行债务。该判决书于 2012 年 8 月 29 日生效，通泰汽车债务履行期为判决生效后 10 日内，但通泰汽车并未如约履行债务。尹某于 2018 年 8 月 15 日向该院申请强制执行。该院同日执行立案。通泰汽车提出异议，称尹某就（2011）台椒民初字第 1395 号民事判决书向法院申请强制执行，已超过了申请执行时效，于是请求法院不予执行。

台州市椒江区人民法院认为，依照《民事诉讼法》第 246 条的规定，申请执行的期间为 2 年，从法律文书规定履行期间的最后一日起计算。本案的法律文书生效时间为 2012 年 8 月 29 日，而尹某申请执行时间为 2018 年 8 月 15 日，远远超过了法律规定的申请执行的期间（2 年）。而且当被执行人对申请执行时效期间提出异议时，申请执行人没有证据证明有申请执行时效中止、中断情形。因此，通泰汽车的异议理由成立。最终，法院作出（2018）

浙1002执异26号执行裁定：不予执行椒江区人民法院（2011）台椒民初字第1395号民事判决书。

尹某不服，认为诉讼阶段法院没有告知其在判决生效后二年内要向法院申请执行，故向台州市中级人民法院申请复议，请求撤销（2018）浙1002执异26号执行裁定书。

台州市中级人民法院认为，根据《民事诉讼法》及司法解释的规定，原裁定不予执行得当。复议申请人尹某作为中华人民共和国公民，并在我国领域内参与诉讼活动，诉讼结果当然对其产生拘束力，并不因其知晓与否而有所不同。复议申请人以法院没有告知申请执行时间为由，要求撤销原裁定，理由不能成立，本院不予支持。①

律师提示

上述案例中，企业家尹某认为应当有人告知其申请执行的期间。有这种想法的人并非个例，很多企业家可能也对申请执行的期间有所忽视。其认为什么时候申请执行都不晚，但殊不知超过申请执行期间去申请执行，如被执行人提出异议，将面临不予执行的风险。除了该风险外，执行是否还包括其他风险呢？企业家应如何防范这些风险呢？

1. 执行的风险

（1）与被执行人财产有关的风险

与财产有关的风险又可以细分成两个风险点：①被执行人无财产可供执行的风险；②被执行人财产不能处置的风险。实践中，确实会存在被执行人因为公司破产或者各种原因导致无财产可供执行的情况，或者即使有财产可供执行，但是被执行的标的物法院不能处置，比如违禁品，违章建筑或是不能流转的财产（证照不全的财产）。出现这种情况法院也无可奈何。

（2）多个债权人共同参与分配被执行财产，导致执行不到位的风险

被执行人有财产可供执行，但是却有多个债权人等待分配财产处置款项，

① 参见浙江省台州市中级人民法院执行裁定书，（2018）浙10执复44号。

甚至有一个或者多个债权人对被处置财产的价款主张优先受偿权。当企业家作为众多债权人之一时，可能面临只能执行到位部分财产或根本执行不到财产的风险。

（3）案外人提出执行异议成立的风险

在案件执行过程当中，如案外人对执行标的物主张权利的异议成立，申请执行人会面临申请执行的案件不能继续执行的风险。

2. 执行风险防范要点

（1）转变“申请执行的期限届至前应当有人通知我”的思维

企业家在案件执行过程当中，一定要树立积极主动维护自身权益的思维方式。实践当中，企业家需要自己多了解和留意执行期限，并积极配合法院执行程序，因为申请执行的期限届至前法院并不会像本案的当事人所想的那样通知当事人。通知并非法院的义务，当事人只有自己把握执行进度方可最大限度减少执行风险扩大的风险。

（2）了解被执行人的实际情况和履行能力

如申请人向法院申请执行，需要及时向法院提供被执行人的住址、去向、经济状况、可供执行的财产线索以及执行标的物的名称、数量、质量和存放地等情况，以减少执行不能的风险。

综上，企业家在申请执行时不仅需要注意潜藏其中的法律风险，还要积极发挥主观能动性，主动维护自身权益，如此方可把执行的风险降到最低。

法规速递

《中华人民共和国民事诉讼法》

第二百四十六条 申请执行的期间为二年。申请执行时效的中止、中断，适用法律有关诉讼时效中止、中断的规定。

前款规定的期间，从法律文书规定履行期间的最后一日起计算；法律文书规定分期履行的，从最后一期履行期限届满之日起计算；法律文书未规定履行期间的，从法律文书生效之日起计算。

《最高人民法院关于适用〈中华人民共和国民事诉讼法〉的解释》

第四百八十一条 申请执行人超过申请执行时效期间向人民法院申请强制执行的，人民法院应予受理。被执行人对申请执行时效期间提出异议，人民法院经审查异议成立的，裁定不予执行。

被执行人履行全部或者部分义务后，又以不知道申请执行时效期间届满为由请求执行回转的，人民法院不予支持。

96. 拒不执行法院裁判，当心入罪

——拒不执行法院裁判的法律风险

“执行难”的问题一直以来都是民事执行案件中的“痼疾”。当事人拿到胜诉判决后，因义务履行方不履行义务，不得不申请执行，但是执行中出现被执行人无任何可供执行的财产或可供执行的财产不足以覆盖应履行义务的情况比比皆是。出现此种现象的一个重要原因是很多被执行人（包括很多企业家）对法院的判决、裁定置若罔闻，或者知道自己的财产将要被法院执行，就想方设法把财产隐匿、转移，致使法院从明面上很难查到被执行人可供执行的财产。这些被执行人试图通过躲避、耍赖、观望等方式来逃避自己的法律义务，不仅损害了司法权威，更是严重挑战与破坏了社会的诚信体系，司法机关对这种行为向来采取的是“零容忍”的态度。因此，当企业家成为被执行人时，千万不能转移财产恶意逃避债务。接下来，我们以案说法，看看企业家为逃避债务转移财产将面临怎样的法律后果。

以案说法

王某系浙江东方环保有限公司的法定代表人。2015 年 10 月 19 日，王某以实际控制的浙江东方环保有限公司（以下简称东方环保公司）为借款方，向南洋商业银行（中国）有限公司杭州分行（以下简称南洋银行）借款人民币 1850 万元。后因东方环保公司无力归还欠款，南洋银行向杭州市中级人民法院提起诉讼。

2016 年 5 月 24 日，杭州市中级人民法院判决东方环保公司败诉，担保公司浙江洁丽雅纺织集团有限公司（以下简称洁丽雅公司）、王某实际控制的诸暨市东联房地产开发有限公司（以下简称东联房地产公司）、担保人王某和黄某对东方环保公司的债务承担连带清偿责任。判决生效后，杭州市中级人民法院通过执行程序，执行到款项3,922,599元。

2016年11月28日，东联房地产公司收到诸暨优渡信息科技有限公司支付的西二环路233号房地产租赁款人民币4,071,422.75元。被告人王某收到上述款项后，未用于履行上述法院判决，而是将该款项背书至东方环保公司，再背书至洁丽雅公司，后洁丽雅公司将该笔款项用于支付货款。此事曝光后，检察机关就王某拒不履行判决的行为提起公诉。法院经审理后认为，被告人王某对人民法院的判决、裁定有能力执行而拒不执行，情节严重，其行为已构成拒不执行判决、裁定罪。公诉机关指控的罪名成立，且公诉机关量刑建议适当，应予采纳。依照相关法律规定，判决：被告人王某犯拒不执行判决、裁定罪，判处有期徒刑1年2个月，缓刑1年6个月（缓刑考验期限从判决确定之日起计算）。[①]

● 律师提示

企业家在作为法律义务履行方时，如有能力履行，而拒不执行法院的判决、裁定，情节严重的，将遭受刑律的制裁，以上案例中的企业家王某就被法院判处有期徒刑1年2个月，缓刑1年6个月。因此，企业家们要引以为戒，提前做好风险防范，才能防患于未然。除刑事风险外，企业家拒不执行判决、裁定的行为还会有以下风险：

第一，经济损失。根据《最高人民法院关于适用〈中华人民共和国民事诉讼法〉的解释》的规定，被执行人如果未按照生效判决、裁定或其他法律文书所确定的履行期间履行法律义务，需向申请执行人支付迟延履行金，如果已经给申请执行人造成损失，还需补偿相应损失。因此，企业家如拒不履行法院判决、裁定，可能会招致大额经济损失。

第二，信用损失。企业家如果拒不履行生效法律文书确定的义务，可能会被法院纳入失信被执行人名单。根据《最高人民法院关于公布失信被执行人名单信息的若干规定》的规定，被执行人未履行生效法律文书确定的义

---

① 参见浙江省杭州市上城区人民法院刑事判决书，（2020）浙0102刑初8号。

务，并且被执行人有履行能力而拒不履行，或以伪造证据、暴力、威胁方法妨碍、抗拒执行，或以虚假诉讼或隐匿、转移财产等方法逃避执行，或者违反限制消费令，抑或无正当理由拒不履行执行和解协议的，法院将把这类人纳入失信被执行人名单。一旦被纳入失信被执行人名单，不仅会丢失信用，生活中的各种活动也会受到限制，重要的是失信被执行人的子女不可就读高收费私立学校，这无疑对下一代的教育产生很大影响。

第三，自由损失。上面例子中我们介绍的企业家如拒不执行法院生效法律文书，情节严重的，会被判处刑事处罚。根据《民事诉讼法》的相关规定，被执行人拒不履行人民法院生效判决、裁定的，人民法院可以根据情节严重予以罚款、拘留，实践中，司法拘留的时间通常为15日。自由是最宝贵的东西，一旦失去自由，将给生活带来很多不便。因此，企业家要遵守法律规定，按照法律文书确定的义务认真履行。

综上，企业家作为法律义务履行方时，切勿抱有侥幸心理，很多被执行人在面临大额债务时，甚至还玩起了“人间蒸发”，试图通过躲避、耍赖、观望等方式来摆脱自己的责任和义务。但是“法网恢恢，疏而不漏”。企业家们务必谨慎守法，勿触司法“高压线”。

● 法规速递

《最高人民法院关于适用〈中华人民共和国民事诉讼法〉的解释》

第五百零五条 被执行人未按判决、裁定和其他法律文书指定的期间履行非金钱给付义务的，无论是否已给申请执行人造成损失，都应当支付迟延履行金。已经造成损失的，双倍补偿申请执行人已经受到的损失；没有造成损失的，迟延履行金可以由人民法院根据具体案件情况决定。

《最高人民法院关于公布失信被执行人名单信息的若干规定》

第一条 被执行人未履行生效法律文书确定的义务，并具有下列情形之一的，人民法院应当将其纳入失信被执行人名单，依法对其进行信用惩戒：

（一）有履行能力而拒不履行生效法律文书确定义务的；

（二）以伪造证据、暴力、威胁等方法妨碍、抗拒执行的；

（三）以虚假诉讼、虚假仲裁或者以隐匿、转移财产等方法规避执行的；

（四）违反财产报告制度的；

（五）违反限制消费令的；

（六）无正当理由拒不履行执行和解协议的。

《中华人民共和国民事诉讼法》

第二百四十八条 被执行人未按执行通知履行法律文书确定的义务，应当报告当前以及收到执行通知之日前一年的财产情况。被执行人拒绝报告或者虚假报告的，人民法院可以根据情节轻重对被执行人或者其法定代理人、有关单位的主要负责人或者直接责任人员予以罚款、拘留。

《中华人民共和国刑法》

第三百一十三条 对人民法院的判决、裁定有能力执行而拒不执行，情节严重的，处三年以下有期徒刑、拘役或者罚金；情节特别严重的，处三年以上七年以下有期徒刑，并处罚金。

单位犯前款罪的，对单位判处罚金，并对其直接负责的主管人员和其他直接责任人员，依照前款的规定处罚。

97. 如何打破执行僵局

——债权人代位析产诉讼的方式及注意事项

在司法实践中，债权人通过诉讼途径获得法院的胜诉判决，但是确定的债权在执行时往往基于各种原因难以执行下去。最常见的情形是债权人申请强制执行后，发现债务人可供执行的财产系与他人共同共有的财产，这时有些法院会以执行标的物系被执行人与案外人共同共有为由不予执行。那么，企业家如作为债权人遇到这种情况时，该如何进一步执行涉案财产呢？接下来，我们以案说法，看看遇到这种情况该如何打破执行僵局，从而保障债权人权利的实现。

● 以案说法

王某是一名企业高管，其朋友管某因资金周转需要向王某借款100万元，后管某拒绝还钱。王某将其诉至法院，请求判决管某归还其100万元，法院支持了王某诉请。但管某仍拒不履行生效判决内容，故王某向法院申请执行，法院立案受理并执行。经执行后，法院作出执行裁定书，裁定书载明：在本案执行过程中，依法查封了被执行人管某与案外人共同共有的位于上海市嘉定区×弄×号×室的房产。法院告知了上述房产共同共有的案外人，共同共有的案外人表示将提起析产诉讼，待共有房屋析产后优先予以购买。法院也将情况告知了申请执行人，申请执行人表示同意。法院遂裁定终结本次执行程序。后因涉案房产共有人并未提起析产诉讼，申请执行人王某遂提起债权人代位析产诉讼。

本案中，法院经审理后认为，根据《最高人民法院关于人民法院民事执行中查封、扣押、冻结财产的规定》第12条第3款的规定，申请执行人可代位提起诉讼。生效法律文书明确管某对王某负有金钱给付义务，执行裁定书明确该执行案件的被执行人管某，除其与他人共有的涉案房产被查封外，无其他可供执行的财产，因此，存在可以请求分割共有财产的重大事由。在本院执行机构告知涉案房产共同共有人后，共有人表示将“提起析产诉讼，待共有房屋析产后优先予以购买”，但并未具体实施。申请人王某代位提起析产诉讼，要求确定管某在涉案房产中的所有权份额，于法有据，亦可以为执行创造条件。现王某要求确认管某拥有涉案房产1/3的产权份额的请求，没有损害共有人的合法权益，也符合法律规定，本院应予支持。最后，法院依照《民法典》第303条、《最高人民法院关于人民法院民事执行中查封、扣押、冻结财产的规定》第12条第3款规定，最终判决：确认被告管某对坐落在上海市嘉定区×弄×号×室房产享有1/3的所有权份额。①

● 律师提示

正如上述案例所示，当被执行人与案外人共同共有房产时，企业家作为申请执行人可积极主动代位提起析产诉讼，确定被执行人的财产份额，从而打破执行僵局，保障债权人权利的实现。但有以下几点需要企业家注意：

1. 提起代位析产诉讼的前提条件。（1）申请人在执行程序中发现被执行人无其他财产可供执行，却与他人有共同共有的财产；（2）申请执行人已向法院申请或法院已依职权查封被执行人与他人共有的财产；（3）析产后不影响共同共有财产的第三方居住生存利益的保障。当符合上述条件时，如企业家是申请执行人，便可以向法院提起代位析产诉讼，打破执行僵局。

2. 代位析产诉讼的管辖法院。对于代位析产诉讼的管辖法院，实务中存在争议。有观点认为，应当按照不动产纠纷案件处理，由不动产所在地法院专属管辖；也有观点认为，应当根据“原告就被告”的原则，由被告住所地法院管辖；还有观点认为，代位析产诉讼是执行过程中产生的附随诉讼，法院行使的执行裁判权是执行权内部分权的结果，应当由执行法院统一行使管辖权。司法实践中，大多数法院更倾向于由不动产所在地或者执行法院管辖。

---

① 参见上海市嘉定区人民法院民事判决书，（2021）沪0114民初18048号。

3. 确定代位析产诉讼的当事人地位。申请执行人提起代位析产诉讼时，应将申请执行人本人作为原告，被执行共有财产的共同共有人作为被告，被执行人作为被告或第三人，提起诉讼。

综上，代位析产诉讼执行过程中被执行人无法或怠于向其他财产共有人提起析产诉讼时，申请执行人可以为了维护自己的合法权益代被执行人之“位”而向其他财产共有人提起诉讼，从而可以打破执行僵局，实现己方债权。

法规速递

《最高人民法院关于人民法院民事执行中查封、扣押、冻结财产的规定》

第十二条 对被执行人与其他人共有的财产，人民法院可以查封、扣押、冻结，并及时通知共有人。

共有人协议分割共有财产，并经债权人认可的，人民法院可以认定有效。查封、扣押、冻结的效力及于协议分割后被执行人享有份额内的财产；对其他共有人享有份额内的财产的查封、扣押、冻结，人民法院应当裁定予以解除。

共有人提起析产诉讼或者申请执行人代位提起析产诉讼的，人民法院应当准许。诉讼期间中止对该财产的执行。

《中华人民共和国民法典》

第三百零三条 共有人约定不得分割共有的不动产或者动产，以维持共有关系的，应当按照约定，但是共有人有重大理由需要分割的，可以请求分割；没有约定或者约定不明确的，按份共有人可以随时请求分割，共同共有人在共有的基础丧失或者有重大理由需要分割时可以请求分割。因分割造成其他共有人损害的，应当给予赔偿。

98. “负债累累”的房产如何处置

——被多轮查封的房产如何成功执行

企业家在作为债权人时可能经常遇到债务人名下的不动产已被多轮查封的情形。这种债务人通常有多个债务缠身，是名副其实的老赖。此时，企业家的债权实现必然不易。那么，债务人名下不动产被多个法院查封时，作为债权人的企业家应该怎么办呢？接下来，我们以案说法，看看法律实践中债权人是如何请求法院成功处置不动产，从而实现债权的。

● 以案说法

张某是一个负债累累的生意人，其在上海有一套房产，该房产上设有两个抵押，因其欠债不还，抵押权人与普通债权人都纷纷将其诉至法院。法院经审理后均判决张某应归还债权人钱款。张某未履行还款义务，各债权人遂向法院申请执行张某名下的财产，各法院先后对张某名下房产进行了查封。其中，一个普通债权人最先申请法院正式查封了张某房产，其他享有抵押权的债权人和普通债权人均申请法院轮候查封[①]该房产。案件进入执行程序已一年，但正式查封法院（以下简称首封法院）却迟迟未处置该房产。根据《上海市高级人民法院关于首先查封不动产移送执行有关问题的解答》的规定，当首封法院迟迟未处置其查封的被执行人名下不动产时，享有抵押权债权的执行法院均可以向首封法院商请移交处置权，首封法院可优先将处置权移交给抵押权顺位在先的执行法院。如抵押权顺位在先的执行法院未向首封

① 轮候查封：对其他人民法院已经查封的财产，执行法院依次按时间先后在登记机关进行登记，或者在该其他人民法院进行记载，排队等候，正式查封依法解除后，在先的轮候查封自动转化为正式查封。

法院商请移交处置权，抵押权顺位在后的法院也有权向首封法院商请移交处置权。本案中，享有第一顺位抵押权的执行法院未向首封法院商请移交处置权，享有第二顺位抵押权的债权人因债权金额很大，多次请求执行法官向首封法院商请移交处置权，经过多方协调，享有第二顺位抵押权债权的执行法院向首封法院发出商请移送处置权函，首封法院也同意移送处置权给享有第二顺位抵押权债权的执行法院。该法院取得处置权后，顺利拍卖张某房产，债权人的债权也得以实现。①

律师提示

当企业家作为债权人，面对债务人的不动产被多个法院查封，自己也申请查封了债务人不动产时，如何才能实现债权呢？下面就根据《最高人民法院关于首先查封法院与优先债权执行法院处分查封财产有关问题的批复》，参考《上海市高级人民法院关于首先查封不动产移送执行有关问题的解答》，并结合上述案例总结一些方法供企业家参考：

第一，首封法院是对债务人不动产正式查封的法院，首封债权无论是优先受偿的债权还是普通债权，首封法院都可直接处置被查封的不动产。首封法院直接处置效率高、速度快，处置后，其他债权人可申请参与分配，首封债权和其他债权都可较快得以受偿。因此，当企业家的债权执行法院正式查封了债务人的不动产时，企业家的债权无论是优先受偿债权或是普通债权，都可直接请求首封法院的案件承办法官处置查封房产。这样少了移交其他法院处置的程序，可以提升执行效率。

第二，轮候查封债务人不动产的法院不能直接处置不动产，如处置不动产，需向首封法院商请移交处置权，经首封法院同意移交后，方可处置不动产，而轮候查封的法院中享有优先受偿权债权的法院优先于普通债权法院处置。因此，当企业家的债权为优先受偿债权，但执行债权的法院不是首封法院，而首封法院又迟迟不处置不动产时，企业家可积极向执行债权的法院提出申请，请求执行债权法院向首封法院商请移交处置权。执行债权法院处置

① 参见上海市虹口区人民法院执行裁定书，(2020) 沪0109民初7714号。

后，其他债权人可申请参与分配，从而使企业家的优先受偿债权和其他普通债权均有机会得以顺利实现。

第三，轮候查封债务人不动产的法院是普通债权法院时，也可向首封法院商请移交处置权，但需以其他优先受偿债权的轮候查封法院不向首封法院商请移交处置权为前提。因此，当企业家的债权既是普通债权，又是轮候查封法院时，需要视情况处置。如首封法院迟迟不处置不动产，其他优先受偿债权的轮候查封法院已向首封法院商请移交处置权，那么，等待其处置后，企业家可向处置法院申请参与分配债权；如首封法院迟迟不处置，其他享有优先受偿债权的轮候查封法院也明确表示不向首封法院商请移交处置权，那么企业家的普通债权轮候查封的法院可向首封法院商请移交处置权，从而处置不动产。处置后，自身债权得以实现，同时其他债权人也可申请参与分配。

综上，每个债权人都可积极请求法院处置债务人的不动产，从而提高查封不动产的处置效率，尽快实现债权人合法权益。

● 法规速递

《最高人民法院关于首先查封法院与优先债权执行法院处分查封财产有关问题的批复》

一、执行过程中，应当由首先查封、扣押、冻结（以下简称查封）法院负责处分查封财产。但已进入其他法院执行程序的债权对查封财产有顺位在先的担保物权、优先权（该债权以下简称优先债权），自首先查封之日起已超过60日，且首先查封法院就该查封财产尚未发布拍卖公告或者进入变卖程序的，优先债权执行法院可以要求将该查封财产移送执行。

二、优先债权执行法院要求首先查封法院将查封财产移送执行的，应当出具商请移送执行函，并附确认优先债权的生效法律文书及案件情况说明。

首先查封法院应当在收到优先债权执行法院商请移送执行函之日起15日内出具移送执行函，将查封财产移送优先债权执行法院执行，并告知当事人。

移送执行函应当载明将查封财产移送执行及首先查封债权的相关情况等内容。

三、财产移送执行后，优先债权执行法院在处分或继续查封该财产时，可以持首先查封法院移送执行函办理相关手续。

优先债权执行法院对移送的财产变价后，应当按照法律规定的清偿顺序分配，并将相关情况告知首先查封法院。

首先查封债权尚未经生效法律文书确认的，应当按照首先查封债权的清偿顺位，预留相应份额。

四、首先查封法院与优先债权执行法院就移送查封财产发生争议的，可以逐级报请双方共同的上级法院指定该财产的执行法院。

共同的上级法院根据首先查封债权所处的诉讼阶段、查封财产的种类及所在地、各债权数额与查封财产价值之间的关系等案件具体情况，认为由首先查封法院执行更为妥当的，也可以决定由首先查封法院继续执行，但应当督促其在指定期限内处分查封财产。

99. 被认定为“赃物”还能优先受偿吗
——抵押权优先受偿的认定及注意事项

众多企业家都知晓，法院在处理“刑民交叉”的案件时，“先刑后民”已经成为法院裁判时固有的处理模式的补充原则。法院在审理案件的过程中，根据案件事实要求民事案件的审理应当等待刑事案件的裁判结果，这样就会导致民事案件审判期限被无故延长。在执行过程中当被执行人需要同时承担民事责任和刑事责任时，执行法院又往往以刑事被害人作为优先退赔的对象，而否认设定有抵押权的债权优先受偿的权利。那么，刑事案件被害人退赔是否就真的优先于设定有抵押权的债权呢？接下来，我们以案说法，看看案件中法院如何认定。

● 以案说法

张某向平安银行股份有限公司×分行（以下简称平安银行）贷款 35 万元，并以其名下位于宁波市×巷×号×幢×室的房产设立抵押。后张某因拖欠贷款被平安银行起诉，A 法院判决张某归还平安银行本金 293, 870. 61 元，支付利息、罚息、复利 14, 327. 3 元，律师费 20, 000 元。如张某未履行上述付款义务，平安银行有权就张某名下位于宁波市×巷×号×幢×室房产折价，或以拍卖、变卖所得价款优先受偿。后张某因犯诈骗罪被 B 法院判处有期徒刑 13 年，并处罚金人民币 130 万元，违法所得人民币 1279 万元予以追缴并返还被害人。B 法院立案执行该案涉财产部分的判决，执行过程中 B 法院将该房地产在淘宝网司法拍卖网络平台上以 675, 000 元的最高价拍卖成交。平安银行通过 A 法院向 B 法院发送请求参与分配函件，B 法院在扣除平安银行担保债权及实现担保债权的本金、律师费等费用后，尚有余款 310, 326. 76

元。B法院作出《关于被执行人张某诈骗罪财产刑执行一案房屋拍卖余款分配方案》，根据各被害人的债权数额，按比例分配给被害人罗某161,237.12元、蒋某67,768元、俞某4703.75元、竺某70,313.89元、陈某6304元。其中被害人罗某对该分配方案不服，认为平安银行的债权不应被优先受偿，于是提出执行异议之诉。法院根据《最高人民法院关于刑事裁判涉财产部分执行的若干规定》第13条的规定，判决：驳回罗某的异议请求。[①]

律师提示

正如上述案例所示，抵押权人的债权得到了优先受偿，而刑事案件中被害人的退赔款在抵押权人债权之后受偿。企业家作为享有抵押权的债权人，当遇到与债务人同时涉及刑事被害人退赔款和民事债务时，抵押债权优先于刑事被害人退赔款。除此之外，企业家还需注意以下几点：

1. 抵押权优先于被害人退赔款受偿，而被害人人身损害医药费用清偿优先于抵押权。根据《最高人民法院关于刑事裁判涉财产部分执行的若干规定》的规定，法院在处理刑事涉案抵押房产时，被执行人在执行中同时承担刑事责任和民事责任，财产不足以支付的，面对被害人遭受人身损害，按照权利实现的紧急程度和必要程度，应当优先支付。那么被害人的人身损害医药费用赔偿款应优先于民事案件中抵押权人的抵押债权，但抵押债权优先于被害人退赔款受偿，所以，案涉房产抵押权人的优先受偿权在刑事案件中依然受到法律保护。

2. 执行案件中，抵押权人为善意第三人，即使被执行人所有的财产系非法所得，其就房屋执行案款仍享有优先受偿权。如果刑事裁判认定案涉房屋系被执行人用其所吸收的款项以被执行人的名义购置，但该裁判并未否定案涉抵押合同的效力。在没有证据证明抵押权人知道或应当知道案涉房屋系赃款购置以及抵押权人尽到注意义务的情况下，抵押权人作为善意第三人，其对案涉房屋享有的抵押权，应就房屋执行案款享有优先受偿权。所以，抵押房产虽系赃款所购，但作为善意第三人的抵押权人仍可就执行抵押财产所得

① 参见浙江省宁波市中级人民法院执行裁定书，（2017）浙02执异6号。

款项请求优先受偿。

3. 企业家在作为抵押权人时，若优先受偿权受到侵害，要积极维权。若债务人涉及的刑事案件为非法吸收公众存款罪，便涉及抵押债权与非法吸收公众存款受害人利益保护的平衡问题，鉴于非法吸收公众存款罪社会影响重大、被害人数众多，处置不当极有可能引发群体性事件，影响社会稳定，所以，法院极有可能在协调中选择损害抵押债权以保护受害人。但我们认为，企业家善意取得的抵押权应予以保护。因此，企业家可依据上述规定，及时向执行法院提出书面异议、提交相关证据并要求抵押债权得到优先受偿，书面异议同时也可向非法吸收公众存款案的侦查机关提出。

综上，抵押财产被认定为赃物并执行时，善意抵押权人仍然享有优先受偿权，企业家在遇到此类情况时要积极维护自身权益。

● 法规速递

《最高人民法院关于刑事裁判涉财产部分执行的若干规定》

第十三条 被执行人在执行中同时承担刑事责任、民事责任，其财产不足以支付的，按照下列顺序执行：

（一）人身损害赔偿中的医疗费用；

（二）退赔被害人的损失；

（三）其他民事债务；

（四）罚金；

（五）没收财产。

债权人对执行标的依法享有优先受偿权，其主张优先受偿的，人民法院应当在前款第（一）项规定的医疗费用受偿后，予以支持。

100. “空壳公司”就一定空空如也吗

——债权人面对空壳公司如何实现债权

空壳公司，是指在注册时通过虚假出资或者抽逃出资，致使公司成立后无任何资产或者注册资本不足，在成立后无实际经营、固定资产、营业场所和工作人员等的公司。根据《公司法》的规定，公司以其全部财产对公司债务承担责任，一旦“空壳公司”对外产生债务，这将给债权人实现债权将带来巨大的风险。企业家作为债权人时，难免也会遇到债务人为“空壳公司”的情况。很多企业家可能认为当债务人是“空壳公司”时，实现债权将几乎不可能，因而放弃对债权的追索。但其实当符合法律规定条件时，可以通过另行起诉“空壳公司”股东、追加“空壳公司”股东为被执行人等方式来实现债权。接下来，我们以案说法，看看案例中债权人碰到被执行人是“空壳公司”时采取了何种救济途径。

● 以案说法

张某诉江某、佳坤公司民间借贷纠纷一案，法院经审理后判决江某应归还张某借款本金500,000元及相应利息，佳坤公司对该借款本息承担连带清偿责任。后江某、佳坤公司未履行法律文书确定的义务。于是，张某向法院申请强制执行，执行中张某发现被执行人佳坤公司为“空壳公司”。2012年3月5日，佳坤公司设立，实缴注册资本100万元，江某是股东之一。2012年3月8日，作为注册资本的100万元就被转入江某的个人账户，此后一直未回转至公司法人账户。后佳坤公司的股东变更为江小某、苏某，公司几乎无实际经营，也没有发现工作人员。张某认为佳坤公司的全部注册资金被股东抽逃，严重侵害了其利益，因此，向法院提出执行异议，申请追加江小某、苏某为被执行人。

法院经审查后认为，根据《最高人民法院关于民事执行中变更、追加当事人若干问题的规定》第17条的规定，作为被执行人的公司，当财产不足以清偿债务时，申请执行人可申请变更未缴纳或未足额缴纳出资的股东、出资人或依公司法规定对该出资承担连带责任的发起人为被执行人，要求其在尚未缴纳出资的范围内依法承担责任。本案中，佳坤公司登记设立之后第三天，注册资本100万元即被转至江某的个人账户，此后未再回转，江某构成抽逃出资。在佳坤公司无实缴出资的情况下，江小某、苏某在受让佳坤公司股权时未支付相应对价的行为应当认定为未缴纳出资，申请执行人要求追加江小某、苏某为被执行人符合法律规定，予以支持。①

● 律师提示

正如上述案例，当被执行人为“空壳公司”，该公司财产不足以清偿债务，且存在股东抽逃出资、未缴纳出资情况时，债权人可申请追加此类股东为被执行人，从而增加债权实现的可能性。那么，债权人碰到被执行人为“空壳公司”时具体有哪些救济途径呢？

第一，债权人可追加“空壳公司”的股东为被执行人。根据《全国法院民商事审判工作会议纪要》第6条的规定，公司作为被执行人的案件，人民法院穷尽执行措施无财产可供执行，已具备破产原因，但不申请破产的，债权人可以以公司不能清偿到期债务为由，请求未届出资期限的股东在未出资范围内对公司不能清偿的债务承担补充赔偿责任。因此，在符合上述规定的情形下，执行法院作出终结本次执行程序的裁定后，即表明公司不能清偿到期债务，债权人可以依法追加股东为被执行人，增加承担债务的主体，实现债权。

第二，债权人可另行起诉“空壳公司”的股东承担出资责任。根据《最高人民法院关于适用〈中华人民共和国公司法〉若干问题的规定（三）》第13条第2款的规定，债权人可请求未履行出资义务的股东在未出资本息范围

① 参见安徽省芜湖市镜湖区人民法院执行裁定书，（2021）皖0202执异198号。

内对公司债务不能清偿的部分承担补充赔偿责任，“公司不能清偿债务”的标准可参考《全国法院民商事审判工作会议纪要》第6条的规定。当公司不能清偿债务时，债权人可以另行起诉“空壳公司”未履行出资义务的股东，要求其在未出资本息范围内对“空壳公司”的债务承担补充赔偿责任。

第三，债权人可以申请“空壳公司”破产清算。由于进入破产程序后，所有债权人都将进入同一“起跑线”，即债权人的合法债权将按法定顺序公平受偿。所以，一般不建议直接申请“空壳公司”破产，而是先用第一种或第二种途径要求股东承担公司债务或出资，或者在明知“空壳公司”没有其他债权人或仅有少数债权人存在的情况下适用该方法。根据《最高人民法院关于适用〈中华人民共和国企业破产法〉若干问题的规定（一）》第6条第1款的规定，债权人向法院提交债务人不能清偿到期债务的有关证据，可申请债务人破产。因此，当债务人公司不能清偿到期债务时，债权人可向法院申请“空壳公司”破产。企业作为债权人，当遇到债务人为“空壳公司”时，向法院申请“空壳公司”破产来也是实现债权的重要途径。

综上，当企业家作为债权人，遇到被执行人是“空壳公司”时，千万不要直接放弃债权，可以采取多种方式帮助实现债权。

法规速递

《最高人民法院关于民事执行中变更、追加当事人若干问题的规定》

第十七条 作为被执行人的营利法人，财产不足以清偿生效法律文书确定的债务，申请执行人申请变更、追加未缴纳或未足额缴纳出资的股东、出资人或依公司法规定对该出资承担连带责任的发起人为被执行人，在尚未缴纳出资的范围内依法承担责任的，人民法院应予支持。

《全国法院民商事审判工作会议纪要》

6. 在注册资本认缴制下，股东依法享有期限利益。债权人以公司不能清偿到期债务为由，请求未届出资期限的股东在未出资范围内对公司不能清偿的债务承担补充赔偿责任的，人民法院不予支持。但是，下列情形除外：

（1）公司作为被执行人的案件，人民法院穷尽执行措施无财产可供执行，已具备破产原因，但不申请破产的；

(2) 在公司债务产生后，公司股东（大）会决议或以其他方式延长股东出资期限的。

《最高人民法院关于适用〈中华人民共和国公司法〉若干问题的规定（三）》

第十三条第二款 公司债权人请求未履行或者未全面履行出资义务的股东在未出资本息范围内对公司债务不能清偿的部分承担补充赔偿责任的，人民法院应予支持；未履行或者未全面履行出资义务的股东已经承担上述责任，其他债权人提出相同请求的，人民法院不予支持。

《最高人民法院关于适用〈中华人民共和国企业破产法〉若干问题的规定（一）》

第六条第一款 债权人申请债务人破产的，应当提交债务人不能清偿到期债务的有关证据。债务人对债权人的申请未在法定期限内向人民法院提出异议，或者异议不成立的，人民法院应当依法裁定受理破产申请。